40대 다시 시작하는 영어

40대 다시 시작하는 영어

발행일	2025년 10월 24일
지은이	현수현
펴낸이	손형국
펴낸곳	(주)북랩

출판등록	2004. 12. 1(제2012-000051호)
주소	서울특별시 금천구 가산디지털 1로 168, 우림라이온스밸리 B동 B111호, B113~115호
홈페이지	www.book.co.kr
전화번호	(02)2026-5777	팩스	(02)3159-9637

ISBN 979-11-7224-866-6 03190(종이책)   979-11-7224-867-3 05190(전자책)

잘못된 책은 구입한 곳에서 교환해드립니다.
이 책은 저작권법에 따라 보호받는 저작물이므로 무단 전재와 복제를 금합니다.
본 도서는 (주)북랩이 보유한 리코 인쇄 장비 등 자체 생산 인프라를 통해 제작되었습니다.

작가 연락처 문의 ▶ ask.book.co.kr
전용 게시판에 문의를 남기시면 저자에게 직접 전달됩니다.

(주)북랩 성공출판의 파트너

북랩 홈페이지와 SNS에서 다양한 출판 솔루션을 만나 보세요!

홈페이지 book.co.kr   •   블로그 blog.naver.com/essaybook   •   출판문의 text@book.co.kr
카톡채널 북랩

 끈기와 실행력으로 완성하는
40대 영어 실전 전략

40대
다시 시작하는
영어

현수현 지음

프롤로그

영어에 로망을 품고 사는 40대여! 당신도 나와 같은 마음일 것이다. 40대가 되어서도 여전히 영어 앞에서 주눅 들고, 영어만 나오면 괜히 움츠러드는 자신을 발견하며 한숨을 내쉬었을 것이다. 분명 젊었을 때는 '언젠가 영어를 정복하겠다'는 의지로 가득했지만, 정작 실천은 미룬 채 시간만 흘러갔다.

나는 영어를 전공했지만 영포자로 살았다. 아이러니하게도 영어 전공이라는 꼬리표는 오히려 더 큰 부담이 되었다. 사람들은 당연히 내가 영어를 잘할 것이라고 기대했고, 나는 그 기대를 저버리는 것이 두려워 더욱 영어를 피해 다녔다. 20대 후반 가정을 꾸리고, 30대를 거쳐 40대에 이르기까지 영어는 항상 내 가슴 한편에 응어리로 맺혀 있었다. 매번 새해엔 '올해야말로 영어 공부를 시작하겠다'고 다짐했지만, 현실의 벽에 부딪혀 작심삼일로 끝나버리기 일쑤였다.

하지만 40대가 되면서 깨달았다. 더 이상 미룰 수 없다는 것을. 지금이 아니면 영원히 후회만 남을 것이라는 절박함이 밀려왔다.

나만 뒤처지고 있다는 위기감이 느껴졌다. 그래서 죽기 살기로 영어 공부에 매달렸다. 꼬박 15년이라는 기간 동안 포기하지 않고 공부한 결과, 이제 자신 있게 말할 수 있다. 영어는 더 이상 내 인생의 그늘에 가려진 열등의식의 허물이 아니라고.

이 책에는 나의 생생한 실패담과 포기하지 않고 공부할 수 있었던 셀프리더십(Self-leadership), 그리고 다시 시작했던 영어 공부의 실제 경험과 방법을 오롯이 담았다. 영어 학습 노하우나 기법을 다룬 책들은 이미 시중에 넘쳐난다. 하지만 영어 학습의 가장 중요한 문제인 태도와 셀프리더십, 그리고 포기하지 않는 방법과 실제 행동력을 다룬 책은 많지 않다고 자부한다.

특히 40대라는 나이가 주는 현실적 제약과 한계를 극복하면서도, 동시에 40대만이 가질 수 있는 성숙함과 집중력을 활용하는 방법을 구체적으로 제시했다. 인공지능 시대라고 해서 영어가 필요 없어진 것은 아니다. 오히려 더 깊이 있는 사고와 소통을 위해서 외국어의 인문학적 소양이 더욱 중요해졌다. 번역기가 아무리 발달해도 언어 뒤에 숨어 있는 문화와 뉘앙스, 그리고 창조적 사고는 직접 그 언어를 구사할 때만 진정으로 이해할 수 있다.

40대인 여러분도 아직 늦지 않았다. 아니, 지금이야말로 가장 좋은 시기다. 인생의 경험이 쌓이고, 학습에 대한 목적의식이 명확해진 지금이야말로 영어를 정복할 수 있는 최적의 타이밍이다.

영어에 로망을 품고 사는 40대여!
더 늦기 전에 다시 시작하고 그 꿈을 펼쳐보자.
매번 포기했던 영어의 산을 이제는 정복할 때다.
20대의 패기도, 30대의 여유도 이제는 없을지 모르지만, 40대만이 가진 끈기와 목적의식이 있지 않은가.

이 책 한 권이면 평생 영어를 즐길 수 있다!
더 이상 영어 때문에 주눅 들지 말고, 당당하게 영어와 마주할 용기를 내보자.
당신의 영어 정복 스토리가 지금부터 시작될 것이다.

2025년 가을
현수현

목차

프롤로그 5

제1장 / 준비 편
- 태도의 문제부터 극복하기

1. 영어 교육 왕국의 실체   12
2. 영어는 폼생폼사의 지적 허영심?   44
3. 20대 때도 포기했던 영어! 왜 40대에 다시 시작해야만 하는가?   61
4. 영어의 왕도가 따로 있을까?   84
5. 영어 공부의 즐거움   106
6. 실천 행동력이 처음이자 마지막이다   117
7. 영어를 위한 영어 공부는 이제 그만   139

제2장 / 실전 편
- 학습 방법 최적화시키기

1. 영어 트렌드와 영어 팬데믹   152
2. 영어 듣기가 안 되는 이유와 향상법   168
3. 영어 독해가 안 되는 이유와 향상법   181
4. 영어 대화가 안 되는 이유와 향상법   196
5. 영어 문법은 어디까지 공부를 해야 하는가   212
6. 인터넷과 앱의 바다에 넘쳐나는 영어 콘텐츠   272
7. 도서관 신간 코너에 있는 영어 학습서를 활용하자!   310
8. 영어로 인문학을 공부하는 법   319

에필로그 - 영어가 선물한 새로운 인생   342

참고 자료 및 출처   346

제1장

준비 편

– 태도의 문제부터 극복하기

1. 영어 교육 왕국의 실체

지금도 계속되는 문법 교육의 폐단

40대인 여러분은 지금까지 인생의 절반 이상을 영어와 투쟁하며 살아왔다. 그런데 돌이켜보면 잘못된 영어 교육 풍토 속에서 눈 뜬 벙어리처럼 영어로 말 한마디 제대로 할 수 없었다. 그리고 끝내 영어의 '넘사벽'을 극복하지 못하고 불혹에 이르러서도 '영포자'로 살아오지 않았는지 반문하고 싶다.

대한민국의 40대는 이미 학창 시절부터 시험 영어에 많은 시간을 투자해왔다. 지식인들의 인문학적 사상과 난해한 학술용어를 영어로 이해하기 위해 애쓴 적도 허다했다. 그러나 안타깝게도 40대가 그동안 배워왔던 영어는 각종 시험과 기계적인 문제 풀이에 치중됐을 뿐 일상적 활용 가치와는 거리가 먼 뜬구름 잡기식 외국어였지 않았나?

40대 이상 중년의 영어 학습자들의 실력은 어느 정도 수준일까? 내가 생각하는 기준을 아래와 같이 정리해보았다.

① 영어 문맹자 레벨: 영어를 완전히 포기한 단계로, 제대로 읽고 이해할 수 없는 수준
② 영어 기초 레벨: 쉬운 영어 단어와 간단한 문장(단문)을 읽고 이해할 수 있으나 듣고, 말하고 쓰는 능력은 현저히 떨어지는 수준
③ 영어 중급 수준: 영어를 어느 정도 이해하고 활용할 수 있으며 보고, 듣고, 쓰고, 말하는 능력은 각 영역별로 실력 차가 존재하는 수준
④ 영어 고급 수준: 영문 원서, 영자 신문과 잡지, 영문 서식 등을 보고 해석할 수 있고, 듣고 쓰고 말하는 능력은 배경지식, 관심 분야, 전공 등에 따라 각 영역별로 실력차가 존재하는 수준

영어 중고급 수준의 학습자 중에서도 독해 능력은 뛰어나지만 회화에서는 상당히 취약한 경우도 많다. 예를 들어 전문 번역을 할 수 있는 능력이 있음에도 회화는 능숙하지 않은 실력자도 있을 수 있다. 각종 영어 입시학원 강사, 영어 교육 종사자 중에도 말하거나 표현할 기회가 적어 영역별 개인 편차가 많은 것이 현실이다. 이런 영역별 실력 차이와 취약성은 영어 교육 종사자들뿐만 아니라 일반 중고급 영어 학습자들 대부분에게서 나타난다. 오랫동안 영어 교육에 금전적, 시간적 투자를 했지만 영어를 유창하게 표현하지 못한다는 역설은 분명 한국의 교육 시스템과 환경에 문제가 있다고밖에는 볼 수 없다.

우리는 중학교 3년, 고등학교 3년, 대학교 4년 동안 쉼 없이 영어를 배워왔지만, 비효율적인 교육 시스템 때문에 영어 문법, 독해, 듣기, 쓰기, 말하기 등을 모두 따로 배워야 했다. 이 영역들은 독자적 학습 콘텐츠 시장으로 발전하게 되면서 지금도 영어 교육 시장의 특

수를 누리고 있다. 사용 목적과 종류별로 세분화된 기획 상품들이 선택 장애를 일으킬 정도로 해마다 쏟아져 나오고 있기 때문이다.

> 토익800점반 1개월 완성, 오픽 한번에 끝내기, 공시 영어문법 1개월 뽀개기, 기초회화 100일 완성, 영어회화 3개월 완벽해결, 속성영어, 끝장패키지, 왕초보패키지, 완전기초영어, 생초보영어, 왕초보마스터, 성인기초영어, ABC 왕초보영어, 왕초보 탈출영어, 네이티브 실전반, 1:1 영어회화, 비즈니스회화, 정규회화, 영어회화풀코스, 원어민영어, 전화영어, 화상영어, 스카이프영어, 기적영어, 극한스피킹, 주부반, 직장인반, 시험대비반, 이민유학영어, 취미영어, 스크린영어, 미드영어회화, 소설영어…

국내에서 영어 교육의 공식적인 시작은 관립 영어학교인 동문학의 설립(1883년)과 더불어 시작되었다. 그때의 시대적 분위기는 영어를 못하면 제국주의 국가들과의 경쟁에서 뒤처질 수밖에 없었기 때문에 영어가 사회 진출과 신분 상승을 위한 수단으로 인식되었다.

당시 지식인들로 구성된 개화파들은 실질적인 수단으로 말하고 듣는 영어를 익혔다. 실용 목적으로 지식인들 사이에서 각광을 받았던 영어는 일제 강점기 외국어 학교령, 경성제대 입학 과목 채택, 공무원 시험 등으로 인해 문법, 번역, 독해 등을 위한 교육으로 변질되어갔다.

한국인 지식인들은 한글로 번역된 일본식 영문법을 일제 강점기 이후에도 계속 배울 수밖에 없었다. 이들은 자신들이 배운 문법적 영어의 교육 폐단을 답습해갔으며 이런 영어 교육과 학습의 고착화

현상은 지금까지도 계속되고 있다.[1]

1884년, 교사 할리팩스와 동문학 학생들의 단체 사진

한국 영어 교육의 문법 위주 학습 지속에 대한 시대별 특징

(1) 1950년대 해방 직후와 한국전쟁 이후 문법 기반의 번역 교육의 지속

광복(1945) 이후 미군정기에는 영어가 한글과 함께 행정에 활용될 정도로 수요가 급증했고 미국인 교사들의 지원도 있었지만 1950년 발발한 한국전쟁으로 이러한 영어 교육 현대화 시도는 중단되었다. 1953년 정전 후 교육이 재개되었으나 영어 교사와 교재가 턱없이 부족한 현실에서 전쟁 전부터 이어져온 교사 주도의 문법-번역식 수

---

1 김정렬·권오량, 『한국문화사』(2010. 9. 25.)의 내용을 인용·참조함.

업 관행이 계속될 수밖에 없었다.

삼위일체 영어, 1950년대

1953년 휴전과 더불어 영어 교육에 대한 열정이 다시 일어나긴 했지만, 한동안 교실과 교사 중심의 영어 교육 관행에서 자유롭지 못했다는 평가가 지배적이었다.

당시 영어 교사들은 일제 강점기나 그 이전 세대에 교육받은 인력으로 충원되었는데, 이들은 독해와 번역 중심의 전통에 익숙해 있었다. 그 결과 영어를 말하기보다는 문법 지식과 해석 능력을 강조하는 주입식 교육이 1950년대 내내 지속되었다. 영어를 가르치는 목적도 소통보다는 외국 서적이나 문헌을 우리말로 번역하는 능력 배양에 있었다고 볼 수 있다.

이런 환경에서는 학생들의 회화 능력을 키우는 것이 아니라 정확한 문장 해석과 문법적 이해가 영어 교육의 핵심 목표로 자리 잡을

수밖에 없었다.[2]

(2) 1960~1970년대 입시 위주의 교육과 문법 학습의 고착화

1960년대와 1970년대에는 대학 입시 제도의 정착과 더불어 영어 교육이 더욱 시험 대비에 집중되었다. 1950년대 후반부터 대학에서 영어를 필수 과목으로 채택하고 1960년대에는 대학 예비고사 등 전국 단위의 입시 시험이 도입되면서 영어 독해와 문법 문제가 출제의 중심이 되었다. 공정한 선발을 위해 말하기나 쓰기보다는 객관식 문법, 어휘, 독해 문제가 채택되었고, 학교 수업도 자연히 이러한 시험 대비에 맞춰졌다. 이 시기 국가 교육과정도 영어를 독해 능력 함양에 치중하는 방향이었고 실제 수업에서는 교사가 영어 지식을 일방적으로 전달하고 학생들은 문법 규칙과 번역 연습을 반복하는 방식이 굳어졌다. 특히 1960~1970년대에는 학생들이 학교 수업 외에도 영어 참고서와 학원 수강을 통해 문법 연습과 해석 연습을 강화하던 때였다. 대학 진학 경쟁이 치열해지면서 어려운 지문을 해석하고 복잡한 문법 문제를 푸는 능력이 좋은 성적으로 직결되었다. 그 결과 '교사는 자신이 배운 대로 가르친다'라는 말처럼 당시 영어 교사들 또한 자신들이 학교에서 받아온 문법-번역식 교육 방법을 답습하며 가르칠 뿐이었다.

---

[2] Modern English Education 12권 3호(2011)와 Gwangju News(2017. 6. 16.)의 「English Education in Korea: From Whence It Came」을 인용·참조함.

새로운 교수법으로 미국식 회화 교육이나 청취·말하기 훈련의 필요성이 제기되었지만 현장에 도입된 효과는 극히 미미했다. 미국 평화봉사단(1960년대 후반 파견) 등이 한국 영어 교사들에게 회화 중심 교수법 연수를 제공하기도 했으나 여전히 대부분의 학교에서는 문법 규칙 설명과 번역 연습, 문형 암기로 구성된 전통적 수업이 지속됐다. 이 시기 민간 교육 분야에서는 오늘날까지 회자되는 참고서들이 등장하기도 했다. 1970년대 수험생 사이에 필독서로 통했고 40대 후반이나 50대 이상이면 잘 알고 있는 『성문 기본영어』, 『성문 종합영어』 시리즈가 대표적이라고 할 수 있다. 이 책은 『수학의 정석』과 쌍벽을 이루는 수험생들의 베스트셀러였다. 처럼 학력고사를 경험하기도 했던 50대는 이런 부류의 영어 문법 학습서를 경전으로 삼아 영어와 씨름을 했던 경험이 있을 것이다.

1970년대에 출간된 『성문 종합영어』는 문법 설명과 예문 해석, 독해 연습 문제로 구성되어 당시 수험 영어의 정석(定石)으로 통했다. 많은 교사와 학생들이 교과서보다 이러한 참고서를 중시했고 문법 사항을 조목조목 암기하고 기출 지문을 해석하는 데 집중했다. 그만큼 1960~1970년대 한국의 영어 교육은 입시 경쟁과 맞물려 문법과 번역에 더욱 집중하는 구조로 고착되었던 것이다. 교육 내용은 실제 의사소통보다는 정형화된 문형 학습에 치우쳤고 학생들은 어려운 문장을 해석하는 능력은 키웠지만 듣고 말하는 연습은 거의 하지 못했다.

성문 종합영어 학습용 교재

 과거 한국 영어 교육의 문법 중심 전통을 얘기할 때 빠지지 않는 것이 『성문 종합영어』에 대한 논쟁이 아닐까? 『성문 종합영어』는 1970~1980년대에 걸쳐 수험생들의 필독서로 군림한 영어 참고서로 방대한 문법 사항 설명과 예문 해석, 독해 문제로 구성되었다. 일각에서 '성문 종합영어는 일제 강점기 영어 교육의 잔재'라는 주장이 제기되기도 했는데 이 뒷소문의 요지는 『성문 종합영어』와 같은 문법 번역 위주의 교재가 일본식 영어 교육법, 즉 번역 위주의 독해인 이른바 '야쿠독쿠(譯讀法)'의 연장선상에 있다는 데 있었다. 실제로 『성문 종합영어』의 저자(송성문 선생)가 1950년대에 교직 생활을 시작한 세대임을 감안할 때 일제 강점기 교육의 영향권에 있었다는 점에서 이러한 관점이 나오지 않았나 추측해본다.

 그렇다면 이런 풍문의 학술적 내용은 어디에서 나온 걸까? 한 특정 연구에 따르면 '100년 이상 이어진 주입식 문법 영어의 뿌리가 일제 강점기에 강요된 일본식 영어 학습 방식에서 비롯되었다'라는 근거를 찾아볼 수 있다. 또한 일제 강점기 초반까지만 해도 조선의 개신교 선교사 학교 등에서 회화 교육이 시도되었으나 1910년대 후반부터 식민 당국이 영어 교육을 억압하고 시험 대비용 문어 교육으로 왜곡시켰다는 분석도 찾아볼 수 있다. 일제가 영어를 적국(敵國) 언어로 규정하여 가르치지 않은 시기도 있었고 제한적으로 이루어지는 교육마저 일본인 교사가 문법과 번역에 치중하는 방식의 한계적 교육 상황으로 이해할 수 있을 것이다.

광복 이후 이처럼 왜곡된 영어 교육이 바로잡힐 새도 없이 한국전쟁 통에 일본어를 아는 일부 지식인들이 일본식 영어 문법서를 참고하여 영어를 가르쳤던 이유 때문에 『성문 종합영어』의 일본 참고서 모방 논란도 불가피하게 제기되었다.

일부 영어 교육 전문가는 "성문영어는 1960~1970년대 일본 교재들의 구성이나 내용을 많이 참고하고 있다. 번역이나 문법 내용이 일본 책에서 따온 듯한 것이 많으며 한국어 번역을 보면 일본어를 중역(重譯)한 것으로 보이는 부분도 상당수 발견된다"라고 밝히고 있기 때문이다.

실제로 『성문 종합영어』의 예문과 번역투 문장이 일본의 입시 영어 교재와 흡사하다는 지적이 많았다. 다시 말해 일본이 만들어 사용하던 영문법 체계와 번역 방식을 한국 저자가 상당 부분 수용하여 책을 편찬했고, 그 책으로 몇 세대에 걸쳐 영어를 공부하다 보니 일제 시기 방식이 무의식적으로 계승되었다는 것이다.

1970년대 고등학교 영어 수업 장면

이러한 주장은 『성문 종합영어』뿐 아니라 『맨투맨 영어』 등 후발 문법 교재, 그리고 학교 문법 교과서 전반에 일본식 직역 위주의 어색한 예문과 문어체 영어 학습이 만연했다는 비판으로까지 이어졌다. 다만 모든 학자가 이 주장을 그대로 받아들이는 것은 아니다. 『성문 종합영어』의 저자 송성문 선생 본인은 "종합영어는 문법책이 아니라 독해책"이라고 밝히며 자신이 일본 참고서를 베낀 것이 아니라고 주장하기도 했다. 예를 들어 『성문 종합영어』는 문법 사항별로 예문과 해석 연습을 제공하지만 결국 독해 실력 향상을 목표로 편찬되었고 책의 절반 이상이 reading comprehension 연습으로 채워져 있기 때문이다.

따라서 이를 일제 잔재라고 단정하기보다는 전반적인 교수법의 계통으로 이해하는 것이 타당할지도 모른다. 즉, 『성문 종합영어』 자체는 광복 후 한국인이 집필한 책이지만 그 내용 구성과 교수법의 뿌리가 일본을 통해 전래된 문법-번역식이라는 점에서 식민지 교육의 간접 영향을 찾을 수 있다는 데 있다. 이와 관련하여 영어 교육 전문가들은 한국의 영어 문법 체계가 '일본을 거쳐 수입된 유럽식 전통 문법'이라서 한국어와 동떨어진 용어 번역과 분류법을 사용하게 되었고 이것이 학습 난이도를 높였다는 지적도 한다. 요컨대, 『성문 종합영어』가 상징하는 한국의 문법 위주 영어 학습은 역사적으로 일제 강점기의 교육 정책과 일본식 번역 교육의 관성이 남아 있는 현상이라고 볼 수 있는 것이다.[3]

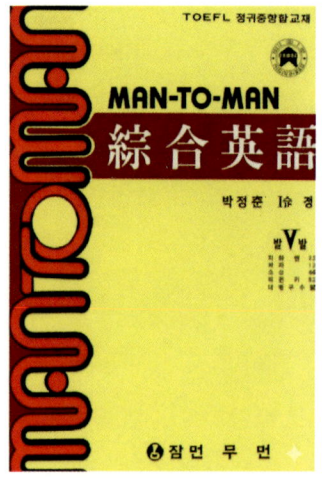

맨투맨 영어 학습 교재

---

3 Modern English Education, Vol.12, No.3(2011)와 Gwangju News(2017. 6. 16.)에 실린 「English Education in Korea: From Whence It Came」의 내용을 참조함.

(3) 1980년대 의사소통 능력 강조 노력의 시작과 한계

1980년대에 들어 정부와 교육계는 이러한 문법 위주의 교육에 대한 문제의식을 느끼고 의사소통 능력 향상을 표방하기 시작했다. 1980년대 초 전두환 정부는 학생들이 일상생활에서 영어로 간단한 회화를 구사할 수 있는 능력을 갖추는 것을 강조하며 영어 교육 정책을 일부 전환했다. 한 예로 제4차 교육과정(1981~1987) 개정을 통해 영어 교과 목표에 듣기, 말하기, 읽기, 쓰기 네 영역의 고른 발전을 명시하고 교과서에도 일상 회화 표현과 대화문을 처음으로 본격 도입했다. 1980년대 중반부터는 중고등학교 영어 교과서에 짧은 대화문(Dialogue) 형식의 본문이 실리고 언어실습실(Language lab) 등을 활용한 듣기 교육도 시도되었다. 이 시기를 가리켜 '영어 교육이 문법·번역 중심에서 벗어나 의사소통 능력에 관심을 갖기 시작한 전환기'로 평가한다.

그러나 이러한 정책적 변화에도 불구하고 현장의 변화는 더딘 편이었다. 1980년대 후반까지도 대학 입시는 영어 작문 시험(해석 및 번역 중심)과 객관식 어휘·문법 문제 위주였기 때문에 학교에서는 여전히 시험 대비를 우선시할 수밖에 없었다. 교육과정 문서는 거창했지만 정작 교사들은 말하기 평가나 수행평가보다는 지필 시험 준비에 매달렸다. 실제 수업에서는 간단한 회화 연습도 일부 했지만 문법 설명 후 예문 번역이라는 틀을 벗어나지 못했다. 정부가 생활 영어를 강조했음에도 대다수 교사와 학생들에게 영어는 여전히 시험 과목이었고, 의사소통보다는 정확한 독해와 문법 습득이 중요하다는 인식이 강했다. 1980년대 후반 제5차 교육과정(1987~1992)에서도 영어과 목표에 실제 언어 사용 능력을 명시했고 듣기·말하기 비중 확대를 도모했지만, 마찬가지로 대학 입시 제도의 압력이 이러한 변화를 제약했다. 예를 들어 1988년 서울 올림픽을 앞두고 국제화 분위기가 조성되었으나 정작 교실에서는 올림픽 관련 회화보다는 여전히 영어 원문 기사 해석 연습에 열중하는 경우가 많았다. 이처럼 1980년대는 정책과 현장 사이의 간극이 나타나기 시작한 시기로, 문법 위주의 전통에 균열이 생겼으나 완전히 극복되지는 못한 과도기라 할 수 있다.[4]

(4) 1990년대 국제화 시대와 교육과정 개혁 노력

1990년대에는 대한민국 사회 전반에 국제화 바람이 불면서 영어 회화 능력의 중요성이 더욱 대두되었다. 1992년 출범한 김영삼 정부는 세계화 정책의 하나로 교육 분야에서도 영어 교육 강화를 천명하였고 같은 해 개정된 제6차 교육과정(1992~1997)에서는 영어 교육 목표로 의사소통 능력 함양을 적극적으로 내세웠다. 이 교육과정에서는 말하기와 쓰기 능력 평가를 강화하고 교과서도 실제 상황에서 쓸 법한 대화와 표현, 문화 이해 내용 등을 포함하도록 개편되었다. 또한 1995년부터는 초등학교 3학년에 처음으로 영어 과목이 정규 편성되어 어릴 때부터 듣기·말하기 중심의 지도가 시작되었다. 이

---

4 「Modern English Education」 제12권 제3호(2011).

는 과거 중학교 때부터 읽기 중심으로 배우던 것과 달리 발음 지도와 기초 회화를 조기에 실시한 큰 변화였다.

더불어 정부는 원어민 보조교사를 전국 중고교에 배치하는 EPIK(English Program in Korea) 사업을 1995년 시작하여 학생들이 교실에서 영어로 대화할 기회를 늘리고자 했다. 대학에도 영어 강의 확대를 독려하고 교사 양성 과정에서도 의사소통식 교수법 연수를 강화하는 등 다각도의 노력이 전개되었다. 1990년대 후반 경제협력개발기구(OECD) 가입 등 국제 무대에서 한국인의 영어 활용이 늘어남에 따라 시험용 영어에서 실생활 영어로 전환해야 한다는 담론이 활발했다. 그러나 이러한 개혁에도 불구하고 입시 영향력은 여전히 막강했다. 수능으로 대표되는 대학 입학시험은 1994년에 처음 도입되었는데, 듣기평가 문항이 포함되긴 했지만 여전히 대부분이 독해 지문 이해와 문항 해결 능력을 측정했다. 말하기나 쓰기는 채택되지 않았고 문법 지식은 간접적으로 어법 문제와 해석 정확도로만 평가되었다. 그 결과 학교 현장에서는 여전히 시험 대비를 위한 문법 사항 정리와 독해 연습에 많은 시간을 할애할 수밖에 없었다. 한 교육 연구에 따르면 제6차 교육과정(1990년대)에 의사소통이 강조되었지만, 입시 제도로 인해 적절한 교육이 이뤄지지 못했다는 지적도 있었다. 다시 말해 교육과정의 목표와 실제 수업 간 괴리가 지속된 것이다.

요약하면 1990년대는 정책적으로는 회화 능력 강화와 조기 영어 교육 확대 등 혁신적 변화가 시도되었으나 평가 방식의 변화 지연과 교사들의 준비 부족으로 문법 위주의 관행이 완전히 해소되지 못한 시기였다. 다만 이전 시대와 비교하면 학생들이 어학연수나 해외여행 등 실제 영어를 접할 기회가 늘어났고 일부 특목고(외국어고) 등이 회화 중심 수업을 도입하는 등 서서히 변화의 물결이 일어나기 시작했다는 점이 그나마 긍정적 요인이었다.[5]

(5) 2000년대에도 지속되는 문법 위주의 현실과 최근의 변화

2000년대 들어서도 한국의 영어 교육은 시험 위주의 문법·독해 학습이 크게 개선되지 않은 채 이어졌다. 2000년대 초반 시행된 제7차 교육과정(1997년 발표, 2001년부터 적용)에서는 수준별 수업, 학생 참여형 학습 등이 강조되었지만 핵심 평가인 대학수학능력시험(수능)의 출제 경향에는 큰 변화가 없었다. 수능 영어 영역은 듣기평가와 독해 문항으로 구성되어 있고 간접적으로 문법 문제도 매년 출제되었다. 말하기와 쓰기 능력은 여전히 대학 입시나 학교 내신에서 비중이 거의 없었기 때문에 교사와 학생 모두 독해 지문 풀이, 어휘·문법 학습에 집중할 수밖에 없었다. 한 교육학자는 "중등학교 영어 교육 현장에서는 여전히 학습자들의 의사소통 능력 향상과는 동떨어진 문법과 독해 중심의 교수 학습과 평가 방식이 주류를 이룬다"라고 개탄하기까지 했다.

---

5 Modern English Education, Vol.12, No.3(2011)과 「의사소통 능력 향상을 위한 영어 교육 개선방안 모색」, 『수산해양교육연구』 제31권 제4호(통권 100호, 2019)의 내용을 참조함.

물론 2000년대 이후 정부 정책도 계속 변화를 시도했다. 영어를 실제로 사용할 수 있는 인재 양성을 목표로 영어마을(English Village) 조성, 공교육 내 회화 전문 강사 제도(2009) 도입, 영어 수업을 영어로 진행하는 TEE(Teaching English in English) 인증제 시행, 초등 영어 회화 전문 교사 배치 등 다양한 프로그램이 추진되기도 했다. 2015년 교육부는 교육과정을 개정하여 읽기·쓰기 중심에서 의사소통 능력 함양 중심으로의 전환을 공식화하고 초등은 듣기·말하기, 중등은 읽기·쓰기에 단계별 중점을 두어 4대 기능을 균형 있게 발전시키겠다고 발표했다.

이러한 정책 변화로 교과서와 교재 내용도 많이 개선되어 실용 회화, 문화, 토론 등의 비중이 늘었다. 하지만 현실적인 제약 또한 존재했다. 큰 학급 규모와 입시 압박, 그리고 일부 교사의 구태의연한 지도 방식 등으로 인해 여전히 많은 학교에서는 문법 설명과 시험 연습의 틀이 반복되었다. 학생들은 시험을 잘 보기 위해 방과 후나 학원에서 추가적으로 문법 문제 풀이와 단어 암기에 매달렸고 정작 말하기 연습이나 글쓰기 훈련은 뒷전인 경우가 많았다. 그 결과 대한민국 학생들은 영어 시험 점수는 높게 나오지만, 실제 언어 활용 능력은 상대적으로 떨어지는 기형적 현상이 지속될 수밖에 없었다.

이를 방증하듯 2018년 EF 영어능력지수(EPI)에서 한국은 비영어권 88개국 중 31위로 중상위권 수준에 머물렀는데 이는 국민들의 높은 교육열과 투자에 비해 회화 등 실제 활용 능력은 기대만큼 높지 않다는 평가를 받았기 때문이다. 한편으로 이러한 현실은 사교육 의존을 더욱 부추겨 말하기 연습을 위해 별도로 원어민 회화 학원을 다니거나 해외 연수를 갈 수밖에 없었던 한계 상황을 만들었다. 결국 공교육의 문법 위주 교육은 교육 불평등(말하기 기회를 얻는 계층과 그렇지 못한 계층의 격차)과 과도한 사교육비 지출 등의 사회적 문제로까지 이어졌다.6

『성문 종합영어』의 일제 잔재 논쟁에서 알 수 있듯, 한국 영어 교육의 문제를 역사적인 관점에서 성찰하려는 움직임이 이어져왔다. 이는 과거로부터 이어져온 잘못된 관행을 인식하고, 이제는 그것을 바로잡아야 한다는 인식에서 비롯된 것이다. 다행히도 최근 수년간 교육부와 일선 학교에서는 의사소통 중심 수업을 늘리고 수능에서도 EBS 연계 지문 축소 및 절대평가 도입(2018년 영어 영역 절대평가) 등 변화의 조짐이 나타나고 있다. 일부 학교는 말하기 평가를 하거나 프로젝트식 영어 수업을 도입하여 문법 지식보다는 실제 활용에 초점을 맞추고 있다. 디지털 시대에 맞춰 온라인 원어민 회화나 AI 튜터 등을 활용하는 시도도 진행 중이다.

그럼에도 불구하고 한국 영어 교육이 문법 위주의 오랜 그림자에서 완전히 벗어나기까지는 시간이 걸릴 것으로 보인다. 평가 방식의 개선, 교사 세대의 인식 전환, 사회의 인재 선발 기준 변화 등이 함께 이루어져야 하기 때문이다. 결국 균형 잡힌 영어 교육이 필요하

---

6 「의사소통 능력 향상을 위한 영어 교육 개선방안 모색」, 『수산해양교육연구』 제31권 제4호(통권 100호), 2019.

지 않을까? 문법과 독해를 통한 정확성도 중요하지만 듣기와 말하기 훈련을 통한 유창성도 같은 무게로 다루는 것이 이상적이라는 생각이 든다. 그러기 위해서는 공교육이 시험 대비 이상의 가치를 제공해야 하며 학생들이 영어를 실제로 사용하면서 배울 수 있는 환경을 만들어야 한다. 과거의 배경을 이해하고 교훈을 삼는다면 앞으로 한국의 영어 교육이 문법과 실용 능력을 겸비한 방향으로 발전할 수 있을 것으로 판단된다.

대학 들어가기 위해 시작되는 입시 영어

지금의 베이비부머 세대가 치렀던 학력고사는 1982학년도부터 1993학년도까지 시행되었다가 지엽적인 4지선다형 암기 문제가 너무 많다는 비판 때문에 수능시험으로 전면 개편되었다. 흥미로운 사실은 렉사일 지수(Lexile Level)[7], 즉 영어로 된 문서의 읽기 난이도에서 수능 영어가 'USA 투데이' 수준에 이를 정도로 출제 변별력에 논란이 불거지고 있어 그 실효성의 문제가 현재까지도 계속되고 있

---

[7] 렉사일 지수(Lexile Index)는 미국 메타메트릭스(MetaMetrics)사가 개발한 독서 능력 평가 지수이다. 책의 난이도를 수치로 환산하여 나타내며, 이를 학생의 독서 능력과 비교함으로써 적절한 난이도의 책을 선택할 수 있도록 돕는다. 일반적으로 0L에서 2000L까지의 범위를 가지며, 수치가 낮을수록 초등학생 수준의 쉬운 책을, 수치가 높을수록 대학 수준의 어려운 책을 의미한다.

다. 한글로 번역해도 이해하기 힘든 추상적이고 난해한 내용과 시간 안에 풀기도 힘든 긴 지문을 보면 눈이 휘둥그레질 정도다. 아래의 학력고사 문제와 수능시험 문제를 잠시 비교해보자.

1990년도 학력고사 영어 빈칸 채우기 문제

As the world population become a denser, we feel greater pressure from the expanding number of people. Some experts argue that we are approaching the limit of the number of people the earth can support adequately, and they feel we should turn to compulsory (A)

20. 윗글의 제목으로 가장 알맞은 것은?
① The pressure of people
② The density of population
③ The Number of people
④ The support of population

21. (A)에 넣기 가장 알맞은 것은?
① birth control   ② social welfare
③ school system   ④ child care

아래 지문은 34번 문항이 고난도로 출제되었던 2019학년도 수능 영어 참고 지문이다. 인류가 새로운 문화적 도구를 만드는 걸 가능하게 하는 요소가 무엇인지 묻는 문제이다. 구체적인 사례를 보고 빈칸을 추론해야 하는 점이 어렵게 느껴질 수 있다.

The human species is unique in its ability to expand its functionality by inventing new cultural tools. writing arithmetic, science-all are recent inventions. Our brains did not have enough time to evolve for them, but I reason that they were made possible because

----

When we learn to read, we recycle a specific region of our visual system known as the visual word-form area, enabling us to recognize strings of letters and connect them to language area. Likewise, when we learn Arabic numerals we build a circuit to quickly convert those shapes into quantities-a fast connection from bilateral visual areas to the parietal quantity area. Even an invention as elementary as finger-counting changes our cognitive abilities dramatically. Amazonian people who have not invented counting are unable to make exact calculations as simple as, say, 6-2. This "cultural recycling" implies that the functional architecture of the human brains results from a complex mixture of biological and cultural constraints. [3점]

① Our brains put a limit on cultural diversity
② We can mobilize our old areas in novel ways
③ Cultural tools stabilize our brain functionality
④ Our brain regions operate in an isolated manner
⑤ We cannot adapt ourselves to natural challenges

지난 학력고사와 수능 영어의 내용 차이가 너무 크지 않은가? 문장을 해석해도 명확하게 이해하기가 쉽지 않다. 더군다나 5지선다에 많은 지문은 시간 내에 풀기조차 힘들 지경이다. 우리 때도 어려웠던 영어 시험문제가 지금의 자녀 세대가 접하는 영어 문제와는 차원이 다르지 않은가? 이렇게 어려운 문제를 풀고 대학에 들어가는 자녀들이 안쓰럽고 대단하다고 느껴질 뿐이다.

그렇다면 이전보다 지금의 영어 교육 환경이 많이 바뀌었을까? 교육과정 개편으로 발전된 수능 영어는 이전(본고사와 학력고사)에 없던 듣기 평가를 추가하고 단어의 철자와 발음기호를 물어보는 지엽적인 문제를 많이 배제했음에도 불구하고 문법적 해석을 근간으로 하는 독해 지문의 시험 구성은 과거의 입시 영어와 근본적으로 달라지지 않았다. 오히려 수능 영어 시험이 지문의 길이와 내용의 논란 때문에 수험생들의 원성이 끊이질 않고 있다.

저자가 유튜브에서 '수능 영어 수준과 난이도'로 검색을 해보았더니 외국인들이 실제 문제를 풀어보고 경악을 금치 못하는 장면을 찾아볼 수 있었다. 이들은 대부분이 영어 네이티브 스피커였고 석사와 박사 학위 취득 후 한국에서 영어 강사로 활동하는 외국인들이었다. 이들은 다음과 같은 말을 하면서 놀라는 표정을 지었다.

"수능 영어 독해가 말이 안 되는 문장이 많다. 어느 누구도 이렇게 말을 하지 않는다. 시간 안에 풀기가 너무 어렵다. 실생활에서 거의 쓰지 않는 단어들이 많다. 한국 사람들이 어려운 영어 시험은 잘 보면서 왜 말은 한마디도 못 하는지 모르겠다."

조기교육 바람, 영어 열풍, 조기 유학, 기러기 가족 따위의 현상은 사교육 시장이 확장되고 공교육이 불신받는 현실을 잘 대변한다. 사교육 시장의 확장은 이미 공교육을 불신하는 뚜렷한 지표라고 볼 수 있다. 한국 사회에서 교육은 계급 재생산 또는 상승 이동을 위한 투자인 셈이다. 청년 실업의 장기화, 무한 경쟁의 가속화, 계급 하강

에 대한 불안 따위가 자녀에 대한 부모의 보호를 더욱 강화하고 있기 때문이다.[8]

몇 년 전 JTBC의 '스카이캐슬'이라는 드라마가 시청자들에게 선풍적인 인기를 끌었다. 이 드라마는 '스카이' 대학에 합격시키기 위한 한국 중산층 가족들의 왜곡된 신분 상승 욕망과 고액 과외의 현실을 풍자해 화제가 되었던 작품이었다. 극중에서 그려진 학생들이 영어, 수학 한 문제 때문에 일희일비하면서 시험형 인간으로 길들여지고 있는 모습은 정말 아이러니한 현실이 아닐 수 없었다. 물론 이 드라마가 흥미 위주의 극적 전개를 위해 과장된 면도 없지 않았지만 대한민국 사교육 이면에서 시험 성적 향상을 위해 이뤄지고 있는 암중모색과 권모술수가 얼마나 심각한지를 알 수 있는 현실판 드라마여서 같은 자식을 둔 부모의 입장에서 마음이 편치만은 않았다.

대학 들어가서 다시 시작되는 영어 전쟁, 토익

토익은 국내 응시생이 한때 200만 명에 육박할 정도로 대표적인 영어 평가 시험이었다. 토익 개발사인 ETS에 따르면 토익 응시생의

---

[8] 「과외 금지와 대입 본고사 폐지」, 『10대와 통하는 문화로 읽는 한국 현대사』, 이임하, 2014. 11. 13..

90%가 한국인이라고 밝히고 있다. 그런데 900점이 넘는 토익 점수를 얻고도 외국인과 만나면 제대로 말 한마디 못 하는 경우가 태반이라는 사실을 어떻게 설명할 수 있을까? 이런 비극적 결과는 듣고 말하는 영어 대신, 보고 푸는 입시 위주로 길들여진 수험생들의 비효율적인 학습 부작용 때문이라고밖에 달리 설명할 방법이 없다.

토익 시험은 1970년대 후반 일본 경단련(한국의 전경련 격)의 의뢰로 만들어진 것이 시초다. 한국에 처음 도입된 1982년까지만 해도 그 전에 먼저 도입되었던 TOEFL에 밀려 별 인기가 없었으나 1980년대 후반 몇몇 대기업이 인사 전형에서 토익을 도입하면서 '영어 시험 하면 토익'이라는 지금의 상식이 정립되기에 이르렀다. 1990년대 들어 기업 내 승진 시험의 주된 자격 요건으로 쓰이면서 그 위상이 급격히 상승하기 시작했다.

대한민국에서 가장 널리 알려진 공인 영어 시험으로서 토익의 효용성은 다른 영어 시험과 비교해도 압도적인 것이 사실이다. 특히 취업에 있어 영어 점수의 척도로 토익을 활용하는 경우가 대다수이며 각종 토익 수험서는 어학 베스트셀러 자리를 놓치지 않고 있다. 토익 시험은 대학교 입학의 참고 자료나 가산점, 대학원 및 전문대학원 입학에서 활용되기도 하고 기업, 국가 산하단체나 지자체 등의 공채 시험에서 영어 대체 시험으로도 활용되고 있다. 예를 들어 외교관 후보자 선발 시 870점 이상, 5급공채(행정, 기술), 7급공채, 법원행정고시, 대법원, 국회사무처, 입법고시(5급) 700점 이상, 공인회계사, 공인노무사, 세무사 자격시험에서도 700점 이상을 요구한다.

토익이 변별력 없고 검증이 안 된다는 것을 아는 일부 다국적 기업은 토익 점수를 배제하고 외국인 임원들이 직접 영어 인터뷰를 하는 곳도 있다. 외국계 기업들은 과도하게 부풀려진 소위 한국식 스펙을 불신하는 경향이 있어 리더십이나 봉사활동, 해외 경험 등에 직원 선발의 배점을 더 주기도 한다. 비슷비슷한 스펙 쌓기에 집중하고 별다른 경험이 없는 젊은이들은 해외 기업들이 선호하는 인재상이 아닌 것이다.

개인적으로 유명 어학원들이 7~8월 동안 인근 건물까지 빌려 토익 특강을 운영하고 있다고 보도한 기사를 이전에 본 적이 있다. 토익 900점을 넘기는 비법과 문제 푸는 요령 등을 주요 홍보 메시지로 삼아 프로모션하는 학원들은 인터넷만 검색해봐도 쉽게 찾아볼 수 있다. 심지어 영어 학원이나 인터넷으로 토익 강의를 들은 학생들은 이구동성으로 강사가 알려준 요령이 점수를 올리는 데 대단히 도움이 됐다고 말하기도 한다. 더욱 놀라운 것은 제한된 시간에 문제를 끝까지 읽지 않고도 답을 골라내는 기술을 알려주는 강사들에게 수강생들이 몰리기 때문에 강사들 또한 문제 풀이 요령과 각종 비기(?)를 동원해 학생들을 지도한다.

토익 점수가 발표되면 검색엔진 실시간 검색어에 '토익 점수'가 상위를 차지하는 기현상을 볼 수 있다. 심지어 모 인기 ○○○ 자유게시판은 '문제 복원'과 '예상 정답' 등에 관심이 많은 '토익커'들로 와자지껄해진다. 이곳의 커뮤니티는 토익커들의 아지트로, 개인 시험 노하우와 시험 요령, 목표 점수 달성과 고민거리로 후끈 달아오른다.

또한 유명 토익 학원 강사들이 직접 정기 토익 시험을 치르고 파트별 총평을 하는 영상이 해당 어학 사이트와 유튜브에 올라와 높은 조회 수를 기록하고 있어 점수 취득을 갈망하는 이들이 얼마나 많은지 알 수 있다.

승진 때문에 계속되는 영어 지옥, 토익

기업에서 영어 능력을 평가할 때 사내에서 영어 시험을 치르기란 현실적으로 쉽지 않다. 그래서 토익과 같은 공인된 시험 성적을 통해 영어 능력을 판단하는 경우가 많을 수밖에 없다.

회사 대부분이 승진 평가 항목에서 어학 능력을 기본적으로 요구하기 때문에 중견기업이나 대기업 직장인들은 간부나 임원이 되기 위해서 영어 능력을 필수로 갖춰야 한다. 졸업하면 아무 상관 없을 것 같던 영어가 직장 생활에서까지도 40대의 발목을 잡고 있으니 벙어리 냉가슴인 중간급 관리자들의 스트레스는 이만저만이 아닐 것이다. 이미 오래전에 모 일간지에 실린 기사 내용이지만 참고가 될 만해 몇 가지를 소개한다.

    삼성전자가 임원 승진 요건에 외국어 능력을 필수 조건으로 추가했다는 소식이 화제가 되고 있다. …(중략)… 이런 변화는 40대

직장인들에게 외국어 학습, 특히 영어 실력 향상이 더 이상 선택이 아닌 필수가 되었음을 시사한다.[9]

국내 한 중소기업에서 근무하는 41세 과장이 영어 시험 점수 때문에 승진에서 번번이 제외되고 있다는 사례가 주목받고 있다. …(중략)… 영어 능력이 단순한 어학 실력을 넘어 승진과 경력 발전에 직결되는 핵심 요소가 되었음을 보여준다.[10]

국내 대기업에서 근무하는 33세 대리급 직원이 승진을 위해 6년 만에 다시 영어 학원 문을 두드렸다는 사례가 화제다. …(중략)… 30대 직장인들에게도 영어 능력이 선택이 아닌 필수 역량이 되었음을 보여주는 대표적인 사례로 볼 수 있다.[11]

국내 대표 일간지에서도 회사원들의 영어 승진 애환에 대해 취재하여 기사를 소개할 정도로 영어는 직장인들에게 큰 이슈이다. 일류대학 간판이 있으면 큰 고민이 없던 예전 시대는 지나갔다. 어느 정도의 사회와 직장 경험이 있는 40세마저도 앞서가기 위해서는 끊임없이 공부해야 한다. 대형 서점의 신간 코너에 가보면 직장인의 부의 법칙, 재테크, 리더십, 자기 계발 등의 기획 도서들이 빼곡히

---

[9] 한국경제 2018년 1월 30일 자 기사 「외국어 1급 따야 삼성전자 임원 된다」의 내용을 참조함.
[10] 한국경제 2013년 9월 9일 자 기사 「영어 때문에 4년째 승진 '물' 먹자… "토익의 '토'자만 들어도 토 나와"」의 내용을 참조함.
[11] 동아일보 2013년 11월 29일 자 기사 「살 떨리는 승진 考試」의 내용을 참조함.

토익 시험을 치르는 모습

들어서 있다. 특히 어학 코너에 가면 토익 문제집들이 아예 특별 섹션으로 지정되어 있어 파트별 공략 문제집이 화려하게 눈길을 끈다.

　토익 학원은 평일이나 주말이나 취업을 위한 학생들로, 당장 승진을 위한 직장인들로 문전성시를 이룬다. 강남이나 종로의 대형 토익 학원 주변 지하철역에 가보면 강사들의 지하철 광고가 불꽃 튀게 경쟁하는 진풍경을 볼 수 있다. 방학이나 학기 시즌이 되면 학원으로 나가는 출구 방향 계단 포스터 광고는 거의 토익 강사들로 도배가 되어 있기 때문이다. 인터넷이나 유튜브로 '토익 점수 올리는 법', '영어 잘하는 법', '영어 왕초보 탈출'을 찾아보는 이들의 모습은 어쩌면 40대들도 겪어야 하는 실제 자화상인지도 모른다. 낮에 직장에서 한바탕 전쟁을 치르고 나면 우리는 다시 토익 점수를 얻기 위해 또다시 몸부림을 쳐야 한다. 그렇지 않으면 영영 토익 지옥에서 벗어날 수 없기 때문이다. 점수로 계층화되어 있는 화려한 토익 실력의 그림자 뒤에는 생존하기 위해 쉴 새 없이 노력해야 하는 우리들의 삶의 무게가 가려져 있는 듯해 씁쓸할 따름이다.

◇ **저자가 오래전 활용했던 토익 시험별 문제 풀이 전략**

토익은 시간에 쫓기는 시험이기 때문에 순발력과 문제 풀이 요령이 요구된다. 나 역시 이런 물리적, 심리적 한계를 극복하기 위해 다양한 문제 풀이 방법을 시도했던 적이 있었다.
- 파트1과 2 안내 사이의 짧은 시간에 파트5를 최대한 많이 풀어 독해 시간을 확보한다.
- 파트1과 파트2 소거법은 정답이 아닌 것을 소거해 최대한 정답에 가까운 것을 고른다.
- 파트3과 파트4는 핵심어를 적고 답지의 패러프레이즈된 문장과 가까운 것을 고른다.
- 파트6을 풀고 파트7의 3중 지문 2개, 2중 지문 2개 지문부터 먼저 풀고 앞부분의 단일 지문 문제를 푼다. 확신이 안 서는 문제는 건너뛰고 최대한 빠르게 읽고 풀어나간다.

저자도 방송대 졸업과 영어 통역 가이드 시험을 위해 토익 시험을 몇 차례 본 적이 있었다. 토익은 2년의 점수 유효기간이 지나면 점수 갱신이나 유지를 위해 다시 시험을 봐야 하기 때문에 수험생들에게는 '가성비'가 떨어지는 시험일지도 모른다. 그런데도 해마다 저마다의 필요충분조건 때문에 여전히 각양각색의 응시자들이 토익 시험 전쟁을 치르고 있다. 토익의 점수 계급화가 한국처럼 명확한 곳이 세계 다른 나라에 또 있을까? 700점대, 800점대, 900점대로 구분된 점수대 서열화는 토익 시험을 치른 경험이 있는 응시자라면 그 점수대의 장벽을 넘기가 얼마나 어려운지를 실감할 것이다. 오늘도 변함없이 토익 학원은 학생들로 넘쳐나고 수많은 토익 인강이 개설되고 있다. 이 시험 영어 시장이 언제까지 계속될지 자못 궁금해진다.

영어 실력은 제자리걸음

세계적으로 영어를 잘하는 비영어권 국가의 순위를 매기면 거의 언제나 네덜란드와 스웨덴, 덴마크 등 북유럽 국가들이 최상위권을 휩쓴다. 1~3위를 차지한 스칸디나비아 3국은 자국을 넘어 해외 시장으로 눈을 돌리면서 회화 중심의 실용 영어 교육에 많은 공을 들였고 결국 영어를 잘하는 나라가 될 수 있었다. 한국은 인도와 필리핀처럼 영국과 미국의 식민지 경험이 없는 외부 그룹[12]이다. 구글

---

12 한국은 외부의 언어적 영향을 크게 받지 않고 고유한 언어적 특성을 유지하고 있다. 한국어는 알타이언 계열 언어로 분류되며, 인도유럽어족에 속하는 영어와는 전혀 다른 계통을 따른다. 또한 특유의 문법 구조, 어순, 어휘 체계를 지니고 있어 영어 사용 국가들과 언어적 유사성이 적다.

CEO 순다르 피차이(Sundar Pichai)는 인도 출신이다. 인도하면 이처럼 유명한 IT 인재가 많은 국가로 알려져 있기도 하지만 영어를 잘하는 나라로도 알려져 있다. 인도는 18세기 후반부터 1947년 독립할 때까지 약 200년 동안 영국의 식민 지배를 받아오면서 영어가 공식 행정 언어로 지정되어 교육, 법률, 행정 등 모든 분야에서 사용되었다. 영어 사용은 사회적 지위를 상징하는 수단이 되었고 인도의 엘리트 계층인 상류층과 지식인들 사이에서 익혀야 할 외국어로 자연스럽게 인식되었다.

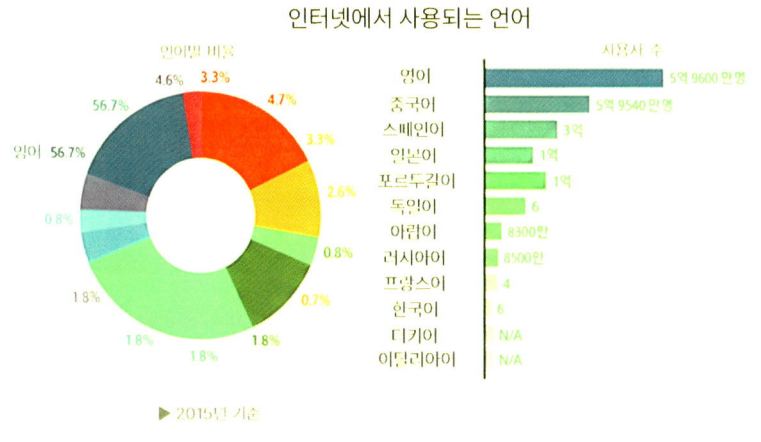

인터넷에서 사용되는 언어(출처: 언라벨)

많은 한국 학생들이 영어 어학연수를 받으러 가는 필리핀은 어떻게 해서 영어를 잘하게 되었을까? 필리핀은 16세기부터 스페인의 식민지였다가 19세기 말 미국의 식민지가 되었다. 필리핀의 공교육 시스템은 미국의 교육 시스템을 모델로 하여 영어를 필수 과목으로 지정하고 영어로 수업을 진행한다. 수많은 섬으로 이뤄진 섬나라 필리핀은 루손 섬 중부 지역에서 널리 사용되는 타갈로그어를 국가 통합을 위한 모어로 사용하면서, 동시에 영어를 공식 언어로 채택하여 사용하고 있다. 인도와 필리핀이 영국과 미국의 식민 지배를 받았던 역사적 배경은 두 나라의 언어생활에 지속적인 영향을 미쳐 현재까지도 영어가 널리 사용되는 결과를 가져왔다. 반면 한국은 일제 식민지의 경험으로 일본어의 영향을 받았지만, 영어에 노출될 기회가 적은 지역적 한계가 있었다.

2016년(즉, 2015년 기준 통계)에 따르면 전체 사교육 시장 규모는 약 18조 원에 달했고 이 중 영어 과목이 5조 원 이상을 차지하며 부동의 1위를 기록했다. 이후 시간이 흘렀지만 상황은 크게 달라지지 않았다. 2023년 기준, 초·중·고 학생 대상 사교육비 총액은 약 27.1조 원으로 전년보다 4.5% 증가했고 영어 과목은 약 6조 원 규모로 여전히 사교육 과목 중 가장 큰 비중을 차지하고 있기 때문이다.

어느 평가 보고서는 "우리나라가 세계에서 1인당 영어 사교육비 지출이 가장 많지만 성인의 영어 실력은 향상되지 않고 있다"라고 지적한 바 있다. 한국의 영어 교육 시장은 입시, 유학, 편입, 어학 시험, 취직 및 승진, 취미 등 그 대상과 종류도 상당히 세분화되어 있다. 교육열이 높은 아시아 타이거 맘, 한국 엄마들의 치맛바람은 아이들이 말을 하고 걷기 시작하는 2~3살 때부터 시작된다. 고가의 영어 유치원과 입시 위주의 영어 사교육은 아이들을 시험과 성적 중심의 학습법에 가둬놓고 혹사시키기 때문에 늘 사회적 이슈와 문제가 되고 있다. 기성세대들은 과거부터 이런 방식으로 배워왔고 다시 그 자녀 세대 또한 변형되었지만 본질적으로는 유사한 이런 방식의 비효율적 영어 교육을 답습하고 있다. 이렇게 배운 영어가 다음 세대에도 똑같이 되풀이된다면 대한민국은 영어 교육 왕국이라는 오명에서 영원히 벗어날 수 없을지도 모른다.

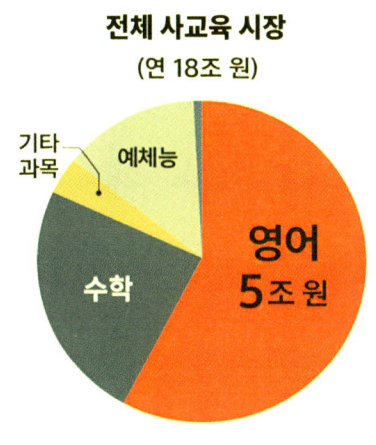

2016년 영어 사교육 시장 규모

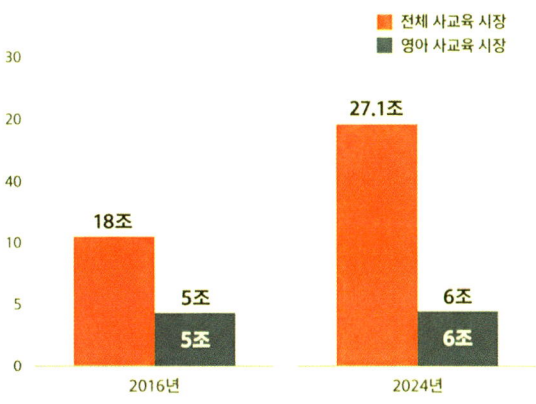

2016년·2024년 전체 사교육 시장과 영어 교육 시장 규모 비교

2. 영어는 폼생폼사의 지적 허영심?

장식장에 폼으로 꽂혀 있는 영어 원서

여러분의 집에 적어도 한두 개 이상의 영어 원서가 있을지도 모른다. 그런데 그 영어로 쓰인 책을 모두 읽어본 적이 있는지 궁금하다. 40대의 대부분은 개인적 필요와 관심사에 따라, 또는 대학 시절 공부했던 원서를 기념으로 가지고 있을 것이다. 공대의 경우에는 전공 영역이 거의 해외 산업과 기술 기반이기 때문에 영어로 된 전공 서적들을 흔하게 접하는 경우가 많다.

전기전자공학, 기계공학, 제어계측, 토목건축공학, 무기재료공학, 화학공학, 생명공학, 의과대학 등은 주 교재가 거의 영어 원서가 많기 때문에 좋든 싫든 공학 기술 원리와 이론을 원서로 해독하고 배워야 했다. 대학생들은 대개의 경우 전공 번역서로 공부를 하지만 고학년으로 올라가거나 대학원에 진학할 경우 연구 논문 조사와 작성을 위해 영어의 쓰임새가 기하급수적으로 늘어난다는 것을 실감한다. 따라서 대학의 학사 및 석박사와 같은 학위를 취득하기 위해서는 영어가 가장 기본이 되는 언어 중 하나라는 사실을 부인하지 않을 것이다.

그런데 우리의 현실은 어떠한가?
영어를 지속해서 접하는 경우를 제외하고 대학 졸업과 동시에 영어와 담을 쌓고 살아가고 있는 경우가 대부분이 아닐까? 영어 전공자나 관심이 있는 사람들이 교양을 위해서 어쩌다 구입한 영어 원서(대부분이 베스트셀러, 인기 에세이, 고전 등)를 처음 몇 장 또는 많아야 10장 정도만 읽거나 아예 읽지 못한 채 책장에 고이 모셔두는 일이 다반사일 것이다. 영어 원서의 획득 과정도 다음의 경우가 대부분이거나 아예 영어 원서가 없을지도 모른다.

- 선물로 받거나 우연히 생긴 경우
- 과거의 전공 원서를 끝까지 버리지 않고 남겨둔 경우
- 신년이 되어 외국어를 다시 공부해보겠다고 충동적으로 구매한 경우
- 본인도 모르거나 출처가 불분명한 경우

여러분은 어떤 경우에 속하나?

어느새 영어 원서의 용도 자체가 거실 책상에 비치된 인테리어 소품 또는 뜨거운 찌개 용기를 받치는 받침대의 역할로 바뀌어 있지 않은지 묻고 싶다. 이제 우리는 40대가 넘었다. 죽기 전에 한번은 자신의 의지와 실력으로 영어 원서 1권 정도는 독파해봐야 하지 않을까? 내가 사는 집의 거실에도 영어 원서들이 있다. 하지만, 현재까지도 남아 있는 전공 영어 원서 교재는 3권 정도뿐이다. 창피한 이야기지만 대학 시절 나는 전공 교재 살 돈으로 술을 사 먹는 철없는 행동을 했었다. 그나마 학년별로 가지고 있었던 영어 원서는 후배들에게 주거나 몇 푼 안 되는 돈을 받고 헌책방에 팔았기 때문에 졸업 후 기념할 만한 원서가 거의 남아 있지 않다.

전공 영어 원서 외에 지금 남아 있는 영어 원서는 시드니 셸던(Sidney Sheldon)의 페이퍼백(Paperback, 대중 보급용 문고판 소설 형식)과 파울로 코엘료(Paulo Coelho)의 소설들, 미래학자 엘빈 토플러(Alvin Toffler)의 『퓨처 쇼크(Future Shock)』, 『권력이동(Powershift)』, 펭귄 출판사(Penguin Books)에서 출간된 고전 소설들인 『올리버 트위스트(Oliver Twist)』, 『자본론(Capital)』, 『꿈의 해석(The Interpretation of Dreams)』, 『명상록(Meditations)』, 그리고 제임스 조이스(James Joyce)의 『젊은 예술가의 초상(A Portrait of the Artist as a Young Man)』 등이 있다. 이 시점에서 여러분은 이렇게 생각할지도 모른다. 저 책을 원서로 다 읽었으니 대단하다고!

하지만, 현실은 나도 여러분과 전혀 다르지 않다. 처음 앞부분만

보다가 여러 가지 이유로 읽지 않은 채 그대로 책장에 꽂아둔 경험이 수없이 많기 때문이다. 그나마도 남아 있던 영어 원서는 거의 다 버리고 일부만이 남아 있을 뿐이다.

역으로 생각해볼까?
우리는 한국어를 모국어로 사용하는 한국인이다. 그렇다면 여러분은 1년에 한글로 된 책을 얼마나 읽고 있는가? 역시 여러 가지 이유로 많이 읽어야 1달에 고작 1권 또는 어떤 경우에는 1년에 1~2권 읽기도 힘든 것이 책 읽기다. 한글로 된 책도 읽을까 말까 하는데 영어로 된 원서를 1권 완독하는 것은 현실적으로 정말 힘든 고역이다. 그만큼 영어 원서를 읽기가 쉽지 않기 때문이다. 영어 원서를 한글처럼 쉽게 읽고 해석할 수 있는 직독 직해(Sight translation) 수준이 되려면 영어로 된 책을 오랫동안 접했던 사람들이나 다양한 분야의 배경지식이 있고 영어에 일정 수준의 실력이 있는 사람들이 대부분일 것이다. 무엇보다, 영어 원서를 읽기 위한 별도의 시간적 투자와 노력이 병행되었을 때만이 영어 원서 완독이 가능하다.

영어 원서 읽기는 중급에서 고급으로 점프하게 만들어주는 실력의 원천이 되기 때문에 경제 잡지나 소설, 에세이를 읽고 싶은 학습자들이라면 반드시 경험해야 할 통과의례와 같다. 외국어 원서 독해로 학습자들은 심도 있는 언어적, 문화적 체험을 할 수 있고 다양한 분야에서 사용되는 폭넓은 어휘를 접할 수 있다. 예를 들어 타임, 포브스나 이코노미스트는 비즈니스, 경제, 정치와 같은 주제를 다루기 때문에 학습자는 경제 용어, 정치적 담론, 비즈니스 전략과 같은 전문적인 어휘를 습득할 수 있다. 이러한 어휘는 일상 대화에서는 자주 사용되지 않지만, 전문적인 대화나 글쓰기에서 매우 중요한 외국어 지식 역량이 될 수 있다. 또한 소설이나 에세이를 읽으면 감정, 분위기, 심리 상태를 표현하는 다양한 고급 어휘와 뉘앙스 파악, 명문장의 표현을 익힐 수 있다. 이러한 경험은 단어의 의미뿐 아니라 단어가 사용되는 정확한 맥락을 이해할 수 있고 학습자가 더 깊이 있게 사고하고 깨달음을 얻을 수 있는 인문학적 지혜를 얻는 데도 도움이 된다.

영어 전문 매거진이나 소설, 에세이에서는 단문보다는 복합문, 종속절, 분사구문 등을 활용한 복잡한 문장이 많이 나온다. 예를 들어, 'Despite the mounting competitive challenges, the company managed to maintain its market share, showcasing its resilience in a volatile economy.'와 같은 문장을 통해 학습자는 문장 내의 문법 이해도를 높여 고급 회화나 글쓰기에서 더 정확한 문장을 활용할 수 있고 영어권 문화에 대한 깊이 있는 이해를 쌓을 수 있다.

예를 들면 존 스타인벡(John Steinbeck)의 『The Grapes of Wrath(분노의 포도)』를 읽으면서 1930년대 대공황(The Great Depression) 시기 미국 농민과 노동자들의 고통, 불평등, 그리고 사회 구조적 모순을 비판적으로 인식할 수 있고, 하퍼 리(Harper Lee)의 『To Kill a Mockingbird(앵무새 죽이기)』를 통해서는 20세기 미국 남부의 인종차별과 정의, 양심의 문제를 성찰할 수 있다.

이러한 특수한 사회적 맥락의 배경지식은 영어를 더 풍부하게 이해하는 데 유용한 경쟁력이 되기 때문이다.

영어 원서 읽기는 학습자가 영어를 실제로 사용하고 이해하는 능력을 고급 수준으로 끌어올리는 데 매우 중요한 역할을 한다. 어휘력의 확장, 문장 구조와 문법의 심화 이해, 문화적 이해와 배경지식 확장, 비판적 사고와 분석 능력의 향상, 그리고 표현력의 향상이라는 측면에서 영어 원서 읽기는 필수적이다. 이 과정에서 학습자는 영어의 진정한 의미와 깊이를 경험하며 자신만의 언어적 성취를 이룰 수 있다.

이번 생은 영어 잘하는 폼생폼사로 살아보자

새해가 되면 무언가를 새롭게 꿈꾸고 이루기 위해 대형 서점을 찾는 사람들이 많아진다. 『30일 만에 끝내는 영어 회화』, 『100일 만의 영어 기적』 등 40대는 이런 제목의 영어 학습서를 보고 다시 꿈꾸기 시작한다. 이번에는 정말 영어를 다시 시작해보고 싶다고, 그래서 버킷리스트에 있는 외국어 학습의 꿈을 이루겠다고 말이다. 그리고 우리는 제목만 보고 충동적으로 구매한 영어 학습서들을 가슴에 품고 영어를 잘하는 자신을 상상하면서 집으로 향한다.

영어 학습 노하우와 학습법을 다룬 책들을 보면 공통적으로 이야기하는 내용이 있다. 바로 신년에 새롭게 시작하는 외국어 공부의 실패담이다. 해마다 신년 초에는 외국어 학습 신청과 피트니스 센터 등록이 활발하게 이뤄진다. 이런 상품들을 결심상품이라고 한다. 신년 초의 굳은 결심! 영어 마스터하기? 운동 센터에 다니면서, 다이어트하기? 등등. 그런데 이 약속과 다짐, 위시 리스트(Wish list)에 등록된 영어 공부는 어느 정도의 실천으로 이어지고 있을까?

연초에 새롭게 도전하여 계획대로 성공할 확률은 상당히 낮다. 결심상품은 연초 판매율이 배 이상이 높다고 한다. 그래서 이 시즌을 겨냥한 상품(외국어, 자격증, 다이어트 등)들이 우후죽순 쏟아지고 연초에 이런 트렌드가 주기적으로 반복이 된다.

우리는 바쁘다는 핑계로 돈 벌기도 힘든데 공부할 틈이 어디 있냐고 적절한 자기합리화와 나이 탓을 하면서 슬그머니 일상으로 도망쳐버리는 데 익숙하다. 어쩌면 우리가 죽기 전에 단 한 권도 읽지 못할 수도 있는데, 더 늦기 전에 영어로 된 원서를 한 번 정도는 읽어봐야 하지 않을까? 저자는 나이를 떠나 나름대로 지적 허세를 부릴 만한 것으로 영어만 한 게 없다고 생각한다.

누구에게나 익숙하지만 아무나 잘할 수 없고, 그래서 잘하고 싶은 것이 영어이기 때문이다.

겸양의 미덕이나 겸손에 익숙한 사람 중에는 특히 자신을 드러내는 것을 어색해하는 경우가 많다. 우리 주변을 둘러보면 외국인들이 영어로 대화하는 경우보다 한국인이 영어로 이야기했을 때 돌아보거나 호기심 어린 눈길로 바라보는 경우를 왕왕 볼 수 있다. 그런데 왜 우리는 한국인이 자연스럽게 영어를 하는 모습을 보면 신기해하거나 부러운 시선으로 바라보는 걸까? 한마디로 우리가 영어를 못하기 때문이다. 우리가 잘하지 못하기 때문에 잘하는 이들을 우러러 바라보는 것이다. 나도 그랬으니까… 장담하건대 '폼생폼사', 즉 스타일리시한 삶을 목표로 하는 중년이라면 영어가 확실히 인생의 개인기가 될 수 있다.

영어를 잘하면 인생의 질 자체가 높아진다. 영어를 잘하는 중년은 전 세계의 다양한 사람들과 소통할 수 있다. 국제적인 콘퍼런스나 비즈니스 모임에서 영어가 경쟁 무기가 되어 네트워크를 확장할 수 있다. 또한 영어를 잘하는 중년은 꼭 사업적 활용이 아니더라도 해외여행에서 현지인들과 자유롭게 대화할 수 있고 더욱 풍부한 현지 문화 체험을 할 수 있다. 흔하디흔한 외국 패키지 관광이 아니라 스스로 더욱 깊이 있고 여유 넘치는, 차원이 다른 자유여행이 가능하다. 어디 이뿐인가? 여행 중 만난 외국인들과 친구가 되어 서로의 삶을 나누고 다른 문화를 이해하는 과정은 중년의 삶에 새로운 활력소가 되지 않을까?

중년이 되면 커리어의 정점에 도달하거나 새로운 방향으로의 전환을 고민하는 경우가 많다. 영어를 잘하면 더 넓은 시장에서 자신의 전문성을 발휘할 수 있다. 국내에서 쌓은 기술이나 지식 콘텐츠를 영어로 번역해 국제 시장에 소개하거나 해외 파트너와의 협력 관계를 구축해 새로운 비즈니스 기회를 창출할 수도 있다. 중년의 나이에 해외 자료나 논문을 자유롭게 읽고 이해할 수 있는 능력은 전문성을 강화하는 데 큰 도움이 된다. 이지적이고 뇌가 섹시한 중년의 매력은 중후함을 넘는 품격의 아우라로 넘쳐날 수 있다. 하기에 따라 영어로 개성 넘치는 콘텐츠를 만들어 국내를 넘어 세계인을 상대로 유튜버 크리에이터가 될 수도 있다.

영어를 잘하는 중년은 국내외 봉사활동이나 비영리 단체에서 활동할 기회를 찾을 수도 있다. 영어를 사용하는 개발도상국에서 교육 봉사나 인권 활동에 참여함으로써 글로벌한 시각에서 사회적 문제를 해결하는 데 기여할 수 있기 때문이다. 여러분이 영어를 잘한다면 자녀들 또한 부모의 영어 실력 때문에 자극을 받고 글로벌 무대로 도전할 수 있는 동기부여가 될지도 모른다. 가능하다면 그들의 영어 교육을 직접 도와줄 수도 있을 것이다. 영어를 잘하는 중년의 삶은 그야말로 인생의 새로운 전환기를 몇 번이고 경험하고 개척할 수 있는 기회가 있다. 나 또한 영어 덕분에 새로운 인생 이모작을 실천 중이다. 이 도전의 이야기는 이 책 후반부에 다시 이야기하겠다.

나는 왜 40이 넘어 영어 공부를 다시 시작했는가

나의 영어 공부는 40세부터 아주 우연히 시작되었는데 그 좌충우돌 영어 공부 이야기를 부끄럽지만 잠시 나누고자 한다. 당시 저자는 방송대 관광과 졸업(4학년, 2011년)을 위해 논문 자격시험을 앞두고 있었다. 그런데 논문 대신 국가자격증이나 토익 점수의 요건이 갖춰지면 논문을 쓰지 않아도 되었다. 직장 생활을 하면서 방송대 3학년에 다시 학사 편입을 했기 때문에 일과 공부를 병행하기가 쉽지만은 않았다. 탈모까지 올 정도로 스트레스가 많았지만 중간고사, 출석 대체 시험, 기말고사 등을 모두 거쳐 3학년과 4학년 모든 과정을 과락이나 성적 경고 없이 이수할 수 있었다. 그런데 4학년이 되면서 졸업 자격 요건인 논문 때문에 슬슬 걱정되기 시작했다. 제출 논문은 대학원 수준의 높은 난이도를 요구하지는 않았지만 리서치 페이퍼 정도 수준 이상의 분량을 써야 했기 때문에 바쁜 와중에 은근히 심적 부담으로 다가왔다.

논문 주제와 연구 내용의 요약을 제출하는 일정이 임박해오면서 고민이 되기 시작했다. 논문을 써야 할지, 아니면 논문 대체 시험을 볼지를…. 그런데 이도 저도 선택을 하기가 쉽지 않았다. 과거 대학원 석사 졸업을 위해 6개월의 공을 들여 썼던 논문이 사무치듯 떠올랐기 때문이다. 이미 마음은 졸업논문 대체로 가능한 국가자격증이나 토익 시험으로 향하고 있었다. 자격증을 취득하려면 이론 과목과 실기시험을 새롭게 준비해야 했기 때문에 이 역시 만만치가 않아 결국 토익 점수를 취득하기로 작정했다.

문제는 관광과 졸업논문 대체로 요구하는 토익 점수 커트라인이 당시(2011년 기준) 760점이었다. 심지어 방송대 영어영문학과는 논문 대체로 토익 800점이 필요했다. 영어를 잘하는 고수들에게 700점

중반의 토익 점수는 아무렇지도 않게 얻을 수 있는 수준일지 모르겠지만 영포자나 초급 레벨의 학습자에게는 넘기 어려운 장벽이었다. 저자 역시 그때는 그랬다.

나는 졸업논문 대체 시험 제출 마감 시한을 3~4개월 남겨두고 토익 시험에 뛰어들었다. 2010년 연말부터 2011년 연초까지 토익 시험을 3번 응시해서 보았는데 이전 토익 시험 유형이 상당히 바뀌어 있어 적지 않게 당황했다. 리딩 파트는 원래 보는 영어에 익숙해 있어서 그럭저럭 풀 만했지만 리스닝 파트는 귀가 먹었는지 도무지 들리지 않았다. 리스닝 문제 같은 경우 예전 시험은 미국 발음 일색이었지만 2006년 5월부터 일부 유형을 변경한 새로운 토익(New Toeic)이 실시되면서 지문이 길어지고 국제 업무 환경에서 사용되는 다양한 발음 및 악센트가 반영되면서 영국, 호주, 뉴질랜드 등의 영어 발음이 추가되었다.

오랫동안 영어 공부를 하지 않았던 이유도 있었지만, 첫 시험 점수가 기대 점수 700점을 넘지 못했고 리스닝과 리딩 점수를 합쳐 660점을 맞았다. 영어 전공까지 했던 내가 고작 600점대를 맞다니! 한마디로 충격 그 자체였다. 원래 공부파도 아니었던 내가 왜 다시 대학에 들어가 이런 고생을 하고 있는 건지…. 그냥 적당히 편하게 살면 되는데 괜스레 사서 고생하는 나 자신에게 자괴감마저 들었다. 다시 시험을 보았지만 710점을 맞았다. 목표 점수인 760점에는 턱없이 모자랐다. 갑자기 그냥 남들처럼 논문을 쓸 걸 하는 후회가 밀려왔다. 방송대 스터디 그룹에서 알게 된 학우들에게는 이미 졸업논문 대체로 토익 시험을 볼 예정이라고 호언장담하 듯 말을 했던 터라 다시 졸업논문을 쓰자니 알량한 자존심이 이를 허락하지 않았다.

마음이 급해진 나는 토익 1개월 단기 속성 과정, 800점 완성반, 직장인 토익, 주말 토익 등으로 유명한 토익 학원을 알아보기 시작했다. 평일은 시간을 내서 공부하기도 벅찼던 때라 주말 토익 문제 풀이 실전반 과정을 등록했다. 이 과정에 등록하면서 토익 문법 요약 자료와 리스닝 파트 기출문제 음원을 모두 무료로 받을 수 있었다. 영어 청취가 약했기 때문에 제공받은 음원을 수시로 듣고 다니면서 학원에서 토익 강사가 찍어주는 문제 포인트를 중심으로 학습을 이어갔다. 다행히 3번째 토익 시험에서 785점이 나오면서 목표 점수를 획득할 수 있었다.

자타 공인 토익 적중 강사가 찍어주는 예상 문제는 유형별로 최적화되어 있는 기출문제로, 신기하게 느껴질 정도였다. 그래서 토익 점수를 따기 위해서는 토익 학원이 최고의 길잡이를 하고 있다는 착각까지 들었다. 점수를 취득하고 대체 시험 증빙용으로 토익 점수를 제출하자 홀가분함이 밀려왔다. 같이 공부하는 비슷한 나이의 동기들은 영어를 잘해서 좋겠다고 부러움의 눈초리로 바라봤다. 방송대 관광과 학우들 대부분이 영어에 대해 많은 부담을 느꼈고 어려워했다. 그만큼 영어는 방송대 만학도들도 건너기 힘든 강이었고 오르기 힘든 산이었다.

하지만 방송대를 졸업하고 나는 영어와 다시 멀어졌다. 이직과 바쁜 직장 생활로 영어 공부할 틈이 없었기 때문이다. 영어 공부할 마음의 여유가 없었다는 표현이 더 어울릴지도 모른다. 그러던 어느 날 주말 오후에 아주 우연한 계기로 집에서 TV 채널을 누르다 CNN 방송을 보게 되었다. 그때 문득 토익 청취 훈련을 하면서 들리지 않았던 영어가 조금씩 들리기 시작했던 기억이 떠오르면서 영어를 잘하고 싶다는 로망이 무의식중에 꿈틀거렸다. 이렇게 논문 대체 시험으로 40세부터 다시 시작하게 된 내 영어 공부는 현재까지도 계속되고 있다.

솔직히 나는 영어를 전공했지만 영어를 잘하지 못했던, 무늬만 전공자였다. 영어 전공도 영어를 정말 좋아하거나 잘해서라기보다 점수에 맞춰서 가다 보니 우연히 선택하게 된 것이었다. 대학생 때 나에게 영어란 학점을 따기 위한 외국어 과목 그 이상도 이하도 아니었다. 이해도 되지 않는 영어통사론과 영어음성학은 거의 낙제 수준이었고 영시와 소설, 드라마는 번역본을 위주로 보면서 해석하기 일쑤였다. 영어 전공이 적성에 맞지 않아 강의를 땡땡이치고 놀러다닐 때가 다반사였다.

나는 대학 생활 내내 학점을 따기 위해 건성건성 형식적인 공부만을 했다. 영어 청취와 말하기 위주의 공부보다는 독해 위주의 보는 영어에만 치중했다. 음성학적으로 단어의 소릿값을 알지 못하니 당연히 듣지를 못했다. 아니, 들리지 않았다. 그래서 더욱 보는 영어만 맹목적으로 파고들었다. 심각했던 것은 영어 단어를 외우면서 발음기호 자체를 보지 않았다. 그냥 보이는 영어 단어 스펠링(Spelling) 과 뜻만 외웠다! 아이러니하게도 이렇게 외웠던 영어 단어의 양이 상당했다. 심지어 일반인들이 모르는 이상한 의학 전문·용어까지 의미 파악이 될 정도로 많이 알고 있었다. 아래의 전문·용어들이 그 당시에 호기롭게 자랑질했던 전시용 단어들이었다.

Encephalitis(뇌염), Schizophrenia(조현병), Electrocardiogram(심전도), Pneumonoultramicorscopicsilicovolcanoconiosis(진폐증)

심지어 교수님도 모르는, 일상생활에서는 거의 쓰이지도 않는 단어만을 무작정 외웠다. 그 단어가 어떻게 소리가 나는지에는 관심조차 갖지 않았다. 22,000 영어 단어, 33,000 영어 단어, 그리고 당시 유명했던 거로 영어 단어 모음집 등을 활용해 영어 어휘만을 외웠다. 그리고 경구나 속담을 달달 외워서 아는 척하는 데 유용한 밑천으로 써먹었다.

Rome was not built in a day.
Spare the rod, and spoil the child.
Heaven helps those who helps themselves
Don't put off thing until tomorrow.
All works and no plays make a jack a dull boy.
There is a will, and there is a way.
Rolling stone gathers no moss.
Out of sight, out of mind.

그럼 당시 나의 짝퉁 영어 회화 실력은 어땠을까? 말하는 영어는 당연히 아는 영어로 질문을 퍼붓는 식이었다. 물론 뭐라고 말하면 들리는 단어를 제외하고 외국인이 말을 하면 의미 파악이 되지 않았다. 대화 가운데 상황이 어색해지면 나는 계속 질문을 퍼부었다. 다른 사람이 보면 내가 외국인들과 영어를 상당히 잘하는 것처럼 보일 수도 있다. 하지만, 실제로 나는 아는 회화 위주로 질문을 하고 모르는 대화는 아는 것처럼 꾸며댔다. 영어 전공자라는 자존심 때문에 잘하는 척 연기를 했다. 지금 생각해 보면 참으로 유치찬란한 해프닝이 아닐 수 없었다. 아주 간단한 영어로 질문을 하고 손짓과 발짓을 하면 어느 정도의 영어 의사소통은 이어갈 수 있었기 때문에 홍대 클럽에서 외국인들과 이야기할 때 항상 내가 써먹던 영어 대화 레퍼토리가 있었다.

Where are you from?
What's your name?
How about joining with us?

내가 질문하면 외국인들은 답변을 했고 그들이 역시 뭐라고 되물어보면 나는 알아듣는 말에만 아주 짧게 답변하는 식으로 대화를 이어갔다. 앞에서도 말했지만 나보다 영어를 못했던 친구들은 영어 전공자였던 내가 영어를 잘한다고 착각을 할 수밖에 없었다. 대학 생활 내내, 그리고 졸업 이후 사회생활을 할 때도 '들리지 않는 영어'와 '유창하게 말하지 못하는 영어'는 나에게 상당한 영어 콤플렉스였고 비극적 결점이었음에도 말이다.

잘못된 영어 공부 방식으로 인한 비효율적인 영어 학습법의 폐해는 실로 엄청났다. 결국 단어마다 발음기호를 다시 외워야 했고 들어보는 과정을 원점에서 다시 시작해 과도한 시간 낭비를 해야 했다. 물론 특이한 영어 단어를 많이 알고 있었던 장점(?) 때문에 리스닝의 실력이 향상되면서 상당히 도움이 되었던 것은 불행 중 다행이었다. 이후 잠재적으로 이전에 학습했던 많은 양의 단어들의 소리가 들리면서 실력이 급격히 향상됐음을 느낄 수 있었다. 예를 들어 NPR에서 Sex worker에 대해 말하는 뉴스 꼭지에서 성 산업 종사자들을 정식 직업으로 인정해서 세금을 걷는 방안과 성범죄 예방에 대한 내용, 성병(Venereal disease) 등에 대해서 이야기할 때 이전에 알고 있었던 임질(Gonorrhea)이란 영어 단어가 들렸기 때문이다.

지지부진한 리스닝 영어 학습이 조금씩 발전을 보기 시작했던 계기가 있었는데 아이러니하게도 나 역시 부정적으로 인식했던 토익 공부(리스닝)를 진행하면서부터였다. 당시 워낙 다양한 토익 교재와 무료 음원이 많아 쉽게 자료를 얻을 수 있었고 미국, 영국, 호주식 발음도 구분해서 들을 수 있었기 때문에 나는 토익 L/C 음원을 듣기 훈련용으로 적극 활용했다. 토익 리스닝은 성우들의 정확한 발음으로 영어 문장을 읽어주기 때문에 영어 단어와 문장을 정확하게 들을 수 있었고 무엇보다 들리지 않는 부분은 반복해서 연습을 할 수 있어 좋았다. 그렇다고 내가 토익 듣기 자료를 전적으로 추천하는 것은 아니니 오해 없기를 바란다. 영어 듣기에 도움이 되는 학습법은 뒤에 가서 좀 더 구체적으로 이야기해보겠다.

나는 지금도 변함없이 매일 영어에 의식적으로 노출하려고 애쓰며 산다. 이제 영어는 내게 하루의 루틴이 되었다. 이런 규칙적인 노력은 무의식적으로 나의 삶을 바꾸기 시작했다. 영어를 익히기 위한 계획적 행동은 시간 관리로 이어졌고 어느덧 나 자신을 관리하고 통제하기에 이르렀기 때문이다. 영어를 다시 시작했을 뿐인데 나의 삶은 좀 더 의욕적으로 변화되어가고 있다. 무엇보다 인생을 바라보는 태도를 긍정적으로 변화시켜주었다는 점에서 영어는 나에게 새로운 돌파구가 되었다.

저자의 영어 공부는 현재 진행형이다. 대학 시절, 나는 영어를 제대로 공부하지 않았다. 직장에 들어가서는 먹고사는 일이 먼저여서 영어와는 더욱 멀어졌다. 그러던 어느 날, 껍데기 같은 인생을 사는 듯한 허전함이 마음을 파고들었다. 영어를 전공했음에도 자신 있게 잘한다고, 당당히 말하지 못했던 그 치부가 부끄러워 40대에 다시 영어 공부를 시작하게 되었기 때문이다. 나의 영어 공부는 앞으로도 멈추지 않고 계속될 것이다. 영어 때문에 인생이 바뀌어가고 있고, 영어 때문에 새로운 자신감으로 활력 있는 삶을 살아가고 있기 때문이다.

3. 20대 때도 포기했던 영어!
왜 40대에 다시 시작해야만 하는가?

중년 영어의 성패? 결국 자기 주도적 학습에 달렸다!

　우리는 서로 엇비슷하지만 배움의 정도, 인생의 목표와 비전, 생각과 가치관 면에서 모두 다르게 살아왔다. 이 책을 접하는 독자들은 의지의 40대임이 분명하다. 중년임에도 매사에 적극적인 태도로 배우는 것을 즐기는 이들이기 때문이다. 21세기는 평생교육의 시대다. 빠르게 변화하는 사회와 기술의 발전으로 인해 개인의 지속적인 자기 계발은 필수적이다. 이러한 시대적 변화에서 뒤처지지 않기 위해서는 자기 주도적 학습이 요구된다. 자기 주도적 학습은 자신의 학습 목표를 설정하고 학습 과정을 스스로 조절하는 능력을 뜻한다.

　자기 주도적 학습(Self-Directed Learning, SDL)은 성인교육 이론(Andragogy, Malcolm Knowles)에 뿌리를 두고 있다. 놓은 성인이 학습할 때 자율성을 중요시하며 스스로 학습의 방향을 설정하는 능력을 강조한다. 이런 학습 태도는 성인이 학습할 때 높은 동기와 효율성을 나타내는 주요 요인으로 작용한다 (Knowles, 1975). 또한 자

자기효능감 이론(Self-Efficacy Theory, Albert Bandura)은 학습자가 자신의 능력에 대한 신념이 학습 동기와 성취도에 중요한 영향을 미친다고 알려졌다. 자기 주도적 학습에서는 학습자가 자신의 학습 능력에 대한 신념을 가지고 목표를 설정하고 학습을 진행하는 것이 중요하다. (Bandura, 1986).

본인의 학습 목표와 태도가 그 성공 여부를 결정할 수 있다. 영어 공부는 손에서 놓지 않겠다는 결연한 마음가짐을 가져야 한다. 끝까지 하겠다는 결연한 의지가 아니면 영어를 절대 잘할 수 없다. 영어는 시간 투자 대비 '가성비'가 크지 않다. 금세 익히고 바로 써먹을 수 있을 만큼 호락호락하지가 않기 때문이다. 영포자의 대부분은 해도 늘지 않는 영어 실력 때문에 낙심한 경우가 대부분이다. 이 과정에서 포기하지 않고 지속 가능한 영어 공부를 이어가려면 자기 주도적 학습 태도가 아니면 쉽지 않다는 게 저자의 생각이다.

자기 주도적 학습은 40대의 동기, 자기 조절 능력, 그리고 학습 성과에 긍정적인 영향을 미칠 수 있다고 개리슨(Garrison, 1997)은 밝히고 있다. 벤슨(Benson, 2001) 또한 영어를 익힐 때 자기 주도적 학습이 배움의 지속성을 높이는 데 중요한 역할을 한다고 강조한다. 자기 주도적 학습이 평생 학습(Self-Direction for Lifelong Learning)의 핵심이라고 주장한 필 캔디(Phil Candy)는 성인이 자기 주도적 학습 능력을 갖추면 학습 과정에서 더 큰 자율성과 책임감을 가지게 되며 이는 학습 동기와 성과를 크게 향상시킨다고 했다. 반면 태리 렘

(Terry Lamb)[13]은 어린 학습자들도 자기 주도적 학습 전략을 통해 외국어 학습에서 높은 성과를 보일 수 있음을 증명했다. 과거부터 최근에 이르기까지 수많은 교육학자들이 평생교육에 있어 자기 주도적 학습의 중요성을 역설하고 있다.

자기 주도적 학습의 슈퍼부스터, 내적 동기(intrinsic motivation)

내적 동기는 외부의 보상이나 압력 없이도 스스로 학습하고자 하는 의지를 말한다. 언어 학습의 경우 내적 동기는 다양한 형태로 나타날 수 있다. 예를 들어 해외여행을 준비하면서 현지 언어를 배우고 싶다거나 혹은 외국 친구들과 소통하고 싶은 욕구가 바로 내적 동기에서 비롯된다. 한 연구에서 내적 동기가 강한 학습자가 그렇지 않은 사람보다 더 지속적으로 학습을 이어가는 경향이 있다고 밝혀졌다. 이는 언어 학습에서도 마찬가지다. 외국어를 익힐 때 호기심이 많거나 배우면 배울수록 재미가 느껴지는 이들일수록 내적 동기가 왕성하다. 내적 동기는 하고자 하는 욕구를 불붙게 하는 슈퍼부스터와 같다. 외국어의 정복은 관심과 노력, 무엇보다 긴긴 시간과

---

[13] Terry Lamb, It Depends on the Students Themselves: Independent Language Learning at an Early Age.

의 싸움이다. 스스로 할 수 있다는 강력한 동기부여가 아니면 끝이 보이지 않는 영어의 산을 넘기란 현실적으로 쉽지 않다.

중년의 공부 또한 자기 주도적 학습에서 시작된다. 40대의 공부도 스스로 목표를 정하고 효과적인 학습 방법을 찾아가는 자율성과 내적 동기가 전제되어야 한다. 영어는 개인의 능력을 극대화하고 글로벌 환경에서 경쟁력을 높이는 치트키가 될 수 있다. 애당초 영어가 자신의 삶과는 전혀 무관하고 일생에 도움이 되지 않는다고 여기는 이들은 오히려 본인이 즐길 수 있는 다른 분야의 재미와 취미를 찾아도 된다. 중장년층이 할 수 있는 자기 계발과 취미 활동은 영어 말고도 무궁무진하기 때문이다.

40대에 영어를 다시 할 수 있다는 도전 정신과 불굴의 의지가 있다면 영어 공부를 하는 데 좀 더 유리한 고지에 설 수 있다. 이런 사람들은 그릿(Grit)이 뛰어나다는 특징이 있다. 그릿은 미국의 심리학자인 앤젤라 더크워스(Angela Duckworth)가 개념화한 용어로 그릿의 핵심은 열정과 끈기이며 포기하지 않고 노력하는 이런 의지와 태도가 바로 성공으로 나아갈 수 있는 비결이라고 강조한다. 영어를 잘하겠다는 성장(Growth) 목표와 넘어질 때마다 포기하지 않고 오뚜기처럼 일어나는 회복력(Resilience)과 반드시 하고야 말겠다는 내적 동기(Intrinsic motivation), 그리고 끈기(Tenacity)를 가진 40대만이 반드시 영어라는 산을 넘을 수 있다. 그릿으로 똘똘 뭉친 의지의 40대만이 영어를 향해 거침없이 도전하고 성공할 수 있다. 영어는 그만큼 만만한 대상이 아니기 때문이다. 그릿이 뛰어난 이들은 늘지 않는 영어 실력에 크게 실망하지 않고 끝까지 학습의 끈을 놓지 않을 확률이 높다.

 평생 영어 공부는 스스로 꿈을 키워나가는 즐거움이자 밤하늘의 별처럼 밝게 빛나는 자기만족이 보상처럼 따른다는 사실을 잊지 말자.

중년 인생의 전환점에 선 40대의 위기와 기회

 40대는 한 나라의 사회적, 경제적 측면에서 상당히 중추적인 역할을 한다. 가장 왕성한 활동을 하기 때문에 여러 면에서 할 일도 많고 책임도 많이 따르는 세대이다. 대개의 경우 가정을 꾸리고, 가족 구성원을 대표하는 부모의 역할을 해야 하는 경우가 많다. 40대를 넘어 50대라면 줄어드는 소득과 은퇴에 대해 점점 고민하는 세대다. 이 역전의 용사들은 먹고살기 위해 지금까지 1997년 IMF와 2008년 리먼브러더스 사태 등 2번의 경제 쇼크와 3년 동안 지속되었던 코로나 사태마저 헤쳐 나오며 힘차게 살아왔던 의지의 한국인이기도 하다.

 평범한 40대들은 월급쟁이로 정년퇴직을 꿈꾸지만, 국내 대기업, 공기업, 중견기업들은 승진을 하면 할수록 남아 있는 자리가 한정되어 있기 때문에 치고 올라오는 후배와 같이 입사한 동기들과도 눈물 나는 경쟁을 해야 한다. 어디 이뿐인가? 다니던 회사에서는 눈치를 받고 명퇴를 강요당하기 일쑤인 한숨 많은 세대로 40대 중후반부터 50대에 이르러 이들의 위기의식은 절정을 이룬다. 40대는 1980년대 밀레니얼 세대로 상징되고 있는 30대와 50대 사이에서 먹고살기 위해 벅찬 힘겨루기를 계속해야만 한다. 한국은 아이러니하게도 가장 경제적으로 중요한 역할을 해야만 하는 40대가 사회적 안전망에 있어서는 가장 취약한 구조로 되어 있다.

코로나 시국에 정부의 고용 대책은 20대 이상의 청년이나 50대 이상 중년 고령층의 노인에 집중되었고 40대를 위한 실질적 일자리 서비스는 극히 미비했다. 3차 비상경제 중앙대책본부 회의에서 발표한 일자리 156만 개 계획에 따르면 신규 일자리로 창출될 수 있는 55만 개는 거의 청년과 취약계층이었다. 40대 이상의 중장년층 고용 시장을 활성화하기 위해서는 필수적인 고용 환경의 질과 인프라가 필요하지만, 코로나가 끝나고 최근의 정부 대책을 봐도 눈에 띄게 달라진 것이 없다.

대학을 졸업해도 취업이 되지 않는 좁은 취업 시장과 불투명한 미래는 20대를 무한 경쟁의 틈바구니로 떠밀고 있다. 40대는 살기 위해 무섭게 발버둥 치고 있는 이들 세대와도 경쟁해야 한다. 20대는 좁은 취업 시장 때문에 젊어서부터 공무원 시험에 뛰어들고 있고, 일반 기업에 취업하기 위한 스펙 쌓기에 혈안이 되어 있다. 이와 달리 40대의 경우 그간의 직장 경험과 업무의 전문성으로 경력직 취업 비율이 높다고는 하지만 현실은 사뭇 다르다. 40대의 입지는 점점 좁아지고 있으며 재취업 실패 시 먹고살기 위해 어쩔 수 없이 자영업자의 길을 걷는 이들도 많기 때문이다.

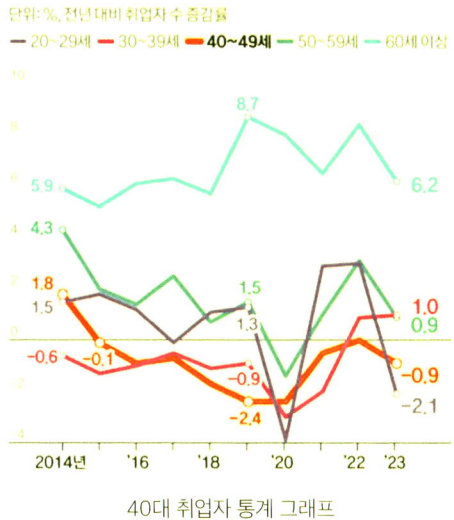

40대 취업자 통계 그래프

통계청 자료를 살펴보면 40대 취업 상황이 갈수록 어려워지고 있는 것으로 나타났다. 2015년부터 2023년까지 9년 동안 40대 취업자 수는 지속적으로 감소 추세를 보이고 있다.

같은 기간 30대는 2022년부터 취업자 수 증가세로 전환된 것과 대조적으로, 40대는 취업 시장에서 점점 더 어려운 상황에 직면하고 있는 실정이다. 과거 전체 연령대 중 가장 많은 취업자 수를 자랑하던 40대는 2020년부터 50대에게 1위 자리를 내주었다. 더욱 주목할 점은 2023년 60세 이상 취업자 수가 622만 3,000명으로 처음 600만 명을 돌파하면서, 40대 취업자 수인 626만 명을 바짝 추격하고 있다는 데 있다. 이러한 통계는 고용 시장에서 40대의 입지가 예전만 못하다는 것을 보여주는 명확한 지표라고 할 수 있다. 결국 40대 직장인들에게는 기존 경력에만 의존하기보다는 새로운 역량 개발이 더욱 절실해진 상황이다.[14]

2017년 3월 조사에 따르면 전체 인구(5,171만 명)의 17%가량이 40대였으며, 50대도 두 번째로 비중이 높았다. 이는 전체 인구 대비 40~50대 인구가 10명 중 3.3명에 해당하는 비율이다. 40대는 앞뒤로 낀 세대이지만 같은 세대끼리도 경쟁해야만 한다. 먹고사는 문제로 허리가 휘청거리는 40대! 쉬고 싶어도 마음 편히 쉴 수 없는 대한민국 40대의 녹록지 않은 현실 속에서 40대에게 영어 공부를 다시 하라고 하면 대뜸 이런 반문을 할지도 모른다.

"마음의 여유도 없이 살아가는 마당에 영어 공부는 또 웬 말인가?"

맞다. 취업도 어려운 현실! 이것저것 할 일도 많고 쉴 틈도 없는데 영어 공부를 하라고 하면 정말 궤변처럼 들릴 수 있다. 하지만, 중년의 위기 속에 기회는 분명 있기에 지금이야말로 영어 공부가 필요한 시점이라고 생각한다. 영어를 잘하면 새로운 자신감으로 전혀 다른 관점과 시각으로 인생을 살아갈 수 있기 때문이다. 영어를 잘하면

---

[14] 중앙일보 2024년 4월 22일 18:33 자 기사 「40대만 취업자 수가 인구 감소 폭보다 더 감소… 왜?」를 참조함.

모든 일들을 더 진취적으로 할 수 있는 자신감이 생긴다. 중년의 자신감은 인생의 방패막이다. 다가올 어려운 일들도 거침없이 막아낼 수 있기 때문이다. 중년의 자신감은 인생의 나침반이다. 어떻게 살아가야 할지 결정하고 묵묵히 견디며 나아갈 수 있는 방향을 제시하기 때문이다. 영어는 그런 인생의 방패막과 나침반의 역할을 할 수 있다.

인생의 시장조사 전문 기업 엠브레인 트렌드모니터(trendmonitor.co.kr)가 전국 만 19~59세 대학생을 제외한 성인 남녀 1,000명을 대상으로 '성인 영어 학습'과 관련한 인식 조사를 실시한 결과, 연령에 관계없이 영어가 곧 경쟁력(20대 78%, 30대 77.2%, 40대 78.4%, 50대 82.4%)이라는 데 모두가 공감을 하고 있었다. 그러나 **영어의 중요성에 대해 같은 의견을 가지고 있으면서도 현재 영어 공부를 하는 성인(17.3%)은 생각보다 미미한 수준이었고, 3명 중 1명은 사회생활 시작 후 한 번도 해본 적 없다**고 했다. 대부분 영어 실력을 개인의 경쟁력이라고 바라보고 영어의 중요성에 공감을 하지만 정작 '영어 학습'을 하고 있는 성인 남녀는 상당히 적은 것으로 조사되었다. 사회생활 이후 영어 공부 경험이 없다는 응답은 40~50대(20대 26.8%, 30대 26%, 40대 36.4%, 50대 42%)에서 좀 더 많이 찾아볼 수 있었다.

40대에 영어 공부를 왜 다시 시작해야 할까?

① 새로운 분야에 도전하여 희망을 찾는 계기를 마련하기 위해서다.
② 현재 종사하는 분야에서 한 단계 더 나아가 경쟁력을 갖추기 위해서다.
③ 영어를 다시 배우며 삶의 즐거움과 자신감을 회복하기 위해서다.
④ 영어 학습을 통해 인생의 통찰과 자신만의 인문학적 가치관을 구축하기 위해서다.

40대에 다시 영어를 배움으로써 얻어지는 학습 효과와 결과는 위에서 언급한 네 가지 목적 이상이라고 생각한다. 주변을 둘러보면 영어 공부를 뒤늦게 다시 시작하면서 놀라운 변화를 가지게 된 사람들이 많기 때문이다. 그 마술 같은 결과는 스스로가 공부하며 성장해가는 과정에서 직접 체험할 수 있다. 같은 40대이고 비슷한 시기와 환경을 살아왔지만 우리는 너무도 다른 각인각색의 삶을 살아왔다. 영어를 다시 공부하려는 이유와 목적 또한 많은 차이가 있을 수밖에 없다. 우리는 지금까지 살아오면서 수많은 시행착오를 겪어왔다. 포기하지 않고 꾸역꾸역 여기까지 잘 살아왔다. 이런 점에서 중년 동지들의 살아온 노고와 열정에 진심으로 아낌없는 박수를 치고 싶다. 그동안 우리가 살아오며 걸어왔던 인생의 뒤안길을 돌아보면 너무 상처투성이가 많은 삶이었다. 누군가는 실직과 사업의 실패, 때로는 예기치 않은 이혼으로 가족의 해체까지 맞닥뜨렸을지도 모른다.

젊어서 팔팔하게 충전되었던 40대의 자신감과 희망은 어느새 방전되어 사회에서는 찬밥 신세로 내몰리고 있다. 목적마저 상실한 삶의 방향 때문에 어디로 가야 할지 모른 채 미래의 불확실함으로 밤잠마저 설칠 때가 많다. 40대는 남은 자존심마저 위협을 받으며 힘겹게 오늘을 살아가고 있다. 하지만 40대는 다시 회복되어야 할 세대이다. 지치고 힘든 자신감을 다시 추스르고 상처받은 영혼과 자존감을 회복하는 자기 힐링과 충전이 필요한 시기이다. 나 또한 40대 때 수많은 실패와 어려움을 마주해야 했던 적이 많았다. 그래서 새로운 돌파구와 희망의 지푸라기라도 잡자는 심정으로 다시 시작했던 것이 영어 공부였다. 나는 50대를 넘어선 지금까지도 외국어(영어, 일본어, 중국어, 스페인어, 독일어, 프랑스어 등) 인문학 공부를 계속하고 있다.

40대의 영어 체험 학습에서 성공적인 결과를 얻기 위해서는 긍정적 사고방식과 습관 형성이 중요하다. 영어는 하루아침에 정복되지 않기 때문에 장기적인 관점에서 차근차근 노력해나가야 한다. 짧은 시간에 적은 노력으로 큰 학습 효과가 기대된다면 학습 효율 면에서 뛰어나다고 할 수 있다. 하지만 영어에는 이 말이 통하지 않는다. 속성으로 배운 영어는 절대 진정한 영어 실력으로 거듭나기가 어렵기 때문이다. 진정한 영어 고수로 거듭나기 위해서는 시간을 잊고 영어와 평생을 함께한다는 마음을 가져야 한다.

느긋하게 마음을 가져보자. 급하지 않다면 서두를 이유도, 필요도 없지 않은가? 어차피 평생 할 영어 공부라면 조급한 마음을 내려놓고 내 몸이 반응하는 대로 자연스럽게 영어의 리듬에 맡겨보자! 얼마 전 익혔던 단어나 회화 표현이 떠오르지 않으면 다시 외우고 익히면서 영어를 있는 그대로 받아들이자. 우리는 수험생이 아니다. 영어 점수가 당장 필요한 경우가 아니라면 모를까, 예전처럼 영어를 강박적으로 공부하지 않아도 된다. 중년의 영어 공부는 궁극적으로 실용적 측면을 넘어 인문학적 기반의 철학적 통찰과 깨달음을 얻을 수 있는 교양적 수단으로 다가서는 것이 좋다.

문법을 아는 것도 기술적으로 이해하는 것이 아니라, 왜 이 문장에서 이런 문법적 표현이 옳고 타당한지 정도만 알면 될 뿐이다. 단어와 숙어도 그렇다. 국제 통역사도 쉼 없이 공부하며 통역을 준비한다. 이들도 전문 분야의 영어는 따로 익히지 않으면 안 된다. 우리는 모든 단어를 알 필요도 없고 모든 문법 원리를 이해할 필요도 없다. 이는 언어학자나 문법학자의 전문 분야일 뿐이다. 우리는 그저 관심 있는 분야의 최소 충분조건의 단어와 관용어, 문법을 새롭게 익히면서 그 핵심 콘텐츠를 이해하는 수단으로만 활용하면 되기 때문이다.

어쩌다 우연히 마주친 영어 명문장을 만나면 즐거이 배우고 익히면 되는 것이다. 중년의 영어 공부는 이게 핵심이다. 영어를 통해 내가 즐거워야 한다.

영어가 온통 스트레스라면 누가 평생을 배우고 익히겠는가? 영어를 통해 내가 관심 있는 분야를 접하고 몰랐던 미지의 세상을 탐험

하면서 낯설지만 신선한 콘텐츠를 새롭게 발견하는 호기심이 가득할 때 우리의 영어 실력은 나날이 자라날 것이다.

나는 영어가 재밌다.
하지 않으면 금단 현상이 생기기도 한다.
그래서 어떤 상황에서도 영어에 노출되려고 애쓴다.

나는 나만의 루틴과 방식으로 영어 공부를 한다. 영자 신문도 모든 기사를 읽지 않고 읽고 싶은 부분만 발췌해서 읽는다. 마음이 가지 않는 분야나 기사는 과감히 넘어간다. ABC 뉴스, CNN, NPR 팟캐스트 어플에서 실시간으로 알려주는 속보(Breaking news) 요약 알림을 매일 수시로 확인한다. 세계 정세와 쟁점이 되는 사안은 반드시 영어 뉴스를 듣고 확인하기도 한다. 이제는 영자 신문을 읽지 않으면 하루가 지나가지 않는 것처럼 느껴질 정도다. 영자 신문 기사 꼭지를 취사선택해서 읽다 보면 대략 1시간에서 1시간 30분 정도가 걸리는데 기사로 읽은 부분은 영어 뉴스 청취를 통해 크로스 체크를 한다. 영화관에서는 일부러 한글 자막을 보지 않고 영어로만 듣기 위해 집중하기도 한다. 나는 모르는 단어가 나오면 오히려 호기심과 즐거움이 앞선다. 생소한 단어를 익힐 때마다 지적 욕구가 샘솟기 때문이다.

할 수 있다는 믿음을 가지고 작은 목표부터 실천해보자!

큰 목표를 설정하고 좌절감을 느끼는 것보다 작은 목표를 설정하고 꾸준히 달성하는 것이 좋다. 이런 학습 태도는 작지만 만족스러운 성공 경험을 쌓아가면서 영어에 대한 자신감을 키우는 데 도움이 된다. 학습 과정에서 어려움이나 장애물에 직면하더라도 긍정적인 태도를 유지해야 한다. 때에 따라서는 독해나 청취가 잘되지 않는 날도 있게 마련이다. 이런 날은 그냥 가능한 범위 내에서 이해하고 억지로 하지 않아도 된다. 경험상으로 영어가 집중이 잘될 때는 확실히 마음의 여유가 있는 상황이거나 피곤하지 않을 때 또는 스트레스를 받지 않는 상황일 때가 많았다.

'나는 할 수 없다'와 같은 부정적인 생각은 학습에 대한 동기를 저해하는 가장 큰 장해 요인이다. 이런 마인드를 가지고 있는 사람일수록 영어 울렁증이 생기기 쉽다. '나는 할 수 있다', '나는 꾸준히 노력하고 있다', '나는 성공할 것이다'와 같은 긍정적인 메시지를 자신에게 반복적으로 되새김질하면서 내면적으로 떠올려보자. 자기충족적 예언(Self-fulling prophesy)이라는 심리학 이론이 있다. 내가 믿고 바라는 대로 이루어진다는 말이다. 우리의 의식은 우리의 사고를 지배한다. 우리가 할 수 있다고 믿으면 분명 무의식적으로 그렇게 행동을 하게 된다. 긍정적인 생각을 품으면 긍정적인 결과를, 부정적인 생각을 품으면 부정적인 결과를 낳게 된다. 학습 과정에서 진도가 안 나가거나 실력이 제자리걸음인 것 같은 생각이 든다면 더욱 자신을 격려하고 긍정적인 마인드와 자세를 유지해보자. 자신을 믿고 끊임없이 노력하다 보면 어느 순간 성공할 수 있다는 확신이 생겨나기 때문이다.

**할 수 있는 것도, 할 수 없는 것도 모두 우리 자신에게 달렸다.
할 수 있다는 나 자신만을 믿어보자!
영어도 반드시 그렇게 될 것이다!**

여러분이 꿈꾸는 영어를 다시 시작해보자!
그래서, 잃어버렸던 자신감도 되찾고 새로운 분야의 희망을 찾아보자! 그 노력의 결과로 얻어진 발전과 즐거움으로 삶의 활력을 회복해나가자! 20대 때도 포기했던 영어라고 주눅 들지 말자! 내가 했고 지금도 하고 있는 것처럼, 우리들은 더 멋지고 열정적인 노력으로 더욱 뛰어난 영어 실력자가 될 수 있기 때문이다.

40대의 영어 공부, 절대 늦지 않았다!

40대는 시험 영어 이후 거의 십수 년을 영어와 담을 쌓고 살아왔다. 이미 40대의 입과 눈, 귀는 영어를 말하고, 보고 듣는데 퇴화되어 버렸을지도 모른다. 공부하지 않아 잊고 지냈던 영어 무학(無學)의 시간적 간극과 화석처럼 퇴적된 영어 단어들은 생각조차 나지 않을 수도 있다. 배울 엄두조차 나지 않은 마당에 40대에 영어 공부를 어떻게 다시 시작하라는 말인가?

독서 전문가로 강연과 글쓰기를 하면서 활발하게 활동하고 있는 김병완 작가는 40대가 넘어서 다니던 대기업에 돌연 사직서를 내고 부산으로 내려갔다. 그는 3년간 도서관에 틀어박혀 1만 권의 책을 읽고 독서법과 다양한 분야를 주제로 책을 써서 화제를 모으고 있는 베테랑 작가이자, 강연자다. 그는 독서와 글쓰기라는 인생 이모작을 통해 성공적인 삶을 일궈나가고 있다. 그는 40대의 독서와 공부를 강조한다. 영어 공부 또한 나이 40이 넘어 하는 독서만큼이나 중요하다고 생각된다. 40대에 다시 시작하는 영어도 절대 늦은 것이 아니다. 오히려 사회적 경험이 풍부하고 분별력과 이해력, 통찰력에 있어서는 20대보다 월등히 앞선 세대가 바로 40대이기 때문이다.

40대에 다시 영어 공부를 하여 상당 수준에 이르게 될 경우 그 폭발력과 잠재력은 실로 무궁무진하다. 회화를 잘하게 되면 능력에 따라 국제 무대를 중심으로 사업을 할 수도 있고 경력자 재취업과 업종 전환도 얼마든지 가능할 수 있기 때문이다. 또는 교양을 위한 지적 수준의 향상을 위해 영어 공부를 할 수도 있다. 국제 뉴스를 라디오나 TV를 통해서 실시간으로 듣고 볼 수 있고 영어 소설과 에세이를 원어로 체험하면서 깊이 있게 이해할 수도 있다. 세계 어느 곳을 가도 웬만한 곳은 영어로 의사소통이 가능하기 때문에 통역 없이도 자유자재로 의사소통을 할 수 있다. 영어 공부를 할 때 기초 실력이 없고 발음도 나빠서 해도 안 된다고 미리부터 겁먹는 40대가 의외로 많다. 영어를 잘하고 못 하고는 사실 나이의 문제가 아니라 노출되고 습득하는 방식의 문제이다. 교육학자들은 영어를 배우는 데 생물학적 나이는 절대적 변수가 아니라고 말한다. 오히려 나이보다는 공부 시간과 노출 환경이 중요하고 조기교육보다 나이와 상관없는 적기교육이 중요하다고 강조한다.

40대에 다시 영어를 시작할지라도 자신의 동기와 목적에 맞는 평생 영어 학습이 이뤄질 경우 어렸을 때부터 조기학습을 하지 않아도 굳이 해외에 어학연수를 가지 않아도 자신이 하고 싶은 영어를 얼마든지 완성해나갈 수 있다. 영어 공부는 어려서 학습하는 것보다 인지적으로 성숙한 40대 이상의 중년의 시기에 집중적으로 영어를 배우는 것이 더 효과적이라는 연구 결과가 이를 반증한다. 성인기에 새로운 언어를 학습하는 과정에서 근적외선 분광법(fNIRS)과 뇌파검사(EEG)와 같은 방법을 사용하여 신경 메커니즘을 탐구한 연구 사례가 있었다. 이 실험으로 성인의 언어 학습 초기에 뇌의 전두엽과 측두엽과 같은 특정 신경 영역이 활성화된다는 것을 밝혀내기도 했다.[15]

나이가 들었기 때문에 영어를 하기가 어렵다는 말은 어불성설이다. 70이 넘은 나이에도 미국으로 다시 유학을 가서 물리학 분야의 석박사를 받은 의지의 한국인도 있다. 한국방송통신대학교에는 중장년층의 만학도가 유달리 많다. 50대는 기본이고 60대 이상의 만

---

[15] 「성인기의 새로운 언어 학습의 어려움: 다중 방법론적 신경과학적 접근을 통한 증거」, Sarah Steber & Sonja Rossi, 2021. 2. 19..

학도도 어렵지 않게 찾을 수 있다. 이에 비하면 40대는 상대적으로 젊은 나이이지 않은가? 서울예대 출신인 배우 김수로는 마흔이 넘어 2009년 동국대학교 공연예술학부에 편입해서 만학의 꿈을 이루기도 했다. 요즘은 평생교육 시대이기 때문에, 일반인들뿐만 아니라 연예인들 사이에서도 다시 공부하는 샐러던트족들이 대세다.

서울대학교 흉부외과 김원곤 교수는 나이 오십에 4개 국어(일본어, 중국어, 프랑스어, 스페인어)에 도전해서 자격시험까지 통과한 외국어 공부의 달인이다. 최근 모 일간지에 「허송세월은 거부합니다… 70세 노인? 나는 파워 시니어」라는 인상 깊은 기사가 있어 읽어보았는데 70이 넘어서도 외국어를 연마 중인 그에 대한 이야기였다. 김 교수는 의사 생활 40년을 뒤로하고 66세에 어학연수를 떠났다. 2020년 스페인어를 시작으로 프랑스, 일본, 대만까지 4년을 오롯이 외국어 학습에 투자한 것이다. 그는 이런 남다른 외국어 학습 경험을 담아 『언제나 나로 살아갈 수 있다면』이라는 책을 출간하기도 했다.

김 교수는 지력(智力)을 기르면 나이를 먹었지만 젊은 사람 못지않은 자신감도 생긴다고 말한다. 그는 어학 공부의 가장 잔인한 부분으로 계속 하지 않으면 잊힌다는 점을 든다. 그리고 70이 넘은 고령임에도 자꾸 까먹고 잊히는 외국어 학습을 위해 다섯 번, 열 번을 외워서 저하된 기억력을 상쇄하려고 노력 중이다. 그는 말한다. '나로 살아간다는 것은 결국 '호기심과 의욕을 잃지 않고 원하는 방향으로 자신을 이끌며 생을 가꾸어가는 것'이라고…. 이런 노력과 열정이 그를 인생의 영웅으로 만들지 않았을까?

나는 일면식도 없는 김원곤 명에 교수를 유튜브에서 보고 경상도 특유의 억양이 아직도 남아 있는 그의 한국어 말 때문에 놀라고 말았다. 외국어 실력자인 그는 여전히 발음이 좋지 않아서 영어의 F와 P 발음을 듣고 구분하지 못한다고 했다. 이런 핸디캡에도 불구하고 외국어 능력자로 거듭날 수 있었던 그만의 노력은 존경스러움 그 자체가 아닐 수 없다. 김교수는 "낙수가 바위를 뚫듯이 끈기를 가지고 잊어버려도 요령 있게 반복을 하면서 외국어 공부를 해야 한다"라고 말하면서 속성으로 배우는 지름길에 현혹되지 말고 외국어는 꾸준히 공부가 필요하다는 점을 강조한다. 이를 95세가 넘는 나이에도 실천하고 있는 김대중 재단 권노갑 이사장의 성장 비결에서도 엿볼 수 있다. 한국외국어대학교 개교 이래 최고령으로 석사 학위(영문학)를 받은 그는 2025년 초 같은 대학에서 박사 과정을 수료했다. 지금은 박사 논문 자격시험을 준비하며 새로운 도전을 이어가고 있다. 매일의 꾸준한 공부가 그를 지속적으로 성장시키고 있다. 나이를 잊고 학문에 몰입하는 그의 모습은 많은 사람에게 감동을 준다.

"그게 저도 신기해요. 공부할수록 실력이 늘고, 또 늘고… 그래서 배우는 기쁨이 커요. 성취감이 생기고 그것이 자신감이 되고 '하면 된다'라는 의지가 돼요." 그는 새로운 지식을 배울 때마다 느끼는 감정을 이렇게 표현했다. "내가 왜 이런 것을 몰랐던가. 공부를 안 했더라면 어떻게 알 것이냐. 얼마나 행복하냐 싶어요. 그때마다 희열과 기쁨이 느껴져요." 95세의 고령임에도 불구하고 그가 보여주는 학습 열정은 배움에는 나이 제한이 없음을 증명한다. 그의 이야기는 평생 학습의 가치와 꾸준함의 힘을 보여주는, 살아 있는 증거가 아니고 무엇이랴.

50대 이상의 중년이라면 알 수도 있는, 과거 유명 개그맨이었던 정재환은 『나는 오십에 영어를 시작했다』라는 책을 펴내서 주목을 받은 적이 있었다. 그는 늦깎이 공부로 성대 사학과를 졸업하고 석사, 박사까지 받은 의지의 한국인이다. 그의 책 속에 인상 깊은 구절이 있어 소개한다.

> 이상하게도 공부가 하고 싶어서, 묵묵히 학교에 다녔습니다. …(중략)… 3년 만에 인문학부를 수석으로 졸업했을 때는 저도 스스로 놀랐지만 주변 사람들은 더욱 놀랐습니다. …(중략)… 하루 10시간 또는 12시간 이상을 공부하면 나이와 머리의 한계를 모두 극복할 수 있습니다.

40이 넘어서 시작해도 영어 공부하는 데 전혀 문제가 되지 않는다. 오히려 하고자 하는 의지와 소신이 문제인 것이다. 『책은 도끼다』의 작가이면서 광고인으로 유명한 박웅현은 이런 카피를 썼다. '나이는 숫자에 불과하다' 그렇다. 40대에 다시 시작하는 영어! 나이는 숫자에 불과하다! 영어 공부의 성패는 나이의 문제가 아니라, 개인 의지의 문제이고 하고자 하는 열정에 달려 있다. 우리는 노력 여하에 따라 나이에 상관없이 얼마든지 영어를 잘할 수 있다.

중년일수록 영어 공부가 더욱 필요한 시기!

　우리는 정보의 팽창과 확장이 기하급수적으로 발전하고 있는 빅데이터 시대를 살아가고 있다. 이런 기술 진보의 시대에서는 더 많은 배움과 의식적 혁신이 있어야 인공지능으로 대변되는 4차 산업에서 도태되지 않고 살아남을 수 있다. 또한 경쟁력 있게 살아가기 위해서 남들과 차별화되는 자신만의 독창성과 실력을 갖춰야 한다. 이를 위해 배움의 끈을 평생 놓지 말아야 한다. 그래서 우리는 나이를 먹어도 공부를 해야만 한다. 20대 때보다 더 치열하게 공부를 해야 한다.

　기억력과 관련하여 자주 언급되는 것이 헤르만 에빙하우스(Hermann Ebbinghaus)의 망각곡선이다. 망각이란 특정 사실을 기억한 직후부터 급속히 진행된다. 이 곡선에 따르면 사람은 암기하고 20분 후에 42%, 1시간 후에는 56%, 1일 후에는 74%를 망각한다. 1주일 후에는 77%, 한 달 후에는 79%를 잊는다. 그러므로 잊어버리기 전에 간격을 두고 반복해서 복습하면 효율적으로 기억할 수 있다는 얘기다. 이 망각의 시스템에 비춰보면 중장년이 외국어 공부를 할 때 쉽게 잊어버린다고 생각하는 것은 기억력이 떨어져서가 아니라 단지 학생 때처럼 공부하지 않기 때문이다.

　전 세계 인터넷의 텍스트는 50% 이상이 영어로 쓰여 있다. 유명한 전문 서적과 논문들은 거의 영어로 집필된 것들이다. 영어를 잘하게 되면 지식의 경계를 넓히기 위해 전 세계를 무대로 자료 조사를 할 수 있고 이해할 수 있다. 우물 안 개구리의 시각에서 벗어나 상상력과 잠재성을 무한대로 확장해나갈 수 있다.

혼과 카텔(Horn and Catell)의 연구 결과에 의하면, 나이와 함께 기억력이 저하되는 것은 부정하기 어렵지만 기억력 대신 얻는 것이 있다는 희망적인 연구 결과가 있다. 기억력을 의미하는 유동성 지능은 나이가 들면서 떨어지지만 지식과 경험에 의해 만들어지는 결정성 지능은 올라간다는 내용이다. 문제 해결 능력이나 상황 판단력 등 '경험'에서 오는 전반적인 지능이 오히려 향상된다는 의미다. 또한 기억력 분야의 전문가인 이케가야 유지는 20대와 60대의 기억력에 유의미할 정도의 큰 차이가 있는 것은 아니라고 주장한다.

대한민국 정치사에서 큰 귀감이 되고 있는 김대중 전 대통령의 영어 실력은 과거 미국의 시사토론 프로그램에서 그의 생각을 영어로 거침없이 말할 정도로 탁월했던 것으로 알려졌다. 그는 정치에 입문하기 전 목포상고를 졸업한 후 개인 사업을 했을 뿐 외국 물을 먹어본 적도 없었던 토종 한국인이었다. 그런데 놀라운 것은 그가 영어 공부를 48세에 시작했다는 사실이다. 지금 읽어보아도 마음의 울림을 주는 그의 책 『다시 새로운 시작을 위하여』(1993)에서 그가 어떻게 영어를 공부했는지 소상히 밝히고 있다.

나는 1972년 유신이 선포되기까지 10년 동안 국회의원 생활을 했습니다. 그때는 영어를 할 줄 몰랐기 때문에 외국의 공관 사람들이나 외신 기자들을 만나는 일이 참 괴로웠습니다. …(중략)… 76년과 80년에, 두 번에 걸쳐서 있었던 5년간의 옥중 생활은 영어 실력을 쌓는 결정적인 계기가 되었습니다. …(중략)… 나는 미국에 있는 2년여 동안 약 100회 정도의 강연을 미국 사람들 앞에서 했습니다. 영어는 그런 과정을 거치면서 조금씩 친근해졌습니다.

나는 지금도 외국어를 공부하면서 정체가 되거나 매너리즘에 빠지면 항상 김대중 전 대통령의 영어 정복기를 역할 모델(Role model)로 떠올려본다. 우리도 충분히 할 수 있다. 나이를 먹어서 영어 공부의 때가 늦은 것이 아니라 하지 않기 때문에 때를 놓치는 것이다. 평생 학습의 시대, 영어는 오히려 선택이 아닌 필수적인 언어로 진화해가고 있다. 이제 여러분의 선택만이 남았다! 이대로 40대를 변화와 도전 없이 살아갈 것인가, 아니면 새롭게 나이에 연연하지 않고 다시 영어 공부를 시작할 것인가를 말이다. 40대는 남아 있는 인생 동안 더 멋지게 살아갈 방법을 영어 공부를 통해서 펼칠 수 있다. 그러니 이제 더 늦기 전에 시작하자.

다시 한번 영어 공부를!

끝날 때까지 끝난 게 아니다. *It ain't over till it's over.*
- Yogi Berra

이룰 수 없는 꿈을 꾸고, 이루어질 수 없는 사랑을 하고, 이길 수 없는 적과 싸움을 하고, 견딜 수 없는 고통을 견디며, 잡힐 수 없는 저 하늘의 별을 잡자.
- 돈키호테

4. 영어의 왕도가 따로 있을까?

영어 공부의 왕도는 따로 없다!

결론부터 말하자면 영어 공부의 왕도는 자신이 스스로 만들어가야 한다는 것! 그 방법이 있다면 오히려 내가 알고 싶다! 자신이 원하는 영어 학습 발전과 목표에 도달하기 위해서는 느긋한 마음을 가지고 평생 동안 공부하겠다는 의지가 있어야 한다. 그리고, 절대 남을 의식하지 말아야 한다. 한국 사람들은 체면 문화 때문에 특히 배운 사람들일수록 자신의 부족한 실력을 남들이 알아챌까 봐 노심초사하는 경우가 많다.

보는 영어에 익숙한 40대도 마찬가지다. 하찮은 영어 실력이 만천하에 드러나는 자신을 상상할 수 없기에 특별히 나서지도 않고 잘난 체도 하지 않는다. 영어를 공부하기 위해서는 자존심이라는 허울을 벗어야 한다. 온전히 영어를 있는 그대로 받아들이고 모르면 모르는 대로 알면 아는 대로 자신에게 솔직해야 한다. 유년기 아이들이 외국어를 빨리 배우는 이유는 꾸밈없이 보고, 듣고, 반응하고, 표현하기 때문이다. 이런 과정에서 셀 수 없는 표현의 오류와 실수를 경험하게 되고 자기 상황과 수준에 맞는 외국어를 익힌다.

 발음이 구리다고, 어법에 맞는 표현인지 확신이 없다고 자신 없어 할 이유가 있을까? 당당하게 표현해야 한다. 영어 대화의 포인트는 정확성보다도 유창성에 있다. 문법 파괴 영어일지라도 뜻이 통하고 의미 전달이 되어 대화하는 데 지장이 없다면 문제 될 것이 없다. 발음이 이상해도 어법이 어색해도 막가파식 표현으로 의사전달에 탁월한 사람들이 있다. 바로 인도인이 그렇다. 이들은 한국 사람들이 중요하게 생각하는 어법의 중요성보다는 표현을 중요하게 생각한다. 인도식 영어는 특이하지만 나름대로의 의사 전달법이 상당히 효과적이다.

 인도식 영어인 힝글리시(Hinglish)는 영어를 모국어로 사용하는 사람들에게는 다소 생소하고 독특하게 들린다. 인도의 다양한 언어와 문화가 영어에 녹아들면서 독자적인 특징이 생겼기 때문이다. 인도인들은 'th' 발음을 어려워해 'd'나 't'로 바꿔 발음하는 경우가 많다. 예를 들어, 'this'를 'dis'라고 발음하거나, 'that'을 'dat'이라고 발음한다. 보통 인도 특유의 억양이 강하게 드러나며 문장의 끝을 올리는 경향이 있다. 또한 영어에 힌디어, 벵갈어 등 인도 현지어 단어가 자주 섞어 사용된다. 심지어 인도의 문화적 특징을 반영한 새로운 표현들이 만들어져 사용되기도 한다. 영어 문법 규칙을 엄격하게 적용하지 않고 자연스러운 의사소통을 위해 그들만의 표현을 더 중요하게 여긴다.

미국에서는 "Just now"라고 하지만, 인도에서는 "Just now only"라고 표현하는 경우가 많다. "Okay"라는 표현에 "fine"을 덧붙여 강조하는 경우도 있다. "Very very good"처럼 강조를 위해 동일한 형용사를 반복한다. 미국에서는 문장 앞에 주로 사용하는 "Please"를 인도에서는 문장 끝에 붙여 사용한다. "Time pass"는 시간을 보낸다는 의미로 인도에서는 "pass the time"으로 표현한다. "Prepone"은 "Postpone"의 반대말로 '일정을 앞당기다'라는 의미로 만들어진 인도식 영어 단어다. "Out of station"은 외출했다는 의미로 "Out of town"과 비슷한 표현이다.

◇ 인도식 영어

Person A: Hello, good morning! How are you doing today, Sir?

Person B: Good morning! I am doing well. Thank you for asking. And how are you, Madam?

Person A: I am fine, thank you. By the way, can we **prepone** the meeting to 10 AM?

Person B: Sure, that works for me. I will inform the rest. Also, please **revert back** with any updates.

* prepone: (시간이나 일정 등을) 앞당기다
* revert back: '답장을 주다'의 인도식 표현

◇ 미국식 영어

Person A: Hey, good morning! How's it going?
Person B: Morning! I'm doing well, thanks. How about you?
Person A: I'm good, thanks. By the way, can we move the meeting up to 10 AM?
Person B: Sure, that works for me. I'll let everyone else know. Also, let me know if there are any updates.

반면에 인도 영어만큼이나 독특한 형식을 갖는 싱가포르식 영어인 싱글리시(Singlish)는 영어, 중국어, 말레이어, 타밀어 등의 다문화 언어가 섞인 독특한 영어다. 미국 영어와는 다른 발음, 어휘, 문법 등을 가지고 있어 흥미로운 특징을 보여준다. 싱글리시는 영국식 영어의 영향을 받았지만 Kiasu(경쟁심이 강한), Makan(먹다), Paiseh(부끄러운)와 같은 중국어, 말레이어 등 다른 언어의 발음이 섞여 독특한 억양을 가지고 있다.

영어 단어에 다른 언어의 접미사나 접두사를 붙여 새로운 단어를 만들거나 지역 특색을 살린 표현을 사용하기도 한다. 영어 문법 규칙을 완전히 따르지 않고 다른 언어의 문법적 특징이 섞여 자유로운 문장 구조를 보인다. 예를 들어 문장 끝에 'lah', 'mah', 'leh' 등의 단어를 붙여 감정이나 강조를 표현하는 것이 특징이다. 싱글리시는 Can or not?(가능해?), No need lah(필요 없어)와 같이 간결하고 문법 구조가 단순화된 경우가 많다.

미국 영어: How are you? (잘 지내세요?)

싱글리시: How are you lah?

미국 영어: I don't understand. (모르겠어요.)

싱글리시: I cannot understand leh.

미국 영어: It's very hot today. (오늘 날씨가 매우 덥네요.)

싱글리시: So hot today mah!

    인도와 싱가포르식 영어는 다른 발음이나 표현을 사용하는 것 이상의 의미를 지닌다. 이런 표현 방식은 인도와 싱가포르의 역사, 문화, 그리고 사람들의 삶을 반영하는 독특한 언어 소통 현상으로 자리 잡아가고 있다. 사실 한국 사람들은 입에 버터를 바른 영어 발음만이 본토 발음이라고 생각한다. 연음과 T 사운드를 묵음으로 발음하는 미국식 영어가 으뜸이라고 생각하는 경향이 있다. 그래서 r 발음과 l 발음, Th 발음을 정확하게 알려주는 영어 회화 학원을 선호한다. 하지만 반기문 전 UN 총장의 수락 연설문을 들어보면 발음이 리드미컬하지도 않고 버터가 녹는 듯한 발음도 아님을 알 수 있다. 하지만 그의 영어는 지식인들이 사용하는 수준 높은 영어라고 네이티브 스피커들도 인정한다.

    영어는 자신이 의도하는 메시지를 효과적으로 전달하는 데 있다. 발음과 문법이 중요한 게 아니라 아는 수준에서 어떻게 표현할 수 있는지가 더 중요하다. 영어를 배우는 과정에서 많은 사람들이 단기간에 유창하게 말할 수 있는 방법만을 찾으려 한다. 이런 수요 때문에 인터넷과 서점에는 짧은 시간에 영어 정복을 외치는 광고와 책들이 넘쳐난다. 그러나 이런 기대는 종종 실망으로 끝나고 만다. 영어뿐만 아니라 모든 언어를 배우는 데에는 생각보다 많은 시간이 필요하고 대단한 왕도가 없기 때문이다.

영어를 배우는 데 있어 가장 중요한 요소 중 하나는 꾸준함이다. 언어는 단순한 지식이 아니라 일상생활 속에서 자연스럽게 흡수되고 익혀야 한다. 그래서 매일 조금씩이라도 영어에 노출되고 연습하는 것이 중요하다. 하루에 10분씩이라도 영어로 된 책을 읽고 영어 뉴스를 듣거나, 영어로 일기를 쓰는 습관을 들이는 것이 좋다. 언어를 배울 때 실수는 필연적이다. 그러나 많은 사람들은 실수를 두려워해 말하기를 꺼리거나 완벽한 문장을 만들기 전까지는 말을 하지 않으려 한다. 이런 태도는 언어 학습에 큰 장애가 된다. 실수를 통해 배우는 것이야말로 가장 효과적인 학습 방법 중 하나이다. 틀린 문장을 통해 올바른 문장을 익히고 잘못된 발음을 통해 올바른 발음을 배울 수 있기 때문이다. 따라서 실수를 두려워하지 말고, 오히려 학습의 기회로 삼는 것이 중요하다.

명확한 목표를 설정하는 것도 중요하다. 막연히 영어를 잘하고 싶다는 생각보다는 구체적인 목표를 설정하는 것이 좋다. 예를 들어 6개월 내에 영어로 된 책 한 권을 읽겠다는 목표를 세우거나, 3개월 내에 영어로 일기를 매일 쓰겠다는 목표를 세우는 식이다. 이러한 목표는 학습의 방향성을 제공하며 성취감을 통해 동기부여를 지속할 수 있게 해준다. 언어는 그 언어를 사용하는 사람들의 문화와 밀

접하게 연결되어 있다. 따라서 영어를 배우면서 영어권 문화에 대한 이해를 높이는 것도 중요하다. 영어권의 역사, 사회, 관습 등을 이해하면 언어 자체를 더 깊이 있게 이해할 수 있기 때문이다. 또한 문화 이해는 실제 대화에서 상대방과의 공감을 높이고 더 자연스럽고 유창한 대화를 가능하게 한다.

영어를 배우면 말하기, 읽기, 쓰기 능력 외에 더 많은 것을 얻을 수 있다. 영어는 국제 비즈니스, 외교, 과학, 기술의 언어이다. 그러나 영어 학습의 진정한 가치는 그 실용성에만 있는 것이 아니라 의미 있는 삶을 추구하고 문화 간의 폭넓은 이해를 모색하는 기회를 찾는 데 있다. 본질적으로 영어를 배우는 것은 우리가 다른 방식으로 생각하고 새로운 관점을 받아들이며 다양한 배경을 가진 사람들과 소통하는 것이기 때문이다. 우리가 새로운 언어를 배우는 것은 기계적으로 어휘와 문법만을 암기하는 것이 아니다.

학습자는 영어라는 언어를 매개로 더 깊은 방식으로 세상과 소통할 수 있게 된다.

예를 들어 영어는 전 세계의 문학, 영화, 음악, 미디어의 방대한 콘텐츠에 접근할 수 있는 관문 역할을 하기 때문에 학습자들에게 풍부한 문화적 경험을 제공한다. 또한 영어 사용자는 영어가 통하는 세계 무대로 나아가 막힘없이 대화에 참여할 수 있다. 영어는 공통의 플랫폼으로 작용하여 자신의 생각을 표현하고 다른 사람들의 관점을 이해할 수 있는 매개 역할을 할 수 있기 때문이다. 이런 점에서 영어를 배우는 것은 언어 자체를 익히는 것이 아니라 관심 여부에 따라 더 많은 글로벌 이슈에 적극적으로 참여하는 세계 시민이 되는 것 이상을 뜻한다.

영어는 개인의 노력과 인내, 그리고 지속적인 끈기를 요구하지만 이러한 도전은 우리를 더욱 경쟁력 있고 유능한 사람으로 탈바꿈시켜준다. 영어로 얻은 성취감은 우리가 다른 도전 과제에 맞서고 더 크게 꿈을 꿀 수 있는 결단력과 용기를 갖게 한다. 무엇보다 새로운 언어를 마스터하는 어려움을 극복하는 과정에서 우리는 문제 해결 능력과 회복력을 키울 수도 있다.

하지만 영어로 세상과 진정한 소통의 자유를 얻는 우리가 되는 것, 이것이 영어를 배우는 진정한 목적이 아닐까?

영어는 정녕 정복할 수 없는 산인가

영어 실력이 없다고 탓하지 말라.
나는 마흔 초반에 방송대를 다니면서 영어 공부를 시작했다.
시간이 없다고 말하지 말라.
나는 걸어 다니면서 영어 뉴스를 들었고 자투리 시간에 영어 원서를 읽었다.

하루 온종일 뛰어다니는 일터의 삶이 고단해도 영어를 놓지 않았으며, 꿈에서 영어로 말하는 모습이 아른거리기도 했다.

영어의 '영' 자도 모른다고 말하지 마라.

나는 영어를 전공했어도 듣기는커녕 말도 못 하는 헛똑똑이였고 마흔이 되도록 뭐 하나 이룬 것 없는 영포자로 살았다.

이제는 늦었다고, 그래서 때가 아니라고 탓하지 마라.

나는 영어에 담을 쌓았지만 마흔에 다시 시작하면서 오십이 넘은 지금은 영어를 즐기며 살고 있다.

영어가 너무 막막하다고, 그래서 포기해야겠다고 말하지 마라.

나는 아무리 해도 늘지 않는 내 브레인을 의심했고 영어는 나하고 거리가 먼 필요악이라고 치부했다.

그런데, 영어는 밖에 있는 것이 아니라 내 안에 있었다.

나는 영어를 위해 거추장스러운 것들은 깡그리 쓸어버렸다.

영어를 극복하는 그 순간 내 인생은 변하기 시작했다.

영어는 충분히 극복할 수 있는 도전 과제다. 산을 오르듯이 영어도 꾸준한 노력으로 정복할 수 있다. 에베레스트를 오를지 도봉산을 오를지는 여러분의 선택이다. 자신의 능력에 맞는 목표를 설정하고 꾸준히 노력한다면 영어라는 산은 몇 번이고 오를 수 있다는 것이 나의 신념이다. 코끼리는 새끼 때부터 발목에 끈을 묶어 고정해두고 길들이면 성체가 되어서도 그 끈을 쉽게 끊을 힘이 있음에도 묶여 있는 자신의 상태를 포기하며 받아들인다. 인간의 의지도 이와 비슷하다. 스스로 '할 수 없다'라고 단정하고 마음속에 제약을 걸어두면 결코 그 속박에서 벗어나지 못하고 열등감에 빠져 살아가게 된다. 영어도 마찬가지다. 몇 번의 실패로 인해 쉽게 포기한다면 영어라는 산을 결코 오를 수 없다. 그리고 결국 영어와는 담을 쌓고 살아가게 된다.

다이어트와 영어 학습은 놀랍도록 유사한 특징을 보인다. 두 영역 모두 정신적·육체적으로 상당한 인내력을 요구하며, 많은 사람이 목표 달성 과정에서 어려움을 겪는다. 2020년 건강 연구 결과에 따르면 다이어트를 시도한 사람 중 7명 중 1명만이 실제로 체중 감량에 성공한 것으로 밝혀졌다. 이를 구체적인 수치로 살펴보자. 남성 인구를 2천만 명으로 가정하고 남성 비만율이 46.9%라면, 비만 남성은 938만 명이다. 이들 중 다이어트 성공률은 14.29%이므로 약 134만 명이 체중 감량에 성공한다. 이는 전체 남성의 6.7%에 해당한다. 반면 다이어트에 실패한 비만 남성은 804만 명으로, 이는 비만 남성의 85.71%에 달한다. 즉, 다이어트를 시도한 비만 남성 10명 중 약 8.6명이 목표 달성에 실패하는 셈이다.

이러한 높은 실패율은 다이어트가 본질적으로 어려운 도전 과제임을 보여준다. 이는 영어 학습에서도 비슷하게 나타나는 패턴으로, 두 영역 모두 지속적인 동기부여와 체계적인 접근법이 필요함을 시사한다.

다이어트는 이처럼 정말 쉽지 않다. 저자도 50대 초반에 치열하게 다이어트를 했던 경험이 있다. 당시 내 키는 177㎝에 몸무게가 95kg에 육박했다. 이는 BMI 지수로 볼 때 비만에 속하는 체중이었다.

그때 나는 온갖 좋지 않은 식습관을 가지며 생활했었다. 과음과 과식, 탄수화물 중독, 패스트푸드와 인스턴트 식품 선호 등으로 인해 내 건강은 점차 악화되어 최악으로 치닫고 있었다. 결국 고혈압, 고지혈증, 당뇨, 만성 두통, 역류성 식도염 등 여러 성인병이 나를 끊임없이 괴롭혔고 몸뿐만 아니라 마음까지도 힘들었던 시기였다.

나는 의사의 경고로 위기의식을 느끼고 평생 안 하던 체중 감량에 돌입했다. 평소에 군것질을 즐기고 맛집을 찾아다니던 식도락이 다이어트 때문에 중단되자 엄청난 정신적 무기력증과 신체적 결핍감이 찾아왔다. 먹고 싶은 것을 못 먹고 배고픈 것을 참는 것은 정말 큰 고통이었다. '이런 이유 때문에 사람들이 다이어트에 실패하는구나'를 통렬히 깨달을 수 있었다. 하지만 나는 버티고 버티면서 식욕을 이겨내려 애썼다. 하루 한 끼의 식이요법으로 먹는 양을 제한했고 퇴근 이후에는 적어도 1시간에서 2시간 이상을 빠르게 걸었다. 이렇게 5개월을 감량한 결과 나는 거의 25kg 가까이를 감량해 낼 수 있었다.

다이어트는 쉽지 않은 도전이다. 이를 성공으로 이끄는 것은 상당한 의지와 노력이 필요하다. 마찬가지로 영어 역시 꾸준한 노력과 인내가 필요하다. 다이어트처럼 포기하고 싶은 욕구를 억제하고 불편하고 힘든 매 순간을 이겨내며 공을 들여야 잘할 수 있는 것이 영어이기 때문이다. 내가 다이어트에 성공할 수 있었던 것도 지금 돌이켜보면 영어를 놓지 않고 공부했던 꾸준함의 노력과 태도 때문이 아니었을까 생각해본다. 나는 다혈질적이고 성미가 급한 편이다. 참을성이 없다 보니 무언가 진도가 안 나가거나 안 풀리는 일이 있으면 금세 초조해지거나 마음이 조급해진다. 이런 진득하지 못한 내 성격은 영어를 공부할 때 빈번히 큰 장애물이 되었다. 속전속결을 좋아하다 보니 바로 결과가 없으면 실망감이 앞섰고 영어를 공부하면서 도통 발전이 없는 내 모습을 탓하며 영어를 못하는 나를 수없이 원망할 때가 많았다.

하지만 끝까지 포기하지 않고 맞서다 보면 어느 순간 자신을 뛰어넘을 수 있다는 자신감이 생긴다. 만약 내가 다이어트를 중도에 포기했다면 어떻게 되었을까? 상상하기도 싫지만 아마도 몸무게가 100kg을 훌쩍 넘지 않았을까? 그리고 영어 공부를 포기했다면 나는 끝내 영어를 못하는 상태로 영포자의 삶을 살아갔을지도 모른다. 나는 다이어트를 통해 나 자신의 산을 넘어서려는 노력을 했다. 그 이전에는 아주 오래전에 금연을 성공해서 나를 극복했던 적도 있었다. 이 모든 절제와 자기 극복의 노력이 가능할 수 있었던 것은 모두 영어 공부를 포기하지 않고 해왔던 나의 굳은 의지와 도전 때문에 가능했다고 감히 말하고 싶다.

욕구 절제와 인내를 통한 자기 훈련이 지속되면 우리의 뇌는 이에 맞춰 행동을 조절하는 방식으로 변화한다. 이 과정에서 중요한 역할을 하는 것이 바로 신경가소성(Neuroplasticity)이다. 신경가소성은 뇌가 새로운 경험이나 학습을 통해 그 구조와 기능을 변화시키는 능력을 말한다. 자기 훈련을 통해 특정 행동을 반복하게 되면 도파민(Dopamine)과 같은 신경호르몬이 중요한 역할을 한다. 도파민은 보상과 동기부여에 관여하는 신경전달물질(Neurotransmitter)로 긍정적인 보상이 있을 때 뇌에 방출되어 해당 행동을 반복하도록 유도한다.

그러나 욕구 절제와 인내를 해야 하는 상황에서는 도파민의 즉각적인 보상이 아니라 장기적인 목표 달성을 위해 일종의 지연된 보상에 집중하게 된다. 이러한 상황에서 전두엽(Prefrontal cortex)은 충동을 억제하고 장기적인 목표를 위해 계획하고 실행하는 기능을 담당한다. 반복적인 자기 훈련을 통해 전두엽이 활성화되면 신경 회로가 강화되어 자기 통제 능력이 향상된다. 다시 말해 인내와 자기 절제의 습관이 형성되면서 뇌의 구조도 이에 맞춰 변화하게 되는 것이다.

결론적으로 욕구 절제와 인내를 통한 영어 훈련은 뇌의 구조와 기능을 변화시켜 장기적인 목표 달성에 도움이 될 수 있다. 뇌는 반복적인 행동이나 학습을 통해 시냅스(신경세포 간의 연결)의 강도가 강화되거나 약화된다. 이를 시냅스 가소성이라고 한다. 예를 들어 어떤 행동을 반복적으로 수행하면 해당 행동에 관여하는 신경 회로가 더욱 강해지고 효율적으로 작동하게 된다. 이로 인해 뇌의 구조가 변화하며 특정 행동이나 반응이 습관화된다.

흡연자가 금연을 결심하고 이에 맞춰 자기 훈련을 거듭하게 되면 초기에는 흡연 욕구를 절제하는 것이 어렵지만 시간이 지남에 따라 뇌가 변화하게 된다. 이러한 과정에서 도파민 시스템과 전두엽이 재구성되며 흡연 욕구를 조절하는 능력이 점차 향상된다. 욕구 절제와 인내를 통해 습관을 형성하는 과정에서 뇌는 신경가소성 원리에 따라 변화하며 이러한 변화는 우리가 더 나은 자기 통제력을 발휘할 수 있도록 도와준다. 이 원리는 신경과학적 근거에 의해 뒷받침되고 있으며 외국어 학습과 다이어트와 같은 실생활에서도 다양한 성공 사례를 통해 확인할 수 있다.

한순간에 식을 것인가, 잔잔한 불꽃처럼 오래갈 것인가

영어는 평생 동안 친해져야 하는 친구와 같다. 그런데 한국 사람들은 무엇이든 빨리 결과를 얻으려고 한다. 한국인의 성미 급한 스피드 근성은 삶의 곳곳에서 엿볼 수 있다. 웬만한 전화번호만 봐도 ○○○○-8282를 찾아보는 것이 어렵지 않다. 한국인의 조급증은 각종 광고 카피에도 여실히 드러난다. '100일 만에 끝내는 ○○영어', '1개월 완성 영문법', '주말반 속성 직장인 영어 회화' 속성, 단기, 최단기 등 속전속결로 끝낼 수 있는 홍보 문구가 있어야만 주목을 받는다. 영어는 빨리빨리 마무리하거나 짧은 시간에 완성해야 하거나 단기간에 성공하는 학습 전략과 노하우가 있어야만 인기를 끈다. 뭐든지 바쁘고 숨 돌릴 틈 없이 살아가는 한국 사람들은 남들보다 뒤처질까 봐 뭐든지 유행을 좇아 열심히 산다. 빨리 이루지 못하면 인생 낙오자라도 된 것처럼 안절부절하기 일쑤다. 그래서 매사의 모든 일들을 강박적으로 조급해하며 이렇게 빠른 결과와 피드백이 한국인의 성미에 맞는 것처럼 느껴지기도 한다.

한국의 트렌드가 번갯불에 콩 구워 먹듯 너무나 빠르고 변화무쌍하다고 해서 해외에서 테스트 마켓 시장으로 인기가 많은 요인도 이런 기질 때문이 아닐까? 한국 문화의 유행을 보면 그 트렌드가 얼마나 빠른지 알 수 있기 때문이다.

결과에 집착하는 조급증의 부작용은 입시와 외국어 교육 시장에서도 쉽게 찾아볼 수 있다. 영어는 장기적 시간을 투자해서 학습해야 할 물리적 특성이 있음에도 불구하고 한국에는 단기 학습에 대한 풍토가 너무나 만연해 있다. 학원에서도 이런 최단기 학습법과 빠른 교육 성과를 프로모션해야 수강생이 모이고 강좌를 운영할 수 있기 때문이다. 그러나 시험 점수를 위해 속성으로 배운 깊이 없는 영어는 시간이 지나면 연기처럼 사라져버린다. 억지로 벼락치기했던 영어 공부는 시험이 끝나면 두 번 다시 안 하게 된다. 혹자한테는 이렇게 힘들게 배운 영어가 애증의 관계로 변하여 죽을 때까지 등을 돌리는 기피 대상일지도 모른다.

영어를 사용하는 영미권에 어학연수를 가지 않고도 스스로의 노력을 통해 영어를 잘하는 국내파들이 의외로 많다. 이런 사람들은 비용을 들여 외국에 체류하지 않고도 가성비 있게 영어를 배운다. 영어를 효과적으로 학습하고 가장 효율적으로 배우기 위해서는 비용을 최소화하면서 원하는 목적에 맞는 영어 실력을 키워야 한다. 그렇지만 우리가 아무리 최소한의 비용을 들여서 경제적으로 배우는 영어라고 해도 간과하지 말아야 할 것이 하나 있다. 바로 물리적으로 투자되는 시간의 총량보다 먼저 그 시간을 여유롭게 바라보는 마음가짐이다. 영어에 대해 갑자기 엄청난 심적 동기부여를 받은 사람들은 대부분이 당장이라도 하늘에 있는 별을 딸 것처럼 호들갑을 떤다. 그리고 당장 원어민이 될 것처럼 요란하게 영어 공부를 시작한다. 하지만 시간이 흐르고 이들은 돌연 자취를 감춘다. 꼬랑지를 내린 채 패배를 인정하기에 부끄러운 자신이 못마땅해 연락을 끊고 두문불출한다. 이런 모습은 과거의 우리와 너무 닮아 있지 않은가?

연초 문전성시를 이루는 영어 학원의 사례를 들어보겠다. 학원의 첫 개강 참여율은 거의 100%에 가깝다. 과정 중반이 흐르고 거의 종강이 되어갈 때면 그 숫자는 점점 줄어들어 50~60% 선까지 떨어진다. 이런 조기 이탈률은 무엇을 말하는 걸까? 조기 이탈자들의 대부분이 단기간 내에 성급한 결과를 얻으려고 한다. 큰 고생을 안 하고 남이 차려놓은 밥상에 수저만 올려놓으려는 얄팍한 심정으로 영어 공부를 하려고 한다. 결과를 빨리 얻으려고 전전긍긍하기 때문에 단기간에 실력이 늘지 않으면 바로 영어를 포기한다. 그리고 이런 과정을 몇 번 더 반복하다가 자신은 영어에 재능이 없다고 패배를 선언한다. 이 순간부터 영어의 '영' 자만 들어도 짜증이 나고 한국인이라면 영알못인 게 당연한 현상이라고 자기합리화를 한다.

영어 공부를 다시 시작하는 A와 B라는 사람이 있다고 가정해보겠다. A는 처음 2~3개월을 정말 열심히 영어 공부를 했지만 늘지 않는 실력 때문에 자신이 어학에 재능이 없다고 금세 포기해 버린다. 반면 B라는 사람은 A보다 영어 실력이 출중하지 않았지만 주위를 의식하지 않고 묵묵히 자신의 수준에 맞게 조금씩 학습해나간다. 1년이 지나고 2년이 지나도 B라는 사람은 계속 영어 공부를 하고 있다. 그런데 A가 보기에 그렇게 잘하는 것처럼 보이지 않는다. 다시 시간이 지나고 5년의 세월이 지나간다. A가 보기에 B의 실력이 조금은 늘어난 것처럼 보인다. 농담조로 A는 B에게 이런 농담을 한다. '늘지도 않는데, 영어는 왜 하냐'라고. '그냥 편하게 살면 되지, 나이 먹어 무슨 헛고생이냐'라고. 또다시 시간이 지나고 10년이 흐른다. A는 우연히 영어 웅변 대회에 참가한 B의 영어 실력을 보고 감탄을 금치 못한다.

이 이야기는 무엇을 말해주는 걸까? 비록 B는 적은 시간을 투자해서 영어를 공부했어도 포기하지 않고 꾸준히 공부를 했기 때문에 실력을 향상시킬 수 있었던 것이다. 영어는 일정 수준 이상의 궤도에 오르기 전까지는 나아지고 있다고 느끼지 못한다. 그러나 공부하는 와중에도 영어 실력은 계속 성장하고 있다는 사실을 영포자들은 깨닫지 못한다. 영어는 시간이 지나면 지날수록 노력했던 만큼 계속해서 발전할 수 있다는 사실을 깨달아야 한다. 그래서 40대의 영어 공부는 느긋한 마음으로 끝까지 해야 한다. 영어는 한순간에 잘할 수 없다. 물리적인 시간이 절대적으로 필요할 뿐만 아니라 개인적 시행착오의 과정을 반드시 겪어야 한다. 외국어 학습자들이 실수를 통해 언어를 배우는 것은 극히 자연스러운 일이다. 연구에 따르면 초기 단계의 학습자들은 한 문장에서 평균적으로 10~20%의 오류를 발생시키며 중급 학습자들은 약 5~10%의 비율로 오류를 발생시킨다. 고급 학습자들은 이 비율이 1~5%로 점점 줄어들게 되어 학습자가 언어 규칙을 점차 내재화함에 따라 발음, 문법, 표현의 뉘앙스, 맥락의 이해와 같은 오류와 실수가 점차 감소하는 것으로 나타났다.

노암 촘스키는 아이들이 태어날 때부터 언어를 학습할 수 있는 선천적인 능력을 가지고 있다고 주장했다. 그러나 이 능력을 발휘하기 위해서는 실수를 통한 반복적 학습이 선행된다. 처음 언어를 배울 때는 많은 실수가 발생한다. 이 수많은 실패와 오류의 반복은 아이들이 언어 규칙을 보다 바르게 학습할 수 있는 기회를 제공한다. 한 연구에 따르면 아이들은 18개월에서 24개월 사이에 평균 10~20개의 새로운 단어를 매일 습득하는 것으로 알려졌다. 이 과정에서 아이들은 수백 번의 반복과 실수를 통해 단어의 의미와 사용법을 정확히 이해하게 된다. '강아지'라는 단어를 학습할 때 아이는 처음에 털이 있는 모든 동물을 '강아지'라고 부를 수 있다. 그러나 반복적인 실수와 오류의 교정을 통해 아이는 점차 '강아지'와 다른 동물들 간의 차이를 이해하게 된다. 또한 초기에는 아이들이 올바른 문법 구조를 사용하다가 학습 과정에서 실수를 많이 하는 단계로 들어가고 다시 올바른 문법을 사용하게 되는 U자형 곡선을 보인다. 성인의 영어 학습도 아이들이 언어를 익히는 과정과 유사하다. 성인도 외국어를 배우는 과정에서 많은 실수와 오류를 겪기 마련이다. 철자나 문법이 맞는지 확인하고 이를 올바르게 사용하는 능력은 반복 학습을 통해서만 길러질 수 있다. 반복적으로 공부하지 않으면 실수와 오류를 발견할 기회도 얻지 못하게 된다. 반복 학습 중에 실수와 오류가 필연적으로 발생하겠지만 실력이 향상됨에 따라 이러한 실수들은 점차 줄어들게 된다.

영어! 결국 태도에 달렸다

『성공하는 사람들의 7가지 습관』으로 유명한 스티븐 코비 박사는 시간 관리를 성공적으로 하기 위해서는 자신을 먼저 통제하고 관리할 줄 알아야 한다고 했다. 자기 자신을 관리할 수 있는 사람만이 시간을 관리할 수 있기 때문이다. 자신을 통제하고 규칙적으로 행동할 수 있는 사람들은 시간에 끌려다니지 않고 주도적으로 인생을 살아갈 수 있다. 영어 공부도 시간 관리가 중요하다. 자신을 통제할 수 있는 사람만이 영어 공부를 할 수 있기 때문이다. 자신을 관리할 수 있는 사람들은 바쁜 생활 가운데서도 철저한 시간 관리를 통해 자신의 영어 학습을 멈추지 않고 실천할 수 있다. 중요한 생업의 틈새 시간을 소홀히 하지 않고 자투리 시간을 최대한 활용하기 위해 애를 쓴다. 영어를 공부하겠다는 본인의 의지가 확고부동하기 때문에 절대 포기하지 않고 영어를 잘하기 위해 노력을 거듭해나간다.

40대 다시 시작하는 영어는 결국 태도에 성패가 달렸다. 한번 하면 끝을 보는 불요불굴의 정신이 없이는 절대 영어를 잘할 수 없다. 농담이 아니다. 저자 역시 40대에 다시 영어 공부를 진중한 마음으로 시작하기까지 수도 없는 시행착오를 겪어왔다. 시작과 포기를 수없이 반복했고 도무지 늘지 않는 영어에 진절머리가 났다. 하지만 다시 시작하겠다는 확고부동한 태도는 일과 이후 남는 시간에 영어 공부를 항상 우선순위로 두고 실천하는 동안 완전히 나의 일상이자 습관이 되어버렸다. 10년 가까이 실천하고 있는 영자 신문 보기와 영어 뉴스 청취가 이를 반증한다. 40대에게 있어 영어 공부를 다시 할 수 없는 이유와 현실은 가지각색이다. 항상 사람들은 말한다. 영어 공부를 할 시간이 없다고! 그렇다면, 시간을 만들면 된다. 반복 훈련을 해서 습관을 만들면 되는 것이다. 자신의 태도 여하에 따라서 얼마든지 일과 이후 자투리 시간, 주말 시간을 활용해 영어 공부를 할 수 있기 때문이다. 하다가 모르면 어떻고 틀리면 어떤가? 늘지 않는 조급증 때문에 또다시 영포자로 남을 것인가? 언어는 생활이기 때문에 익숙하게 반복을 하다 보면 자연스럽게 훈련이 될 수 있다. 이를 위해 가장 중요한 마음가짐은 영어에 대한 호기심과 관심을 갖는 태도이다.

영어 관심도(열정과 노력) + 영어 노출(관심 분야와 학습 방법) = 영어 실력

안 보면 정분이 멀어진다는 속담이 있다. 영어도 그렇다. 영어를 계속 접하다 보면, 영어가 익숙해지고 어느덧 정까지 든다. 이제는 영어에 대한 나의 부정적인 태도부터 바꾸어보면 어떨까? 영어에 대한 인식의 태도를 바꾸면 영어가 좋아진다. 영어를 좋아하게 되면 평생을 즐기면서 할 수 있다. 포기와 실패 없는 영어 공부를 하고 싶은가? 그렇다면 자신의 태도가 어떤지 먼저 돌아보자.

한국 근대사를 살펴보면 격변의 시대를 살아간 지식인들의 공통

점이 하나 있다. 바로 외국어 학습에 대한 남다른 열정이었다. 근대 지식인의 상징이었던 유길준(兪吉濬)이 대표적 인물 중 한 명이었다. 어린 시절 한문 경전에 익숙했던 그는 세상의 변화를 깨닫고 일본으로 건너가 서양 학문을 접했고, 일본 유학 후 미국과 유럽을 여행하면서 영어와 서양 언어의 중요성을 절실히 느꼈다. 낯선 언어 앞에서도 주저하지 않고 외국 서적을 직접 사전과 대조하며 밤새워 읽었던 그의 노력은 『서유견문』이라는 저서에 고스란히 담겨 있다. 언어는 그에게 단순한 학습이 아니라 조선의 개혁을 위한 길잡이가 되었다. 독립운동의 현장에서도 언어는 강력한 수단이 되었다. 독립운동가로 이름을 떨치기 전, 한 명의 유학생이자 이민자였던 안창호(安昌浩)는 미국 땅에 발을 딛자마자 언어의 벽에 부딪혔다. 하지만 그는 외국의 낯선 환경에서도 끝까지 포기하지 않고 영어 성경을 소리 내어 읽고, 영어 신문을 매일 정독하며 단어 하나하나를 꾸준히 외워 나갔다. 말이 서툴러도 굴하지 않고 교회와 이민 사회 모임에서 과감히 영어로 연설하며 실력 쌓기에 매진했다. 끊임없는 반복과 훈련 속에서 그는 원어민 못지않게 말할 수 있게 되었고 훗날 국제무대에서 한국의 독립을 호소하는 강력한 커뮤니케이션 메신저로 거듭날 수 있었다.

방정환(方定煥)은 아이들을 사랑했던 아동문학가였지만, 그의 열정 뒤에는 끊임없는 외국어 학습이 있었다. 서양의 동화와 아동 문학을 소개하기 위해 일본어와 영어 원서를 직접 읽고 번역했던 그는 낮에는 소년운동을 이끌고, 밤에는 원서를 곁에 두고 필사하며 번역 작업에 몰두했다. 그의 피나는 외국어 습득 노력과 교육적 헌

신은 어린이들에게 새로운 세계를 열어주었고 지금의 한국 아동문학의 토대를 이루는 씨앗이 될 수 있었다. 또한 한국 최초의 여성 박사이자 교육자였던 김활란(金活蘭) 여사는 미국 웰즐리 대학에서 공부하며 학문적 글쓰기를 영어로 훈련했던 당대 최고의 여성 지식인이었다. 그녀는 유학 시절 외국인으로서의 자신의 한계를 극복하기 위해 원서를 끊임없이 읽고, 발표와 토론에서 유창하게 영어를 사용하기 위해 노력을 거듭했다. 그녀의 영어 실력은 당시 낙후되었던 한국 여성 교육의 발전과 국제 교류를 열어주는 구심점이 될 수 있었으며, 문맹률이 높았던 한국 여성들에게 새로운 가능성을 일깨워주는 본보기가 되었다. 이들은 모두 영어를 배우기 위해 꾸준한 반복 학습과 다양한 방법을 활용했으며, 오늘날에도 많은 이들에게 포기하지 않고 지속적으로 학습하는 것의 중요성을 보여준다. 열정과 끈기를 가지고 반복적으로 학습하는 것이 외국어 습득의 핵심이라는 점을 이들의 삶이 증명하고 있는 것이다.

조셉 콘래드(Joseph Conrad)는 폴란드 태생으로 모국어가 영어가 아니었음에도 영문학사에 길이 남을 작품들을 남긴 작가다. 그는 20세가 넘어서야 본격적으로 영어를 배우기 시작했지만 선원 생활을 하며 실제 상황에서 영어를 사용하고 끊임없이 영어 소설을 읽으며 언어 감각을 기르는 노력을 게을리하지 않았다. 『암흑의 심연(Heart of Darkness)』, 『로드 짐(Lord Jim)』 같은 작품들은 영어가 모국어가 아닌 사람이 쓴 것이라고는 믿기 어려울 정도로 뛰어난 문학적 성취를 보여준다. 그는 늦은 나이에 시작한 언어 학습도 충분히 성공할 수 있음을 몸소 실천한 인물이다.

5. 영어 공부의 즐거움

즐기는 영어 공부로 무아지경에 빠져보기

영어는 정복하는 대상이라기보다 친구처럼 사귀어야 한다. 사람을 처음 만날 때는 서먹서먹하고 관계가 익숙하지 않은 것처럼 영어 공부도 다시 시작하게 되면 적응 기간이 필요하다. 시간이 흐르고 자신의 패턴에 맞게 학습해나가다 보면 어느새 영어가 익숙해질 것이다. 전문 영어 통역사들도 지속적으로 일을 하다 텀을 두고 일을 하게 되면 현장에 익숙해지기 위해 워밍업이 필요하다고 한다. 영어를 중도에 포기하지 않으려면 영어 자체를 편하게 느끼고 익숙해지려는 의식적인 노력이 요구된다. 이런 태도는 영어 학습자가 스스로 만들어가야 한다.

영어를 잘하는 사람들의 공통된 특징 중 하나가 영어를 좋아하는 데 있다. 영어가 좋기 때문에 실수를 하거나 실력이 늘지 않아도 크게 개의치 않는다. 이들은 자신이 좋아하는 방식으로 꾸준히 공부한다. 시행착오를 경험해도 있는 그대로 그 과정을 즐기기 때문에 학습 성과에 대한 스트레스를 받지 않는다. 즐기면서 무언가를 배우게 되면 어느 순간 무아지경의 상태에 빠지는 체험을 하게 되는데 미하이 칙센트 마하이(Mihaly Csikszentmihalyi)는 이를 'Flow, 몰입'이라고 정의한다. 그는 더 자주 몰입할수록 더 행복해지고 더 큰 성취감을 느낄 수 있다고 말한다. 몰입하면 긍정적인 감정은 더 강렬해지고 부정적인 감정은 희미해지며 지식과 연습을 통해 몰입을 더 발전시키고 누릴 수 있다고 강조한다. 몰입은 일에 대한 양의 피드백으로 작용하여 선순환 구조를 가져다준다. 좋아하는 일은 하면 할수록 많이 하게 되고 더 잘하게 된다. 이전보다 더 어려운 일에 도전하게 되고 난이도가 올라갈수록 몰입을 경험할 가능성도 커지게 된다. 다시 말해 어떤 일에 빠져들게 되면 몰입할 기회도 많아지게 되고 이는 성과로 이어지게 되는 것이다.

나는 40대 초반부터 영자 신문을 읽으며 영어 실력 향상뿐만 아니라 세상에 대한 이해를 넓히는 즐거움을 경험하고 있다. 특히 기획 기사를 통해 다양한 분야의 지식을 쌓고 어려운 전문용어를 익히면서 스스로 성장하는 즐거움을 만끽하고 있다. 내가 영자 신문을 읽는 순서와 방식은 보통 월드, 국제 경제, 사설, 기타 관심 가는 타이틀을 빠르게 훑어본 후 흥미로운 기사는 나중에 집중해서 읽어본다. 피처 기획 기사는 과학, 자연, 동식물, 기후변화, 의료기술, 외교적 쟁점 등 다양한 분야를 다루기 때문에 처음에는 생소한 전문용어와 단어 때문에 어려움을 많이 느꼈다. 하지만 관련 내용을 반복적으로 접하면서 배경지식이 쌓이고 익숙하지 않은 단어도 자연스럽게 습득하게 되면서 이해력이 빠르게 향상되었다. 처음에는 국내 기사나 문화, 스포츠 기사 위주로 읽었지만 지금은 월드 이슈와 세계 경제에 더 큰 관심을 가지고 먼저 읽는다. 한번 재미를 붙이게 되니 생소한 주제의 기사라도 어떤 내용일지 호기심이 가득해지고 신문을 읽다 모르는 단어나 숙어, 시사 용어 등을 찾고 기록한 메모장을 볼 때마다 뿌듯함이 느껴진다.

몰입을 하면 우리 뇌에서 모르핀 같은 각성 상태의 호르몬인 엔돌핀과 엔케팔린이 분비되어 기분을 좋게 만들어준다고 한다. 공부를 즐기면서 할 때도 이런 행복 호르몬이 우리 몸에서 만들어진다. 지금부터라도 영어가 좋아질 수 있도록 태도를 바꿔보자. 스트레스 받지 않으면서 즐기는 영어를 하게 되면 몰입의 경지에 이르게 되고 행복한 영어 공부를 할 수 있기 때문이다. 즐기지 않는 영어 공부는 실력 향상이 눈에 띄게 나타나지 않을 경우 학습 부진 때문에 중도에 포기하는 경우가 많다. 결과만을 바라는 영어 학습자들은 즐기면서 영어 공부하는 사람들을 절대 따라잡을 수 없다. 즐기는 영어는 평생 포기하지 않고 할 수 있을 뿐만 아니라 평생의 취미가 될 수 있다. 무엇보다 앞서도 언급했지만 영어 공부로 뇌의 가소성이 확장되는 기회가 덤으로 생긴다. 두뇌는 만 3세 이전에 완성된다고 알려졌지만, 중앙대학교병원 건강 칼럼에 따르면 뇌는 계속 변할 수 있다고 강조한다. 뇌가 계속 변할 수 있는 이유는 뇌의 가소성 때문이다. 뇌는 평생 동안 개인이 겪는 여러 가지 환경의 변화, 자극의 변화에 따라서 조금씩 변화한다는 것이 과학적으로 입증되었다. 영어 공부로 뇌를 자극하게 되면 나이를 먹어도 뇌는 계속 성장하고 발전하게 되는 것이다. 뇌의 가소성은 특정 분야의 일을 열심히 하면 그 일과 관련된 뇌가 해부학적으로 변해 그 일을 더 잘하게 유도해준다.

그래서 영어를 공부하는 사람들은 나이를 먹어도 젊게 살 수 있다. 신체적으로 건장한 20대나 30대도 공부하지 않으면 뇌의 가소성이 지속적으로 확장되기가 힘들다. 그러나 계속 배우는 사람은 언제나 젊게 살 수 있다. 『중년의 뇌, 가장 뛰어나다』에서 헨리 포드는 이런 말을 했다. '할 수 있다고 생각하든 할 수 없다고 생각하든 생각하는 대로 될 것이다.' 우리도 이 가능성의 말을 되새기며 나이를 잊게 하는 배움의 즐거움을 영어로 느껴보자! 영어에 빠져들면 몰입의 경지에서 쑥쑥 늘어나는 영어 실력을 실감할 수 있기 때문이다. 새로운 언어를 배우는 것은 뇌의 신경 연결망을 강화하는 데 매우 효과적이다. 특히 이중언어를 사용하는 사람들이 치매 증상을 평균 4~5년 늦게 겪는다는 연구 결과가 이를 뒷받침한다. 영어를 배우는 과정은 평생 동안 계속될 수 있는 흥미로운 즐거움의 연속이 될 수 있다. 지금 바로 시작해보자. 영어를 배우며 얻는 새로운 지식과 경험은 우리의 삶을 더욱 풍부하고 의미 있게 만들어줄 것이다.

영어를 잘하면 자신감이 충만해진다

영어를 잘하게 되면 말이 하고 싶어서 입이 근질거리기 시작한다. 영어로 원하는 대화를 즐겁게 나누다 보면 성취감뿐만 아니라 만족감이 기분을 좋게 한다. 모국어도 하면 할수록 잘하게 되듯이 영어 회화도 마찬가지다. 다양한 부류의 사람과 이야기를 나누다 보면 표현의 다양성은 더욱 풍부해지고 그 실력 또한 업그레이드된다. 영어에 자신감이 생기면 행동은 더욱 적극적으로 바뀐다. 원어민과 자유로운 의사소통이 가능하기 때문에 능동적이고 진취적인 모습으로 바뀔 수 있다. 자신이 발 딛고 서 있는 좁은 곳에서 벗어나 세계를 향해 발돋움하려는 패기와 열정이 꿈틀대기 시작한다. 살아가는 가치관과 일에 대한 사명감이 매사에 긍정적인 태도로 탈바꿈되고 무엇보다 능동적인 의식적 전환이 이뤄져 인생을 주체적으로 살아갈 수 있게 된다.

긍정적인 성격은 성공 동기부여 학자들이 중요하게 생각하는 덕목 중 하나이다. 40대는 인생 중반을 넘어가는 길목에서 여러 가지 고비를 겪어왔다. 개인차가 있지만 경제적 고비가 가장 큰 위기로 다가올 때가 많았을 것이다. 물질적으로 힘들어지면 무기력한 자신의 삶을 비관하며 주변과도 관계를 끊고 폐쇄적으로 살아간다. 비관적인 세상 보기와 안 된다는 패배주의는 스스로를 위축시키는 자기파괴적 행위와도 같다. 40대는 위기의 순간에 기회의 순간도 같이 공존한다는 것을 깨달아야 한다. 영어를 다시 하겠다고 작정하는 40대는 멋지게 살아갈 자신의 미래를 꿈꾸는 긍정주의자임에 틀림없다. 긍정주의자는 실패를 반면교사로 삼아 다시 우뚝 서고야 말겠다는 투사와 같기 때문이다. 이들은 어두운 곳에서는 빛을 보려 하고, 넘어지면 툭툭 털고 아무렇지도 않게 다시 일어서는 여유를 가지고 있다. 영어를 다시 공부하게 되면 힘든 과정을 만나게 되도 잘하려는 동기부여를 끊임없이 만들기 때문에 실패를 두려워하지 않게 된다.

저자 역시 40대에 영어 공부를 다시 시작하기 전에는 길거리에서 외국인이 길을 물어보면 어물쩍대고 피하기 일쑤였다.

"I am so sorry, I am strange here."

외국인이 지도를 들고 걸어오거나 누군가에게 말을 걸 사람을 찾다가 다가오면 위의 영어 표현을 입버릇처럼 외웠다가 기계처럼 뱉어내곤 했다. 그리고는 뒤도 돌아보지 않고 그 자리를 도망치듯 벗어났다. 처음 몇 마디 이후 영어로 대화를 이어가기가 힘들어지게 되면 어색하고 어눌한 영어 상황 때문에 잘못된 표현은 아닌지 문법적으로 맞는 말인지 도통 확신이 없었기 때문이다. 그런데 이렇게 소심했던 저자가 40대에 다시 영어 공부를 시작하면서 외국인이 길을 물어보거나 무언가 도움을 요청할 때면 먼저 다가가서 안내해주고 방법을 찾아주게 될 정도로 적극적인 성격으로 바뀌게 되었다.

한번은 이런 일도 있었다. 동대문역 부근에 일이 있어 지하철 개찰구를 막 나오는데 다급해 보이는 외국인 이성이 길을 물어보았다. 그녀는 불가리아로 가는 대한항공 항공편 비행 날짜와 시간을 바꿔야 한다면서 쪽지에 적혀 있는 주소지를 무작정 내게 보여주었다. 찾는 곳 주소를 보니 시청역 방향이었고 때마침 그렇게 바쁜 상황이 아니어서 그녀를 그곳까지 데려다주겠다고 말했더니 약간 경계하는 눈치였다. 그래서 데려다주는 이유가 갈아타는 환승 과정이 복잡하고 시청역에서 나가서 그곳까지 가려면 횡단보도를 몇 번을 건너가야 하기 때문에 자칫하면 길을 잃어버릴 수도 있어서 그렇다고 하니 대뜸 이렇게 물어보았다.

"혹시 공무원이세요?" "이렇게 친절하게 대해주는 걸 보니 공무원임이 틀림없다"라고 했다. 저자는 헛웃음을 지으며 아니라고 했다. 그녀는 이런 호의를 한국 사람한테 받아본 것이 처음이라고 했다. 그녀는 자신을 불가리아 ○○신문사 기자라고 했다. 우리는 목적지로 가는 길에 이것저것 영어로 이야기를 나눴다. 그녀는 꽤 유창하게 영어를 했다. 유럽 국제 영화제에서 수상 경력이 많은 김기덕 감독의 영화를 본 적이 있다고 했고 남북한의 분단 상황에도 관심을 보였다. 우리는 헤어지면서 명함을 주고받았는데 몇 주 후 그녀한테 영어로 편지가 왔다. 친절하게 도와줘서 너무 고맙고 다음에 한국에 오면 자기가 떡볶이를 사주겠다고 했다. 실제로 그녀와 나는 시청역에서 다시 만나 떡볶이를 먹었고 커피숍에서 영어로 많은 이야기를 나눴다. 불가리아처럼 동유럽 사람들은 미래가 불투명해 자살하는 비율이 높다고 했던 그녀의 말이 아직도 귓가에 생생하게 아른거린다. 그렇게 몇 번의 영문 이메일을 그녀와 주고받았다. 짧지만 인상적이었던 그녀와의 만남이 아직도 기억에 남는다.

40대여! 움츠렸던 날개를 펴고 다시 시작하는 영어 공부로 꿈꾸는 이상향을 향해 비상해보자! 영어는 우리 40대의 노력 여하에 따라 언제든 기회를 만들 수 있는 성공 탑승권이 될 수 있기 때문이다.

부모의 자신감은 자녀들의 자신감으로 대물림된다

　영어 공부를 다시 시작해서 얻은 자신감을 가지고 성공적으로 공부했던 영어 공부의 경험을 살려 제2외국어도 쉽게 도전할 수 있다. 40이 넘은 평범한 사람들도 노력 여하에 따라 수십 가지 언어를 습득할 수 있다고 언어학자들은 말한다. 실제로 나이에 연연하지 않고 외국어 공부에 열정을 쏟는 60대 이상의 시니어들도 흔하게 볼 수 있다. 일본의 정신과 의사 와다 히데키는 장수하며 건강하게 살 수 있는 비결로 외국어 공부를 추천한다. 화병으로 유명한 이시형 박사도 기억에 도움을 주는 해마 신경세포가 공부를 할수록 활성화된다며, 나이와 상관없는 공부의 중요성을 강조한다. 중년 이상으로 접어들면 전두엽의 노화로 의욕이 저하되는 자연현상을 거스를 수 없다. 하지만 정신적 열정과 자신감으로 충만해 있다면 노년의 신체적 저하와 핸디캡은 얼마든지 극복할 수 있다.

　나이를 먹고 뒤늦게 시작한 영어 공부라도 조금씩 성취감을 맛보면 영어 콤플렉스를 가지고 살았던 과거의 구속과 억압에서 벗어날 수 있다. 보지 못했던 인생의 새로운 길이 보이고 어떤 일이든지 자신감이 생긴다. 영어로 자신감을 얻으면 어디를 가서 누구를 만나도 두렵지 않은 내가 된다. 기획했던 새로운 일들로 할 일이 넘쳐나고 빈둥빈둥 시간을 때우며 무료한 시간을 무기력하게 낭비할 틈이 없다. 좁은 국내를 벗어나 세계로 나가고 싶은 열망의 불씨가 마음에서 활활 불타올라 드라마틱한 인생을 꿈꾸게 된다. 40대가 자신감을 잃게 되면 전부를 잃는 것과 같다. 이 시기는 새로운 인생의 전환점을 만들 수 있는 교차점에 있기 때문에 자신감을 상실하고 삶의 동력을 잃게 되면 좌충우돌하는 인생이 되기 십상이다. 정신적 괴로움과 스트레스를 긍정 에너지로 발산하지 못하면 게임에 과몰입하거나 도박에 빠지는 등 엉뚱한 곳에 인생을 소모하거나 일탈하기 쉽다.

40대여! 우리 안의 긍정 에너지를 영어 공부에 투자해보자! 영어 공부로 얻게 되는 유익한 즐거움은 생각보다 많다. 영어의 성취감이 늘어나면 늘어날수록 더욱 기분이 좋아지게 되고 그 발전의 속도감은 기하급수적으로 빨라지게 된다. 이런 긍정적 순환 고리는 평생의 삶에 영향을 미칠 수 있다. 공부는 긍정적 에너지를 만드는 습관이다. 영어 공부를 습관으로 만들면 내 삶을 온전히 밝은 에너지로 채울 수 있으며, 지적 활기로 풍부한 내 삶의 기품은 꾸미지 않아도 차고 넘칠 수 있다. 자랑하지 않아도 먼저 사람들이 우리의 실력을 알아보고, 자녀들 또한 멋진 부모의 노력하는 모습을 보고 배우면서 바른 학습 태도를 본받는다. 자녀들은 부모의 거울이다. 자녀들은 부모가 책을 읽는 모습을 보지 못했기 때문에 스스로 책을 읽으려 하지 않는다. 아빠 엄마가 스포츠를 보고 드라마를 보기 때문에 자식도 유튜브를 보거나 게임을 한다. 정작 부모 자신은 노력하지 않으면서 자녀들은 학생이니까 공부하라고 하면 잔소리로밖에 들리지 않는다. 자녀들은 부모의 모습을 닮아가는 존재이기 때문에, 이들이 바르게 성장하기 위해서는 먼저 부모가 본이 되는 삶을 살아야 한다.

몇 년 전 우연히 방송을 보고 알게 된 노태권 씨의 인생 역전 일화를 잠시 소개할까 한다. 권위적인 부모 밑에서 억압받고 자랐던 그는 난독증으로 중학교만 겨우 졸업하고 변변한 직업도 없이 막노동을 전전하며 살았다. 겨울에는 이마저도 일이 끊겨 일을 할 수도 없었다. 그러던 어느 날 일거리가 없어 집에서 TV를 보다가 그는 우연히 EBS 영어 강의 방송을 보고 대학에 가야겠다는 생각을 품게 된다. 그 일이 있고 난 이후부터 그는 2000년부터 EBS 교재를 구해 공사판에 가지고 다니면서 공부하기 시작했다. 이렇게 공부에 미치다 보니 수능 시험에도 자신감이 생겼다. 그런데 자신의 공부 때문에 자녀들 교육은 수수방관하면서 큰아들은 게임 중독에 빠져 고등학교 진학이 어려웠고 둘째 아들은 심한 아토피 때문에 자퇴를 해야 했다. 그는 결국 자신의 공부를 중단하고 두 아들을 직접 가르치기로 마음먹었다. 그리고 공부를 시작한 지 5년 만에 두 아들을 명문대에 입학시키는 기적 같은 일을 해냈다.

과연 일반인도 힘든 일을 그는 어떻게 할 수 있었을까? 노태권 씨는 2007년 1월부터 큰아들과 함께 매일 걸으면서 자신이 EBS로 7년 동안 공부했던 것들을 가르치기 시작했다. 그렇게 큰아들과 4000㎞ 이상을 걸으면서 공부한 끝에 서울대학교 경영학과에 합격시킬 수 있었다. 같은 방법으로 걸으면서 가르쳐 둘째 아들도 2013년 한양대학교 연극영화과에 수석으로 합격시킬 수 있었고 이후 그의 둘째 아들은 다시 시험을 쳐서 2015년 서울대학교 간호학과에 장학생으로 입학하게 되었다. 그에게 EBS 교재는 인생의 교과서였고 그의 선생님이었다. 가진 것도 배운 것도 없어서 그는 목숨을 걸고 공부를 했다고 했다. 중졸 학력으로 직접 가르쳐 두 아들을 명문대에 보낸 노태권 씨야말로 자녀들을 위한 진정한 멘토이자 스승이 아닐 수 없다. 부모의 공부는 이처럼 자식들의 인생까지 바꿀 수 있는 역할 모델이 될 수 있다. 잔소리를 하지 않아도 내 자신이 공부를 하는 모습을 보이면 자식들이 스스로 보고 배우기 때문이다.

"글씨가 지워질 만큼 보니까 그 내용이 머릿속에 새겨지더라고요." 노태권 씨가 공부하면서 한 말이다. 중졸인 자신이 이해하기에 벅찬 영어 문법책만 100번 넘게 보고 하루에 적게는 5시간에서 많게는 10시간 이상 공부를 하며 대입 수능 모의고사에서 7번의 만점으로 공부의 신으로 등극한 그의 집념과 노력을 누가 존경하지 않을 수 있을까?

의지만 있다면 이 세상에 못 할 것이 없다. 더욱이 일정 수준의 실력이 쌓이게 되면 자신감은 덤으로 오게 되고 이 자신감은 자녀들에게도 긍정적인 영향을 끼치게 된다. 이는 영어 공부에 있어서도 마찬가지다. 영어 자신감은 우리가 만드는 것이다. 우리가 영어를 할 수 있다고 믿는 것도, 할 수 없다고 믿는 것도 결국 우리 자신에게 달렸다. 우리도 할 수 있다. 영어 공부로 자신감을 가져보자! 그래서 나 자신을 변화시키는 인생을 주체적으로 살아보자!

6. 실천 행동력이 처음이자 마지막이다

영어 성공 솔루션, 행동력!

　40대는 낭비할 시간조차 충분치 않다. 시간적 유연함이 있는 20대와 달리 무언가를 인생 취미로 삼거나 새롭게 배우기 위해서는 후회 없는 결정과 행동을 해야 한다. 그만큼 순간적인 충동과 시류에 편승해 성급하게 영어 공부를 하게 되면 실패할 확률이 높다. 그래서 영어를 멈추지 않고 공부하기 위해서는 자신만의 목표가 필요하다. 이 책을 보고 있을 독자들은 영어 공부에 대한 목표가 있어야 하고 이를 위한 실천 계획을 강구해야 한다. 방향성 없는 영어 공부는 쉽게 늘지 않는다. 목표가 없다면 한다 해도 뜬구름 잡기가 된다. 영어를 다시 해야 할 궁극적인 이유가 없기 때문에 언제라도 멈추기 쉽다.

　세계적인 산악인들은 산을 오를 때 반드시 목표로 설정된 고지를 향해 등정을 한다. 목표를 정하지 않은 채 맹목적으로 산을 오르지 않는다. 저자는 방송대 관광과 졸업논문 대체 시험으로 토익 점수가 필요했다. 그래서 40대에 다시 영어를 시작하게 되었다. 리스닝이 최악이었기 때문에 학원까지 다니면서 공부를 해야 했다. 그런데 놀라운 변화가 생겼다. 줄곧 포기했던 영어 리스닝이 조금씩 들리기 시작하면서 영어에 대한 로망이 조금씩 꿈틀거렸기 때문이다.

이때부터인가 영어에 새로운 자신감을 가지게 되었다. 이전에는 상상도 할 수 없는 실력 향상과 성취감으로 계속해서 영어 공부를 실천하고 있다. 40대부터 50대인 지금까지도 계속되고 있는 나의 영어 공부로 NPR, CNN, BBC를 듣고 보면서 이해할 수 있게 되었고 영자 신문과 타임, 뉴스위크의 직독 직해 수준이 월등히 향상될 수 있었다. 무엇보다 시사 분야를 영어로 오랫동안 접하다 보니 국제적 현안 이해 능력과 비판적인 안목까지 생겼다.

소심하고 자신감 하나 없었던 내가 180도 바뀔 수 있었던 것은 바로 영어를 멈추지 않고 배울 수 있었던 행동력 때문이었다. 행동력을 가슴 깊이 깨닫고 실행하는 순간 내 인생은 조금씩 바뀌어갔다. 세상이 달리 보였고 내가 어떻게 살아가야 하는지가 분명해졌다. 행동력은 자신을 통제하고 관리할 때 빛을 발한다. 자신을 능동적으로 관리할 수 있을 때 시간을 관리할 수 있다. 그래서 나는 하루 24시간을 계획적이고 주도면밀하게 살아가려고 애쓴다. 이를 통해 시간을 낭비하는 것이야말로 인생에서 가장 어리석은 일이라는 것을 깨닫게 되었다.

행동력은 우리가 하고 싶은 것을 실천하는 힘이다. 행동력을 통해 우리는 인생의 목표를 향해 전진해 갈 수 있고 궁극적으로는 우리의 꿈을 실현할 수 있다. 행동하지 않으면 아무것도 얻을 수 없다. 그 어떤 것도 할 수 없고 그 무엇도 해낼 수 없다. 행동하는 자만이 원하는 것을 얻을 수 있다. 실천하는 사람만이 진정으로 원하는 것을 얻을 수 있다. 이런 사실은 세상의 변하지 않는 참된 진리와 같다. 나는 40세 초반에 다시 영어 공부를 시작하면서 실천 행동의 중요성을 깨닫고 자기 주도적으로 살고 있다. 저자는 머리가 특출나게 좋은 것도 아니었고 처음부터 공부에 취미가 있는 것도 아니었다. 하지만 영어 공부를 실천하면 할수록 이해의 폭이 넓어지고 경험의 깊이가 확장되면서 즐거움 때문에 계속 공부를 하고 있다.

◇ 저자가 행동력으로 얻은 결과물

- 2011년부터 2024년까지 13년 동안 5개의 학위(관광, 영상, 패션, 회화, 디자인, 일본어) 추가 취득
- 독서하는 습관(2,500권 이상 읽음)
- 외국어 인문학 공부(영어, 일본어, 중국어, 독일어, 프랑스어, 스페인어 등)

영어 공부를 간절히 하고 싶은가?

그렇다면 무엇보다 먼저 행동해야 한다. 영어 공부에 대한 마음이 생겼다면 그 마음이 식기 전에 시작하는 것이 중요하다. 완벽한 계획을 세우거나 최적의 조건을 기다리기보다는 오늘 당장 할 수 있는 작은 일부터 시작해보자. 영어 뉴스 기사 하나를 읽어보거나 좋아하는 영화를 영어 자막으로 시청하거나 관심 있는 분야의 영어 팟캐스트를 들어보는 것도 좋은 출발점이 될 수 있다. 흥미로운 사실은 성인의 뇌가 생각보다 훨씬 유연하다는 점이다. 새로운 언어를

배우는 과정에서 뇌는 마치 근육을 단련하듯 활발하게 작동하며 새로운 신경 경로를 만들어낸다. 외국어 학습은 뇌의 여러 영역을 동시에 자극하여 기억력, 집중력, 문제 해결 능력까지 함께 기를 수 있는 종합적인 두뇌 운동이라고 할 수 있다.

실제로 영어로 말하거나 글을 쓰는 연습을 계속하다 보면 처음에는 어색하고 어려웠던 표현들이 점점 자연스러워진다. 더 흥미로운 점은 새로운 것을 배우거나 목표를 달성할 때마다 뇌에서 도파민이 분비된다는 사실이다. 이 호르몬은 자연스럽게 학습에 대한 즐거움을 느끼게 하고 영어 공부가 힘든 일이 아니라 보상을 주는 활동으로 인식되도록 만든다. 결국 영어 공부는 단어 하나를 더 외우는 것이 아니라 뇌 전체의 활력을 되찾고 인지 능력을 높이는 과정이다. 영어 학습에 대한 열망이 있다면 망설이지 말고 바로 시작해보자. 작은 실천이 쌓일수록 뇌는 영어를 더욱 자연스럽게 받아들이게 되고 학습 효과는 눈덩이처럼 커질 것이다.

영어를 잘하기 위해 어떤 노력을 하고 있는가

코리아 타임즈는 오랫동안 영어 학습자들을 위해 NIE(News in education)를 위한 특별판을 제공했었다. 지금은 서비스가 없어진 이 특별 부록에서 영어 공부에 대한 담당 기자의 솔직 담백한 내용이 눈에 띄어 소개한다.

> 10년을 영어로 글 쓰며 살고 있지만 여전히 모르는 것 투성입니다. …(중략)… 영어 공부에도 끝이 없는 것 같습니다. …(중략)… 이것이 제가 10년 동안 영어로 먹고살면서 내린 결론입니다.
> - 코리아 타임즈 박시수 기자

영어로 글을 쓰는 기자도 '여전히 모르는 것 투성'이라고 겸손하게 자신을 낮출 만큼 많은 노력이 필요한 것이 영어다. 영어로 업을 삼고 있는 동시통역사들도 마찬가지다. 이들 가운데는 외국 물 한번 먹지 않은 순수 국내파 동시통역 전문가들도 있는데, 피나는 노력과 연습만이 살길이라고 입을 모아 말한다. 진정한 고수가 되려면 수행하듯이 겸허한 마음가짐으로 평생을 공부해야 한다고 강조한다. 영어의 재능은 따로 있는 것이 아니라 만들어가는 것이다. 꾸준히 노력하다 보면 익숙하게 되고 잘할 수 있다. 무엇보다 즐기면서 영어 공부를 하면 평생을 할 수 있다. 이런 선순환이 계속되면 영어를 인생의 벗으로 삼을 수 있다. 국제 이슈를 큰 틀에서 바라보는 거시적 혜안은 40대에게 특히 필요하다. 중년 이후의 삶은 미시적 관점보다는 미래를 내다볼 수 있는 거시적 통찰력이 중요하기 때문이다. 그래서 영어는 더 늦기 전에 도전해볼 만한 충분한 가치가 있다고 자부한다.

대부분의 어학 전문가들이 영어 실력을 향상시키기 어려운 이유를 학습자가 지속적으로 영어를 인지할 수 있는 노출 환경을 만들지 않거나 그런 환경에 있지 않기 때문이라고 지적한다. 나는 영어 공부를 시작하면서 특별한 경우를 제외하고 거의 매일 최소 2~3시간 이상을 영어에 노출되기 위해 노력했다. 자신이 영어에 노출이 될 수 있는 환경을 만들어놓았다고 해서 끝난 것이 아니다. 스스로 그 환경 속에서 노력하며 발전하기 위해 끊임없이 애쓰지 않으면 결국 공염불로 끝나기 쉽다. 나는 어떤 상황에서도 영자 신문 보기와 NPR 뉴스 듣기를 하루도 거르지 않으려고 애쓰며 살고 있다. 사람이 기계와 달라서 규칙적으로 무언가를 정해놓고 하는 것은 정말 쉬운 일이 아니다. 처음에 영자 신문을 매일 읽고 NPR을 들을 때는 익숙하지 않은 일이라 너무 힘이 들었다. 심지어 반드시 해야 한다는 강박관념 때문에 스트레스가 생겨 머리까지 아팠다. 그래서 방법을 바꾸기 시작했다. 영자 신문을 읽다 해석이 잘 안되는 문장이 있으면 과감하게 넘어가거나 NPR을 들을 때 들리지 않거나 이해가 되지 않아도 그냥 편하게 여기고 넘어갔다. 완벽함을 버리고 꾸준히 읽고 듣고를 반복하다 보니 어느덧 즐기면서 영어를 대하는 내 자신을 발견할 수 있었다.

언어학자들은 아이들이 언어를 배우는 과정에서 9개월에서 24개월이 될 때까지 15개월의 기간 동안에 노출되는 단어가 대략 천만 단어 이상이라고 보고 있다. 또한 취학 전까지 듣고, 보고 배우는 다양한 언어 환경 노출 시간이 최소 2만 시간 이상이라고 판단한다. 아이들이 언어를 배울 때 물리적으로 노출되는 언어 환경은 이렇게 절대적으로 중요한 요건이 된다. 아이들은 부모와의 정서적 유대 관계 속에서 기본적인 의사소통을 배우고, 또래 집단과의 언어적 사회

관계 형성을 통해 자신의 생각을 표현하며 성장을 한다. 이 시기 동안 수많은 언어적 상황의 맥락 속에서 셀 수 없는 시행착오를 거듭하며 언어 표현을 익히게 된다.

거듭 언급했지만, 영어는 절대 빈갯불에 콩 구워 먹듯이 속성으로 배울 수 없음을 알아야 한다. 그런데 40대가 과연 하루 일정 시간을 영어에 얼마나 투자할 수 있을까? 이민을 가거나, 학위를 받으러 유학을 가는 경우를 제외하고 국내에서 영어 공부에 장기적인 시간을 투자하기란 결코 쉬운 일이 아니다. 20대처럼 취업 준비와 공시 준비로 영어에 투자할 시간적 여유와 마음의 여유 또한 넉넉하지 않다. 그렇기 때문에 한정된 시간을 활용해서 최소한의 노력으로 최대의 효과를 얻어야 한다.

960번의 신화, 사차순 할머니를 알고 있는 사람들이 많을 것이다. 이 멋진 시니어는 운전면허 필기시험을 960번 만에 합격해서 뉴욕타임즈에도 나온 인간 승리의 전형이다. 사차순 할머니는 주위의 시선은 아랑곳하지 않고 불굴의 의지로 결국 10년 만에 운전대를 잡을 수 있었다. 이 기간 동안 인지대로 쓴 비용만 1천만 원! 시장에서 찬거리로 나물을 팔던 할머니에게 부담이 아닐 수 없는 큰돈이다. 만약 우리라면 이렇게까지 할 수 있었을까? 몇 번 도전하다가 안 되면 이 길은 내 길이 아니라고 수도 없이 자포자기했을 텐데 될 때까지 꿋꿋이 자기 길을 걸어가는 사차순 할머니의 열정이 놀라울 따름이다. 당장 결과가 없어도 조금씩 실천하다 보면 그것만으로 이르게 되는 어떤 경지가 있다. 포기하지 않고 영어 공부를 실천하다 보면 결국 잘할 수 있게 되는 자기만의 경지에 이를 수 있는 것이다.

토익 900점을 넘기 위한 묘수가 있을까?

물론 아주 명쾌한 해법이 있다. 900점의 점수가 나올 때까지 시험을 보면 된다. 다만 여기서 900점을 넘기는 사람과 못 넘기는 사람의 차이가 발생한다. 이 차이란 900점을 넘길 때까지 행동을 '했느냐 안 했느냐'이다. 결과를 얻기 위해서는 이에 상응하는 노력의 대가가 반드시 수반된다. 우주항공용 방청제를 개발하던 로켓 케미컬(현 WD-40 회사)은 서른아홉 번의 실패 끝에 40번째에 비로소 성공했으며, 제이미 시미노프(Jamie Siminoff)는 비디오 도어벨 도어봇(현 Ring)으로 TV 프로그램, 샤크 탱크(Shark Tank)에서 투자를 받지 못했지만 포기하지 않고 제품을 개선 해 2018년 아마존에 약 10억 달러 규모로 인수되는 역전을 이뤄냈다. 이 밖에도 스리라차(Sriracha) 핫소스는 알려지지 않은 창업자의 집요함이 만들어 낸 성공 사례라고 할 수 있다. 베트남 난민 출신 데이비드 트랜(David Tran)은 미국에 정착한 뒤 현지에서 마음에 드는 고추 소스를 찾지 못하자 직접 소스를 만들기 시작했다. 초기에는 제대로 된 설비조차 없어 트럭 뒤에서 병입 작업을 하며 문을 두드렸지만, 대형 유통업체들은 관심을 보이지 않았다. 하지만 그는 작은 아시아 식료품점부터 꾸준히 공급하며 고객 반응을 듣고 레시피를 개선해 나갔다. 그렇게 입소문이 쌓이면서 스리라차 소스는 미국 전역, 더 나아가 전 세계 식탁에 오르는 글로벌 브랜드로 성장할 수 있었다. 이 사례는 실패와 거절 속에서도 끝까지 포기하지 않고 개선을 거듭하면 결국 시장을 바꿀 수 있음을 보여준다.

일본 실패학 권위자인 도쿄대 하타무라 요타로(畑村洋太郎) 명예교수는 그의 저서『실패를 감추는 사람, 실패를 살리는 사람』에서 '인생의 80%는 실패의 연속이며 실패를 묻어두면 계속 실패하고 실패에서 배우면 성공한다'라고 강조한다. 영어 능통자들도 완벽하지 못한 자신들의 실력을 인정하고 끊임없이 실패한 끝에 남들보다 잘할 수 있었던 것이다. 영어를 잘하려면 무조건 실패를 경험할 수밖에 없다. 12~19개월 아기들은 하루에도 수천 걸음을 걷고, 매시간 열 차례 이상 넘어졌다가 다시 일어서기를 반복한다는 2013년「Developmental Science」저널에 실린 뉴욕대 연구 결과가 있다. 중요한 것은 넘어지는 실패의 횟수가 아니라, 그 모든 시도가 결국 성장을 이끈다는 사실이다.

영어도 처음부터 원어민처럼 발음할 수 없고 유창하게 말할 수 없다. 수도 없이 다른 언어 상황에서 반복적으로 실패하고 교정하고 다듬어가는 과정에서 완벽을 기할 수 있다. 영어를 잘하려면 반드시 실패를 해야 한다. 실패를 하지 않고는 절대로 완벽해질 수 없다. 영어 발음이 좀 구리면 어떤가? 표현이 어눌해도 상관없다. 영포자면 어떻고 왕초보면 어떤가? 지금 내가 하는 것이 중요하다! 계속하겠다는 의지가 중요하고 포기하지 않고 끝까지 하는 것이 더 중요하다!

40대가 시간을 보내는 유형과 패턴

모 일간지에 따르면 우리나라 직장인들의 평균 여가 시간은 2.65시간으로 주로 TV 시청 비율이 95.7%로 가장 높았다. 이 밖에 친구 만남 및 동호회 모임(82.4%), 쇼핑·외식(79.3%), 영화 관람(70.7%), 인터넷 검색 및 SNS(70.4%), 가족 및 친지 방문(68.2%), 음주(65.7%), 잡담·통화하기(65.4%), 목욕·사우나(62.5%), 산책 및 걷기(61.3%) 등의 순으로 나타났다. 확실히 요즘은 주5일 근무가 시작되기 전보다 노동시간 단축으로 삶을 더욱 다채롭게 보낼 수 있게 되었다. 주말 여가 시간이 늘어나면서 우리는 할 수 있는 것들이 더 많아졌다. 나는 40대 초반에 다시 영어 공부를 시작하면서 '불금'에 즐겨 먹던 술도 자제하고 주말이 되면 아침 일찍 책을 보러 도서관에 간다. 그리고 오후에 자전거를 타거나 가급적 빌린 책을 읽거나 글을 쓰기 위해 노력하는 편이다.

◇ **40대 남성의 경우**

① 레포츠 스타일: 골프, 등산, 자전거, 조기축구, 조깅 등
② 친선 도모 스타일: 각종 모임 활동
③ 혼놀족 스타일: 미디어 콘텐츠 소비(TV, 영화, 유튜브 등 SNS), 개인 취미 활동
④ 자기 계발 스타일: 자격증 취득, 외국어 공부, 학위 취득, 기능 습득, 독서
⑤ 귀차니즘 스타일: 빈둥거리기, 잠자기
⑥ 힐링 스타일: 찜질방, 여행, 펜션, 전원주택, 캠핑 활동
⑦ 기타: 종교 활동, 투잡

◇ **40대 여성의 경우**

① 레포츠 스타일: 골프, 등산, 자전거, 수영, 에어로빅, 요가, 필라테스, 조깅 등

② 친선 도모 스타일: 각종 모임 활동

③ 혼놀족 스타일: 미디어 콘텐츠 소비(TV, 영화, 유튜브 등 SNS), 개인 취미 활동

④ 자기 계발 스타일: 자격증 취득, 외국어 공부, 학위 취득, 기능 습득, 독서

⑤ 귀차니즘 스타일: 빈둥거리기, 잠자기

⑥ 힐링 스타일: 찜질방, 여행, 펜션, 전원주택, 캠핑 활동

⑦ 기타: 종교 활동, 투잡

　40대는 남성과 여성만이 할 수 있는 특정한 영역을 제외하고 여가 활동이 유사하거나 겹치는 경우가 대부분이다. 모두의 관심 분야나 추구하는 라이프 스타일이 각양각색이기 때문에 주말을 보내는 시간도 천차만별이다. 그런데 국내 언론이나 소비자 연구기관에 따르면 대부분의 중년 남녀들이 TV를 보거나 모임을 통해 여가 시간을 보내는 것으로 나타났다. 저자 역시 크게 다르지 않았다. 나는 한참 직장 생활을 하던 30대 후반까지 금요일만 되면 회사, 친구, 각종 모임으로 늦게까지 술 먹는 것이 일상이었다. '불금에 약속이 없으면 직접 모임을 주도하고 술 약속을 만들기까지 했다. 그런데 알다시피 과음을 하게 되면 지끈거리는 두통과 울렁거리는 속 때문에 주말 내내 고생을 하게 된다. 과음 다음 날이면 주말은 탈진과 숙취로 황금 같은 토요일을 '시체놀이'로 보내고 일요일도 만사가 귀찮아 아무것도 하지 않고 잠만 잘 때가 많았다.

　나는 30대 후반까지 대략 10년의 시기 동안 인생 '오지랖퍼'로 살았다. 각종 모임과 경조사는 있는 대로 쫓아다니며 살다시피 했고

주말이면 전날 마신 술 때문에 못마땅해하는 아내와 옥신각신 다투기에 바빴다. 하도 술을 먹고 다녀 간장약을 주기적으로 처방받아 먹기까지 했다. 사람들과 술 먹을 시간도 모자랐기 때문에 미래를 위해 자기 계발을 하거나 책을 읽거나 영어 공부를 하는 것은 꿈도 꿀 수 없었다. 나는 심지어 와인 동호회까지 찾아다니며 비싼 빈티지 와인을 먹고 허세를 부렸고 온갖 종류의 이색적인 술을 경험하기 위해 시내의 유명 칵테일 바를 전전했다. 와인 소믈리에, 칵테일 주조 자격 등도 이 당시 취득했는데 실기시험 연습을 위해 남대문 도매시장에서 위스키, 진, 보드카, 데킬라, 럼, 브랜디, 리큐르 등을 백만 원이 넘게 구매한 적도 있었다. 그리고 인기 칵테일 레시피를 주구장창 외우고 다니면서 술 자격증을 핑계로 직접 주조한 술을 끝도 없이 마셔댔다. 물론 무언가를 배운다는 것이 나쁜 것이 아니지만 그저 사람이 좋고 술이 좋아 주류 자격증까지 따가면서 열성을 부렸던 내 자신의 지나친 허세와 정력 낭비가 지금은 좀 과하게 느껴진다. 아무런 목적도 없이 단순 취미로 몸까지 망쳐가면서 가족에게 피해를 주고 시간을 낭비한 시간들이 너무나 아깝기 때문이다. 이 황금 같은 시간에 조금만 더 빨리 정신을 차리고 영어 공부를 시작했더라면 지금보다 더 빨리 배우고 더 잘할 수 있었을 텐데 말이다.

하루 일과 중 업무를 제외하고 자신이 계획한 일을 하기란 정말 쉽지 않다. 오전에 일찍 출근해 오후 내내 일하고 집에 오면 몸과 마음이 탈진 상태가 된다. 피곤한 몸을 이끌고 무언가를 한다는 것은 그래서 엄청난 각오와 행동력이 필요하다. 아주 바쁜 자영업자를 제외하고 하루 일과가 루틴하게 돌아가는 직장인들은 업무를 마치고 오후 8시부터 11시 정도의 자유 시간을 가질 수 있는데 저녁 시간은 정말 빨리 지나가기 때문에 어느새 정신 줄을 놓고 있으면 잠잘 시간이 금방 찾아온다. 누구에게나 똑같이 주어진 시간을 잘 활용하지 못하면 우리는 항상 시간에 쫓기듯 바쁜 일상을 살아가야 한다.

만약 우리 나이가 40세이고 80세까지 산다고 가정하면 우리에게 남은 시간은 40년이다. 그런데 40년 중 약 3분의 1은 잠으로 보내야 한다는 사실 간과해서는 안 된다. 그러면 우리가 일하고 무언가를 할 시간이 26~27년가량 남게 된다. 경우에 따라서 몸이 아프거나 하면 시간은 더욱 줄어들게 된다. 그래서 중년에는 나이가 들수록 시간이 더 빠르게 지나간다는 점을 자각해야 한다. 특히 50대를 넘어서게 되면 주어진 시간이 더욱 줄어들게 된다. 이 나이대의 베이비부머 세대들은 정년퇴직과 인생 이모작의 도전, 노후 준비 등 얼마 남지 않은 인생을 위해 미리 결정하고 바쁘게 움직여야 한다. 자신의 후반 인생 시간표를 위해 보다 효율성 있게 기획하고 실천해야 한다. 저자가 성공적인 영어 공부를 할 수 있었던 방법 중 하나가 바로 자투리 시간의 활용이었다.

하루 일과 중 자투리 시간의 극적 활용

나는 보통 아래의 시간표로 하루의 일상을 보낸다. 주중 일 때문에 바쁘거나 회식 자리, 각종 모임으로 술자리가 있을 경우에는 나이가 있다 보니 그다음 날 피곤이 가중되어 주말로 갈수록 피로가 누적이 되는 것을 느낀다. 몸이 힘들면 출퇴근 시간 중에 지하철이나 버스에서 새우잠을 자거나 집에 오면 대충 저녁밥을 먹고 뻗는 경우가 많다. 이런 일상은 비단 저자에게만 해당되는 것이 아닐 것이다. 직장인이면 비슷하거나 조금 다른 상황 속에서 여유 없이 하루를 보내기 때문에 이 와중에 짬을 내어 영어 공부를 하는 것은 정말 어려운 일이다.

오전 6시 30분 ~ 7시 30분: 기상 및 세면
오전 8시 ~ 9시: 회사 출근
오전 9시 ~ 12시: 오전 업무
오후 12시 ~ 1시: 점심 식사
오후 1시 ~ 6시: 오후 업무
오후 6시 ~ 6시 30분: 퇴근
오후 7시 ~ 8시: 귀가 및 저녁 식사
오후 8시 ~ 11시: 자유 시간
오후 11시 ~ 12시: 취침 준비 및 수면

나는 영어 공부를 시작할 때 자투리 시간을 적극 활용한다. 아침에 일어나 화장실에 갈 때마다 영어 원서도 같이 가지고 들어간다. 아주 잠깐이지만 이 시간을 깨알같이 사용하면 대략 2개월 만에 영어 원서를 완독할 수 있기 때문이다. 그리고 책을 읽기 위해 출퇴근을 할 때 전철을 이용하는데 이 시간 동안 도서관에서 빌린 신간이

나 구입한 책을 읽는다. 전철에서 나와 회사로 이동하는 시간, 외근할 때 이동하는 시간, 퇴근하고 다시 전철에서 나와 집으로 이동하는 시간은 모두 NPR 영어 뉴스나 오디오 북을 듣는다. 그래서 나는 늘 이어폰과 책을 넣고 다닐 수 있는 가방을 들고 다닌다. 저녁을 먹은 뒤에는 영자 신문의 국내외 이슈 기사와 논설을 중심으로 읽고 인터넷으로 일본어 기사를 찾거나 중국어와 여러 외국어를 공부하기도 한다.

주말에는 특별한 경우 일이 없으면 아침 일찍 일어나 도서관으로 향한다. 나는 서울 시내 도서관들을 바꿔가며 가는데 책을 읽거나 보고 싶은 책들을 대출하고 오후 2~3시 정도에 집에 온다. 물론 이때도 목적지로 이동하는 자투리 시간은 모두 영어 뉴스, 오디오 북을 듣는데 쓴다. 집에 오면 오후에 집 근처 헬스클럽에 가거나 저녁에는 미드나 영화를 자막 없이 보고 글을 쓰기도 한다. 주말이면 도서관에 가는 습관을 들이다 보니 일이 있거나 경조사 때문에 한 주라도 건너뛰게 되면 뭔가 허전한 마음이 들 정도다. 나는 매일 같이 짜임새 있게 시간을 활용하면서 자투리 시간의 위대함을 깨달을 수 있었다. 무의식적으로 흘러보내는 그 일분일초의 시간이 모여 우리의 삶을 변화시키고 인생을 바꿀 수 있는 기회의 순간이 될 수 있기 때문이다. 무심코 흘러보낼 수 있는 이 소중한 시간들을 활용하면 언제라도 영어 뉴스를 들을 수 있고 원하는 영어 원서까지 읽을 수 있다. 나는 이 방법으로 성경을 읽었고 영어 성경을 다시 읽고 있다. 이 엄청난 시간들이 누적되고 쌓이게 되면 영어 실력이 놀랍게 향상되고 지식의 확장을 경험할 수 있게 된다.

영어 학습에 투자할 수 있는 시간을 최대한 극대화시키기 위해서는 우리 삶의 곳곳에서 낭비되고 있는 이 자투리 시간을 효율적으로 사용해야 한다. 많은 학생, 직장인이 영어 공부에 대한 의지는 가지고 있지만 실제로 실천하지 못하는 이유가 '시간이 부족해서'이다. 학생은 중간고사, 기말고사, 아니면 아르바이트를 이유로 따로 시간 내서 영어 공부할 시간이 없고 직장인은 아침부터 밤늦게까지 업무에 시달리기 때문에 몸이 힘들고 마음의 여유가 없어 공부할 시간이 없다. 그런데 우리가 정말 하루에 30분도 시간을 낼 수 없는 걸까? 아무리 시간이 없어도 이리저리 10분, 아니면 5분씩만 아껴서 여분의 시간을 만든다면 하루에 적어도 30분의 시간은 확보할 수 있다. 그리고 이 30분의 시간이 누적되면 상당히 많은 양을 공부할 수 있는 시간이 될 수 있다. 게다가 나처럼 통근 시간이나 기타 이동하면서 버려지는 시간을 활용한다면 더 많은 시간을 확보할 수 있다. 자투리 공부 시간을 확보한다면 영어 기사 하나를 읽고 주요 표현을 외울 수 있다. 그리고 종이에 단어와 문장을 적어서 가지고 다니면서 익히면 특별히 따로 시간을 내지 않아도 하루에 상당한 양을 외울 수 있다.

15개 국어에 능통했던 사업가이면서 고고학자였던 하인리히 슐리만은 그가 남긴 업적과 외국어 능력 때문에 천재 소리를 많이 들었다고 한다. 하지만 그는 일반인과 크게 다르지 않았으며 지속적인 관심과 노력으로 많은 외국어를 습득할 수 있었다. 그는 배운 것을 끊임없이 되풀이해서 반복 학습하는 것이 중요하다고 말한다. 외국어를 잘하기 위해 뭐 대단한 비법과 마술과 같은 방법이 있는 것이 아니라 익힌 것을 능숙하게 할 때까지 반복 학습(읽고, 쓰고, 말하기)

하는 것이 최고의 방법이라고 강조한다. 우리도 자투리 시간을 극적으로 활용해서 익힌 것을 내 것으로 완전히 소화할 때까지 반복 학습해보자! 밥 먹기 전에, 화장실에서, 길을 걸을 때, 사람들을 만나러 갈 때, 누군가를 기다릴 때, 잠자기 전에 말이다. 버려지는 자투리 시간은 우리 삶에 군데군데 널려 있다. 시간은 돈이다. 뒤늦게 나이 먹고 후회해도 소용없다. 절대 시간을 되돌릴 수 없기 때문이다. 그래서 중년 이후의 시간은 더욱 소중하고 값지게 사용해야 한다. 특히 무심코 버려지는 자투리 시간을 말이다.

우선순위를 정하고 실천하면 된다

영어가 업무적으로 필요하거나 영어로 다양한 분야에서 밥을 먹고사는 사람들을 제외하고 우리 삶의 우선순위에서 최하위로 밀리는 이유는 영어가 삶에서 필요 없고 굳이 시간을 내서 해야 할 목표와 이유가 없기 때문이다. 사실 나도 그랬으니까. 영어를 전공했지만 사회생활 동안 그다지 쓸 기회가 없었고 영어 말고도 할 일들이 넘쳐났기 때문에 굳이 힘들어 공부할 필요가 없었다. 사람은 하고 싶은 것을 먼저 하고 쉬운 것 위주로 하는 경향이 있다. 나 같은 경우에도 30대 후반까지 직장 생활을 하던 시절에는 퇴근 후 저녁밥을 먹고 아무 생각 없이 TV를 보거나 사소한 일로 시간을 보내다 잠잘 때가 많았다. 그리고 아침이 되면 자명종 소리를 듣고 마지못해 일어나야 할 때가 가장 힘든 순간이었다. 저 소리를 듣지 않고 늦게까지 잠을 자고 싶다는 생각을 수도 없이 하면서 돈을 벌어야만 하는 가장의 숙명 때문에 정신없이 출근 준비를 해야 했다.

회사에 오면 잔뜩 긴장한 채 직장의 위계질서와 경쟁 때문에 자존심이 상하거나 위기의식을 느낄 때가 많았다. 때때로 마저 끝내지 못한 일을 뒤로하고 퇴근을 하면 뭔가 찜찜한 기분을 지울 수 없었고 집에서조차도 마음 편히 쉬지 못할 때가 많았다. 다시 시간이 흐르고 잠잘 시간이 되면 해결하지 못한 일을 떠올리다 잠이 들고 다시 눈을 뜨면 출근을 하는 관성적인 사회생활의 틀에서 벗어날 수 없었다. 그런데 만약 우리가 직장 생활을 하거나 어떤 일을 할 때 목표와 우선순위를 정하지 않고 생활하게 되면 영어 공부뿐만 아니라 자기 계발과 같은 일은 꿈도 꿀 수 없다. 인생의 목표와 계획들을 실천하기 위해 우선순위를 정해놓지 않고 생활을 하게 되면 우리는 영영 시간이 없는 상황 속에서 겉돌 수밖에 없게 된다. 그래서 40대일수록 막연히 보내는 시간을 효율적으로 사용하기 위해서는 우선순위를 정해놓고 목표 지향적인 삶을 살아야 한다.

우선순위는 자신이 무엇을 할지에 대한 구체적인 목표와 계획을 먼저 설정하고 실천 항목들을 일렬종대로 조정하는 작업과 같다. 다시 말해 나의 일과 중 가장 급하게 처리해야 할 일들의 순서와 나중에 해도 크게 문제 되지 않는 일들이 무엇인지 경중을 파악하고 순차적으로 해결해나가는 것이 우선순위의 핵심이다. 사람은 기계가 아니다. 수많은 사람과의 만남과 관계 속에서 예기치 않은 상황에 직면할 수 있고 계획적으로 의도했던 일도 어그러질 때가 많다. 몸이 힘들어서, 시간이 없어서, 일이 바빠서, 다른 약속이 생겨서 등 이런저런 일들이 수시로 생겨나기 때문에 적절하게 나 자신의 일상을 통제하지 못할 경우 뒤죽박죽이 되기 십상이다. 그래서 우리는 인생의 그 무언가를 이루어나갈 때 단기, 중기 목표를 세우고 세부 실천 계획들의 우선순위를 정하고 실천해나갈 필요가 있는 것이다. 일의 우선순위는 크게 '중요하고 급하게 처리해야 할 일', '중요하지만 급하지 않은 일', '급하지만 중요하지 않은 일', '급하지도 중요하지도 않은 일'로 구분할 수 있다. 영어 공부를 할 때 효율성을 높이기 위해서는 어떤 목표를 두고 영어 공부를 할 것인가를 대전제로 설정해놓고 그날의 우선순위를 따져서 실천해나가는 것이 좋다.

예를 들어 '중요하고 급하게 처리해야 하는 일'과 '중요하지만 급하지 않은 일'은 자신의 직장 생활이나 사업과 관련된 생업이 주를 이루기 때문에 이 경제 활동 시간에 영어 공부를 우선순위로 설정하는 것은 얼토당토않은 일일 것이다. 먹고사는 문제가 최우선순위일 때는 가급적 최선을 다해서 자신의 일에 충실하고 이동 시간이나 점심시간 등의 업무 이외의 자투리 시간을 이용해서 영어 공부를 하는 것이 좋다. '급하지만 중요하지 않은 일'은 일상 속에서 빈번하게 나타날 수 있는데 술 약속, 모임, 회식, 친목 도모, 장례식, 결혼식, 돌잔치, 칠순 잔치 등의 각종 경조사를 예로 들 수 있다. 술 약속, 친목 모임, 회식 등은 대단히 급한 건이 아니면 미루거나 빠질 수 있지만 경조사 같은 경우 각자가 처한 대외적 친분 관계, 사회적 위치와 체면 때문에 부득이 참석해야 할 경우 우선순위의 경중을 고려하여 지혜롭게 행동할 필요가 있다.

나는 30대 후반까지 틈만 나면 놀기를 좋아했기 때문에 경조사는 말할 것도 없고 저녁에 사람 만날 궁리를 하거나 술 약속이 있으면 무조건 쫓아다녔다. 늘 술에 절어 살다 보니 시간만 있으면 자기에 바빴고 주말 내내 아내의 따가운 눈총을 받을 때가 많았다. 이 당시 나의 우선순위는 직장 생활이 1순위였고, 술 약속이 2순위, 3순위가 잠자기였다. 지금은 '급하지만 중요하지 않은 일'이 생기면 가족이나 아주 가까운 지인, 친구 등의 경조사는 참석을 하고 직장이나 사회생활을 하면서 알게 된 사람들일 경우에는 화환을 보낼 때가 많다. 정말 오랜만에 만나는 지인이나 친구, 가족 모임의 경우를 제외하고 가급적 술 약속을 만들지 않고 사람들을 만날 때도 점심 약속을 해서 만나는 경우가 많은 편이다. 그리고 이렇게 확보된 자투리 시간에, 혹은 짬을 내어 영어 공부를 하거나 책을 읽고 글을 쓰려한다.

'급하지도 중요하지도 않은 일'은 시간을 좀먹는 소일거리로 이루어져 있는데 종일 TV나 유튜브 보기, 하릴없이 빈둥거리기, 필요 이상으로 잡담하기, 지나치게 게임하기, 술 약속 잡기 등 굳이 하지 않아도 될 일들이 많다. 과유불급(過猶不及)이란 말이 있다. 무엇이든 지나치면 좋지 않다는 뜻이다. 사실 '급하지도 중요하지도 않은 일'도 개인에 따라서 여가 시간이나 스트레스 해소가 될 수 있다. 다만 이런 것들에 할애되는 시간 활용이 너무 빈번하거나 지나치게 되면 오히려 우선순위의 일에 악영향을 끼치거나 자투리 시간을 송두리째 날려버릴 수 있기 때문에 경계할 필요가 있다. 가급적 이런 상황에 매몰되어 귀중한 시간이 낭비되지 않도록 의식적으로 노력해야 한다. 자신의 생업과 기타 자유 시간에 무엇을 하며 보내는지를 구체적으로 알아보기 위해서는 하루 단위의 일정과 일주일 동안의 일과들을 주요 활동 중심으로 기록하고 우선순위의 경중을 따져보는 작업이 필요하다. 하루와 일주일 동안의 라이프 스타일을 분석하다 보면 자신의 경제활동, 이동 경로, 자유 시간과 자투리 시간을 보내는 주요 활동들의 특징을 파악할 수 있다. 이 정보를 토대로 먼저 처리해야 할 일과 그렇지 않은 일의 우선순위를 설정하면 자신에게 최적화될 수 있는 시간 관리와 활용법을 실천할 수 있다. 영어 공부도 이 우선순위의 패턴을 고려하여 실천하게 되면 시간을 낭비하지 않고 꾸준히 지속할 수 있다. 미국 100달러 화폐에 나와 더 잘 알려진 벤저민 프랭클린은 인쇄소에서 고되게 일하면서도 새벽 시간을 이용해 독서와 외국어 학습에 몰두해 과학자, 외교관, 사상가로 성공할 수 있었던 미국 건국의 상징적 인물이다. 나는 그의 자서전, 『The Autobiography of Benjamin Franklin』을 통해 열악한 상황에서도 노력하는 그의 삶의 자세에서 큰 감명과 자극을 받은 적이 있었다. 만약 젊은 시절 노는 것이 인생의 전부인 줄 알았던 내 삶의 우선순위에 그처럼 노력하는 태도와 목적 의식이 있었으면 어땠을까 생각해볼 때가 있다.

영어 공부를 하는 40대 이상의 중장년층에게 있어 영어는 자기 계발이나 취미생활의 일환인 경우가 대부분이다. 자기 계발이나 취미생활은 우선순위로 보자면 '급하지도 중요하지도 않은 일'에 해당되기 때문에 다른 우선순위에 밀려 실천하기가 쉽지 않다. 삶의 우선순위는 각자가 정할 수 있지만 만약 경제적 요인으로 삶이 팍팍하게 되면 우선순위가 1순위도 생업이고, 2순위도 생업이고, 3순위도 생업일 수밖에 없다. 오히려 짬을 낼 수 있는 자투리 시간마저 쉬기에 부족할 것이다. 어쩌면 이들 앞에서 무게 잡고 우아하게 영어 공부를 한다고 하면 경제적으로 여유가 있는 사람이거나 자신과는 다른 부류의 사람이라고 여길지도 모른다.

영어 공부는 40대에게 뜨거운 감자이다. 해도 그만이고 안 해도 그만인데 굳이 할 필요가 없기 때문이다. 낮은 우선순위 때문에 끝까지 포기하지 않고 하기도 쉽지가 않다. 명예퇴직과 자영업의 기로에 서 있는 중년의 영혼은 세파에 찌들어 영어 공부에 쏟아부을 에너지조차 남아 있지 않을지도 모른다. 그래서 영어는 늘 후순위로 밀릴 수밖에 없다. 그럼에도 불구하고 40대에 다시 영어 공부를 하기로 했다면 참을성 있게 노력할 필요가 있다. 영어를 잘하기 위해서는 반드시 그에 상응하는 노력과 열정이 필요하고, 이것 말고는 별다른 방법이 없기 때문이다.

7. 영어를 위한 영어 공부는 이제 그만

형식적인 영어 공부는 이제 그만!

 모소 대나무(Moso bamboo)는 자라는 데 오랜 시간이 걸린다. 다른 생물과 마찬가지로 매일 물과 거름 같은 영양분이 필요하지만, 처음 5년 동안은 땅속에서 뿌리를 내리느라 지상에서는 전혀 모습을 드러내지 않는다. 그러나 일단 싹을 틔우기 시작하면 단 5주 만에 27미터까지 치솟을 만큼 놀라운 성장을 보여 준다. 사실 모소 대나무는 성장하기 위해 5년 동안 땅속에서 자라고 있었던 것이다. 영어도 마찬가지다. 처음에는 시간을 많이 투자해도 실력이 두드러지게 나타나지 않지만 포기하지 않고 노력하다 보면 어느 시점에 모소 대나무처럼 실력이 급성장한다. 영어 공부의 임계점을 넘으면 봇물 터지듯이 놀라운 결과를 맛볼 수 있기 때문이다.

 영어 공부를 반복해서 실패하는 원인은 정말 잘하고 싶은 진정성이 없기 때문이다. 영어를 위한 영어 공부는 이제 그만하자! 남을 의식하는 맹목적인 영어 공부는 성과가 없을 뿐만 아니라 시간 낭비이고 정력을 소모하는 일이다. 우리는 해마다 영어를 다시 시작해야겠다고 결심만 하고 진전이 없으면 쉽게 포기하기를 반복하고 있지 않은가? 영어에 대한 로망은 미련이 되었다가 나중에 애증으로 바뀌고 다시 하지 않으면 안 될 것 같은 강박증으로 우리를 사로잡기도 한다. 영어를 잘하기 위한 기본기를 만들려면 생각보다 적지 않은 시간이 걸린다. 이 기본기를 다지는 시간 동안은 주변 사람을 의식하지 말고 꾸준히 자기 페이스대로 영어 공부를 해야 한다. 바쁜 시간을 쪼개서 영어를 공부하는 이유는 자신을 위한 것이지, 남에게 보여주기 위한 공부가 아니잖은가?

◇ 형식적인 영어 공부의 실제

① 자신의 수준과 맞지 않은 내용의 집착: 문법과 단어, 배경지식의 기초가 없는데도 원서를 보면서 해석이 안 되거나 어렵다고 하는 경우
② 미드나 영화 자막 없이 보기: 영어 리스닝(단어, 문장의 연결 발음과 연음)의 기초 없이 무작정 듣기만 하는 경우
③ 침묵은 금이다?: 입에 붙을 때까지 영어 회화 훈련은 하지 않으면서 영어가 안 된다고 자책하는 경우
④ 단기간 영어 공부법의 집착: 30일 완성, 속전속결, 100일의 기적 등 성미 급한 한국 중년들의 입맛을 사로잡는 영어 공부법에만 집착하고 제대로 영어 공부를 하지 않는 경우
⑤ 마음만 네이티브: 불같은 열정으로 온라인 영어 강좌나 학원을 등록해놓고 초반에 온 에너지를 쏟아붓다가 어느 순간 시들시들해지는 경우
⑥ 남들 다 하니까 한다?: 실상은 영어 공부의 목적이 없는데도 시류에 편승해서 수박 겉핥기식으로 하는 경우

우리는 생각보다 형식적인 영어 공부에 사로잡혀 있다. 이 실패의 관습에서 벗어나기 위해서는 영어 공부의 목적을 분명히 하고 일상의 우선순위 중 남는 시간과 자투리 시간에 꾸준히 영어 공부하는 습관을 만들어야 한다. 내가 아는 지인 중 한 분은 영어 동호회 모임에 적극 참여한 지가 꽤 되었음에도 말하는 실력이 제자리걸음이었다. 이유를 알고 보니 모임에서 말하는 훈련은 적극적으로 하지 않고 남들이 하는 말을 듣고 추임새를 넣거나 간단하게 응수하는 식이 다였다. 그리고 평소에는 영어 공부를 하지 않고 일주일에 한 번 있는 모임에 나와 이런 패턴을 반복하다, 뒤풀이는 누구보다 적극적으로 참여했다. 어느 때는 일이 바쁘다고 모임의 목적인 회화 시간에는 나오지 않고 뒤풀이에만 참석할 때도 많았다.

이분은 영어 공부의 목적보다 영어 공부를 위해 모인 회원들과의 친교에 더 관심이 많은 듯 보였다. 개인적인 부분이기 때문에 뭐라고 말할 순 없겠지만 형식적인 영어 공부를 하게 되면 근본 취지를 벗어나 소중한 시간을 낭비할 수 있기 때문에 유념할 필요가 있다. 실제로 이런 일들은 주변에서 흔하게 찾아볼 수 있다. 학원을 등록했지만 따라가기가 벅차 마지못해 참석하는 경우나 모임, 스터디 그룹, 동료나 지인과 같이 영어 공부를 할 때 본인의 체면과 자존심 때문에 형식적으로 나가는 경우가 그렇다. 이제부터라도 영어를 위한 영어는 그만하고 나를 위한 진정성 있는 영어를 해보자!

노력하는 자신에게 박수를 보내자

앞서가는 사람들과 그렇지 못한 사람들과의 격차가 벌어지게 되면 우울감에 빠지거나 심리적 무력감에 빠지기 쉽다. 무엇보다 이런 경쟁 구도의 삶에서 40대 중년의 자존감과 자신감은 그 어느 때보다 중요하다. 이 시기의 심리적 어려움을 잘 견뎌내야 중년이 지나 노년으로 이어지게 될 때 급격하게 변화될 심신의 위축과 슬럼프에 내성을 가지고 꿋꿋하게 이겨낼 수 있기 때문이다. 우리가 지금까지 어떻게 살아왔는데 벌써부터 포기한단 말인가? 우리의 뜻을 이룰 때까지 희망의 줄을 놓지 말고 악착같이 살아가야 하지 않을까? 그래서 조금이라도 우리가 바라는 것들을 이루고 후회 없는 삶이었다고 스스로 말해야 하지 않을까? 꿈이 있고 할 수 있다는 의지만 있다면 죽을 때까지 무엇이든지 할 수 있다. 이 진리는 모든 성공학과 처세술의 오랜 불문율이다. 영어 공부를 다시 하려는 굳은 의지와 노력만 있다면 실천 여하에 따라 영어 능통자가 되는 것은 시간문제라고 생각한다.

심리학자들은 나이에 연연하지 않고 목표 지향적인 사람일수록 삶의 애착이 높다고 말한다. 실패를 해도 회복탄력성이 뛰어나 쉽게 좌절하지 않고 매사를 긍정적으로 바라본다고 한다. 영어를 다시 공부하는 사람들도 마찬가지다. 이 나이에 누가 시켜서 하는 것도 아니기 때문에 그 노력 자체가 대단한 것이다. 자신의 삶에 애착을 가지고 지적 만족감과 지혜를 얻기 위해 끊임없이 노력하는 사람들이기 때문에 더 위대한 것이다. 영어로 실력이 쌓여 자기가 알고 싶은 분야에 응용하게 되면 지적 만족과 함께 그동안의 노력을 보상받을 수 있다. 전 세대에 걸쳐 나타나고 있는 취업난과 중년들이 어깨에 짊어진 경제적 위기감은 자격증 취득과 능력 개발을 위해 성인 교육 학원을 찾게 만든다. 고령화 사회로 진입하고 있는 한국 경제 변화의 틈바구니 속에서 살아남기 위해 이들의 학습 열기도 덩달아 뜨거워진다. 당장 주위를 둘러봐도 재취업과 인생 이모작을 강조하는 공인중개사, 주택관리사, 전기기사 등의 국가자격증 학원 홍보를 쉽게 찾아볼 수 있다. 최근 성인교육 시장 규모는 2조 원을 넘어섰으며 공무원 시험과 자격증 교육 시장은 8천억에서 1조 원 규모에 달하는 것으로 추산되고 있다. 성인 학원의 인기는 우리 사회의 고달픈 경제적 시대상을 반영한 서글픈 지표가 아닐 수 없다. 반면에 중년과 노년층을 위한 재교육과 취미 학원, 외국어 학원도 늘어나고 있다. 외국어, 화술, 리더십 교육, 요리 교실, 악기 연주 등 자신만의 개인기를 개발하거나 전문 취미 활동을 위해 학원을 찾는 성인도 많다. 역동적이고 즐거운 삶을 누리기 위해 노력하는 중년의 삶은 아름답고 존경스럽다.

무엇을 하든 자신이 좋아하는 것을 하면 된다. 그런데 수많은 선택지 중에서 영어 공부를 통해 다른 사람과 차별화할 수 있다면 좀 더 특별하지 않을까? 다시 시작하는 영어로 40대에 빛을 보고 50대에 날개를 달아보자! 영어를 배우면 더욱 젊게 살 수 있다. 모든 이슈와 트렌드, 문화를 폭넓게 접함으로써 젊은 감각을 유지할 수 있고 사고방식도 젊게 변해갈 수 있기 때문이다. 세상의 변화에 등을 돌리고 꼰대처럼 늙어가지 말자. 자신만의 영어 공부로 지적 교양을 넓히게 되면 우리는 충분히 '뇌섹남', '뇌섹녀'로 거듭날 수 있다. 할 수 있다고 믿고 하면 그렇게 할 수 있다. 할 수 없다고 믿어도 그렇게 되는 것이 인생이다. 내가 애정을 가지고 노력하는 만큼 영어 실력은 반드시 향상될 것이다. 열심히 노력하며 살아가려는 우리 자신이 대견하지 않은가? 영어 공부를 다시 하겠다는 자신의 결심과 노력에 박수를 보내고 스스로에게 보상을 해보자. 중년의 값진 노력은 절대 후반기 인생을 배반하지 않을 것이다.

덕후처럼 영어 공부를 하자

영어는 목적이 있는 수단이 되어야 한다. 우리는 이것저것 할 일도 많고 바쁘게 살고 있다. 그래서 어떻게 하면 효율성을 높여 시간을 보낼지가 중요하다. 영어도 우선순위를 고려하여 정한 시간이나 자투리 시간을 활용해서 공부하는 것이 좋다. 영어 공부는 다른 것을 포기하고 투자하는 기회비용이기 때문에 활용 여부를 생각해야 한다. 모국어인 한국어를 능숙하게 할 수 있지만 말하기, 듣기, 읽기, 쓰기를 모두 잘할 수 있을까? 말하기와 쓰기는 화술을 연마하거나 글쓰기 훈련을 해야 잘할 수 있는 영역에 속한다. 영어도 각 영역을 모두 잘할 수 없다. 자신이 말하기에 관심이 있다면 동시에 쓰기까지 훈련을 할 필요가 없는 것이다. 지금 당장 하고 싶고 쓰임새가 있는 것부터 순차적으로 하는 것이 좋다.

미국 뉴욕으로 여행을 가기로 했다면 이에 필요한 공항, 기내, 숙박, 시내 관광 등에 필요한 주요 어휘와 표현들을 익히면 된다. 기초회화는 일정 패턴이 있고 한정된 어휘량 때문에 자신이 필요로 하는 것만 뽑아서 반복하여 사용하면 된다. 업무 중에 영어가 필요하면 자신의 전문 분야에서 활용할 수 있는 지식과 전문용어를 영어로 알아두면 유용하다. 그리고 말하기에 자신이 생기면 도전하고 싶은 영역으로 넘어가면 되는 것이다. 저자 또한 솔직히 영어로 듣고 말할 수 있지만 일상에서 영어로 말할 기회가 없다 보니 유창성이 떨어진다. 주로 신문이나 원서를 읽고 영어 뉴스를 듣는 데 익숙하다 보니 독해와 청취에 더 익숙하고, 말하기와 쓰기는 상대적으로 노력이 더 필요한 영역이다. 기회가 된다면 영어로 책을 내고 강연을 하는 것이 영어 활용법의 최종 목표다. 그래서 최근에는 보고 듣는 '수동 영어'에서 쓰고 말하는 '능동 영어'로 학습법을 바꾸고 적극적으로 실천 중이다.

목적에 맞는 영어 공부를 하면 만족감을 높일 수 있고 효율성까지 극대화할 수 있다. 자신이 하고 싶은 공부를 하기 때문에 재미있게 몰입할 수 있고 배운 것을 써먹는 가성비도 뛰어나다. 우리는 영어의 만물박사가 될 수 없고 그럴 필요도 없다. 자신이 하고 싶은 영어 공부를 하고 원하는 목적을 이루면 되는 것이다. 예를 들어 자신이 미드에 관심이 많다면 다양한 미드 장르를 보면서 그 표현을 익히면 된다. 보고 듣고 수없이 반복하다 보면 미드 스토리텔링의 특징과 사회 문화적 연관 지식이 쌓이게 되고 자신만의 관점에서 비평할 수 있는 안목이 생기기 때문이다. 이종 격투기나 골프에 관심이 많다면 이쪽 분야에서 쓰는 경기 용어나 규칙, 해설을 영어로 공부하고 파고들면 된다. 미국 브로드웨이 뮤지컬 대사와 팝송의 가사에 관심이 많다면 이 분야의 다양한 영어 콘텐츠를 접해보면 된다. 생각보다 주변에는 특정 분야의 관심 분야에 전문가 못지않은 식견과 혜안을 가진 영어 덕후들을 볼 수 있다. 영어를 잘하는 데 이런 덕후 기질도 한몫한다고 생각한다.

내가 아는 어떤 분은 추리소설이나 탐정소설의 덕후로, 번역본은 물론 원서로 아가사 크리스티(Agatha Christie), 아서 코난 도일(Arthur Conan Doyle) 작품들을 모두 섭렵했을 정도로 이 분야에 해박한 지식을 가지고 있다. 재미난 것은 한 작품을 적어도 10번 이상은 읽고 플롯과 스토리라인을 바꿔서 상상하면서 읽어본다고 했다. 이 작가들의 고전을 원서로 읽고 싶다는 간절함 때문에 영어 공부도 하게 되었다고 하니 그 호기심과 열정이 놀라움 따름이다. 이제는 이 장르의 소설은 영어로 읽는 데 크게 어려움이 없고 자신이 좋아하는 장르만 영어 원서로 읽다 보니 자연스럽게 영어 공부가 된다고 했다. 모두가 영어 덕후가 될 수는 없겠지만 자신이 좋아하는 분야를 집요하게 파고드는 열정은 분명 영어 공부를 하게 되는 큰 동기부여가 된다. 저자는 예전에 정치나 대외 이슈에 전혀 관심이 없었다. 국내뿐만 아니라 해외의 특종이나 속보도 관심 밖이었다. 그런데 영자 신문을 읽기 시작하면서 해외 이슈를 접할 때 사전 정보나 사건의 발단과 원인에 대한 구체적인 배경지식이 없다 보니 영어 기사를 읽는 데 어려움이 많았다.

처음 영자 신문을 접할 때 낯선 사건, 이름과 지명, 전문용어 등이 기사의 내용과 실타래처럼 엉켜 도무지 이해가 되지 않아 한동안 국내 신문사들이 소개하는 국제 뉴스를 먼저 보고 사건의 요지를 이해한 다음에 영자 신문을 읽기도 했다. 지금은 오랫동안 영자 신문을 읽고 NPR 영어 뉴스를 동시에 듣다 보니 기사 제목만 봐도 어떤 이야기가 나올지 감이 잡힌다. 저자는 2020년 전 세계를 뜨겁게 달궜던 코로나바이러스와 보건 이슈, 미국과 중국의 무역 분쟁, 우크라이나와 러시아 전쟁, 이스라엘과 팔레스타인 전쟁 등 안보와 지정학적 패권 다툼, 외교 문제를 알기 위해 다양한 책을 읽었다. 『문명의 충돌(The Clash of Civilizations and the Remaking of World Order, Samuel P. Huntington)』과 『대변혁(Upheaval: Turning Points for Nations in Crisis, Jared Diamond)』을 원서로 읽은 것도 이런 취지 때문이었다.

영어 공부를 왜 하는가? 자신이 원하는 것을 영어로 말하고, 듣고, 읽고, 쓰기 위함이 아닌가? 자기 자신이 하고 싶은 영어 공부를 하자. 덕후처럼 빠져드는 영어 공부를 하자. 저자가 경험한 바로는 덕후 기질이 분명 영어 공부를 시작할 때 확실히 도움이 된다. 여러분의 매니아 성향은 어떤가? 무엇에 관심이 있는가? 호기심이 가득하고 알고 싶은 것이 있다면 자신이 원하는 것을 영어로 직접 느끼고 공부하면서 표현해보자. 장담컨대 그 분야의 빛나는 영어 덕후로 반드시 우뚝 설 것이다.

영어 공부도 자신의 스타일이 있다

영어 공부는 목적이 구체적일수록 무엇을 어떻게 공부해야 할지 더 선명하게 알 수 있다. 현재 영어 수준을 객관적으로 받아들이면 자신의 스타일에 맞는 공부를 할 수 있고 해도 늘지 않는 수박 겉핥 기식 악습에서 벗어날 수 있다. 사람들은 자신의 가치와 신념이 옳다고 생각하면 끝까지 고집하는 성향이 있다. 그런데 본인의 이런 생각들이 비합리적이거나 문제 해결에 도움이 되지 않는데도 타협하지 않으려 한다. 자존심 때문이다. 꼰대, 고집불통으로 불리지 않으려면 공부를 할 때도 유연한 사고를 가지고 융통성 있게 접근해야 한다. 잘못된 영어 공부는 나이가 들어도 쉽게 고쳐지지 않는다. 학창 시절부터 지금까지 관성적으로 해왔던 자신만의 학습법이 옳다고 생각하기 때문에 이 매너리즘을 쉽게 떨쳐내기가 힘들다. 특히 과거에 영어 좀 했던 중년들도 영어 공부를 다시 시작하게 되면 예전의 방식대로 하는 경우가 많다. 영어를 중도에 포기하게 되는 원인 중 대부분이 단기간에 들인 노력에 비해 실력이 늘지 않거나 재미있게 공부를 하지 않기 때문이다.

자신의 스타일에 맞게 영어 공부를 하려면 영어에 재미를 붙여야 한다. 스스로 동기부여가 힘들다면 영어 회화 동호회나 학습 모임, 스터디 클럽 등 비슷비슷한 실력으로 모인 사람들과 어울리면서 공부를 하는 것도 방법이 될 수 있다. 시간을 들이더라도 체계적으로 영어 실력을 향상시키고 싶다면 학원보다는 방송대 영어영문학과를 추천한다. 보통 영어 회화 학원을 수강하려면 한 달 기준 최소 15만

원에서 30만 원 이상이 들고 평균 3개월에서 6개월의 기간이 소요되는데 만약 개월 수가 늘어나게 되면 수백만 원의 목돈이 들기도 한다. 방송대 영어영문학과를 추천하는 이유는 중년 이상의 학습자들이 많은 편이고 지역을 거점으로 다양한 학습 동아리가 운영되고 있어 원하기만 하면 회화에서부터 작문까지 동아리 원우들과 어울리면서 공부할 수 있기 때문이다.

기초부터 다지려면 1학년 신입생으로 입학할 수 있고 실력이 중급 정도 된다고 생각되면 2학년이나 3학년으로 편입해서 공부할 수도 있다. 수업료의 가성비도 뛰어나 한 학기 등록금이라고 해야 고작 40만 원을 넘지 않고 교재비도 6권 정도를 구입하면 7~8만 원밖에 되지 않는다. 졸업할 때까지 재미있게 공부한다면 영어 실력은 말할 것도 없고 학위 취득은 덤으로 따라올 것이다. 방송대의 매력에 빠져 연이어 학위 취득에 도전하는 중년들도 실제로 많다. 심지어 3개는 기본이고 5개에서 10개 이상의 학위를 취득한 학우들도 많기 때문이다. 방송대 관광, 의류 패션, 미디어 영상, 일본어에 이어 국문학의 5번째 학위 취득에 도전 하고 있는 저자는 이들에 비하면 아직도 갈 길이 멀다.

영어를 마스터하기 위해서는 자신의 공부 스타일이 어떤지 직접 해보면서 찾아가야 한다. 어떤 사람은 낮에 공부하는 것을 좋아하고 어떤 사람은 저녁에 할 때 능률이 오르는 경우도 있다. 인강, 회화 학원, 영어 회화 동아리, 유튜브, 사이버 강좌, 전화 영어, 교재 학습, 공인 시험, 외국인 친구 언어 교환 등 가능한 모든 수단을 활용해서 체험해보고 자신의 스타일에 맞는 방법을 찾아가야 한다. 스타일에 맞는 학습 방법은 본인이 경험하지 않고는 절대 알 수 없다. 이 과정에서 때로는 시행착오와 수업료도 따른다. 노력과 투자 없이 어떻게 원하는 것을 이루겠는가? 무엇보다 자신의 스타일에 어울리는 영어 학습 방법을 찾기 위해서는 영어 수준을 겸허히 인정해야 한다. 대학을 졸업했지만 영어를 쓸 기회가 없어 20~30년 이상을 공부하지 않았다면 기초 영어부터 다시 시작할 수 있는 자세가 필요하다. 그런데 자존심 때문에 기초반을 기웃거리기가 민망한지라 시작도 하지 않고 포기해버린다. 실제로 기초 영어 수준의 대졸 출신 중년들이 의외로 많다. 영어를 다시 공부하려면 때로는 자존심도 내려놔야 한다. 나이 어린 학생들과 같이 공부할 각오도 해야 한다. 중고등학교 자녀들이 있다면 스스럼없이 물어봐야 한다. 다시 시작하겠다는 마음가짐으로 처음부터 배워야 한다.

◇ **저자의 영어 공부 스타일 예시**

- 평일 저녁 또는 주말 자유 시간에 미드, 영화 자막 없이 보기
- 전화 영어로 회화 연습하기
- 매일 정한 시간에 신문 보기
- 자투리 시간에 영어 원서 읽기
- 이동 중 수시로 영어 뉴스 듣기
- 무크나 유명 대학 교양 강좌 영어로 듣기

'이 나이에 영어는 해서 무엇 하리!'보다 '이 나이에도 영어를 해서 무엇을 할 수 있을 것인가'를 생각해보자!

제2장

실전 편

― 학습 방법 최적화시키기

1. 영어 트렌드와 영어 팬데믹

영어의 현주소

'국제어 시대의 민족어'에서 한국의 영어 공용화를 주장했던 복거일 씨가 한때 사회적 이슈를 몰고 온 적이 있었다. 이때가 1998년이었는데 2025년 현재를 기준으로 할 때 거의 27년 전 이야기이다. 그의 책에서 그는 전 세계에서 10억 명 이상이 영어를 사용하고 인터넷 정보의 80% 이상이 영어인 점을 강조했다. 또한 영어 활용 능력이 개인뿐만 아니라 국가 경쟁력을 좌지우지할 수 있기 때문에 영어의 조기교육을 주장했다. 동원그룹 박인구 부회장의 영어공용화를 지지하는 내용도 한국경제에 소개된 적이 있었다.

"서울 강남 초등학생의 25%가 영어 유치원 출신인데 강북은 이 비율이 1%밖에 안 된다", "지금처럼 영어 교육을 사교육에 맡겨 두면 소득에 따라 영어 실력에 차이가 나는 '잉글리시 디바이드(English divide)'가 더 심해진다", "영어 공용화가 됐으면 싸이월드가 지금의 페이스북이 됐을 것"

영어 공용화는 일견 극단적일 수도 있겠지만, 영어가 세계 공용어 (Lingua franca)로 인식되고 있다는 사실을 부인하기는 힘들 것이다. 심지어 인도, 싱가포르, 필리핀, 말레이시아 등의 아시아 국가에서 조차도 영어가 이미 공용어로 사용되고 있다. 영어는 외교, 무역, 학술, 산업, IT 기술 분야 등 다양한 영역에서 절대적 지위를 차지하고, 세계에서 가장 많은 인구가 이해할 수 있는 언어로 성장하고 있다. 영어는 한때 영국 제국의 식민지와 그 영향하에 놓여 있던 미국, 캐나다, 호주, 인도의 보조 언어 수단이었지만 현재는 전 세계 인구의 약 20%인 15억 명이 사용하고 있다. 전 세계 4분의 1 이상이 영어를 사용한다고 보면 된다. 4차 산업으로 비약적인 발전을 하고 있는 현 시점에서도 영어는 학술 언어, 비즈니스, 미디어와 엔터테인먼트에 이르는 거의 모든 삶에서 일상어로 쓰인다. 많은 국가에서 영어를 제 2 언어로 배우도록 권장하고 있으며, 네덜란드나 스웨덴과 같이 공식 언어가 아닌 국가에서도 과학과 공학의 전문용어들은 영어로 작성되고 있다. 하버드, 프린스턴, 스탠포드, 예일, 옥스퍼드 등 세계 최고의 명문 대학들은 거의 영어권 학교들이다. 과학기술 분야 SCI 논문도 거의 영어로 집필되고 있으며, 국제 콘퍼런스나 세미나는 주제 발표를 영어로 한다.

영어를 사용할 수 있으면 온라인과 다양한 인쇄 매체의 접근도 용이해진다. 인터넷 대부분의 언어가 영어로 되어 있으며 세계 어디에서나 영어로 쓰인 책과 신문을 볼 수 있다. 글로벌 OTT, 넷플릭스 콘텐츠는 주로 영어로 제작되고 있으며 유튜브 신규 영상의 93.5%가 영어로 제공되고 있다. 영어는 또한 힐리우드의 언어이기 때문에 영화는 말할 것도 없고 엔터테인먼트, 쇼비즈니스 등의 대부분이 영어로 서비스되고 있다. 어디 그뿐인가. 영어를 할 줄 알면 전 세계를 여행할 수 있고 국제 언어이기 때문에 세계 곳곳에서 도움을 받을 수 있다. 무역이나 비즈니스를 할 때도 영어로 의사소통이 가능하다면 세계 어디든 원하는 곳과 사업을 할 수 있으며 다국적 기업에 취업하게 되면 세계인으로 성장해 국제적인 안목을 키울 수도 있다.

영어는 가장 익숙한 언어다

제2외국어인 독일어, 스페인어, 이태리어, 프랑스어 등의 다른 유럽 언어와 달리 영어는 상대적으로 변화(굴절효과)가 약하기 때문에 익히기가 쉬운 언어이다. 저자가 위의 4가지 유럽어를 직접 공부해보니, 이 언어들에서는 성과 수에 따라 동사 변이가 수없이 일어나기 때문에 처음 배울 때부터 만만치가 않음을 느꼈다. 물론 일정 규칙이 있긴 하지만 끝도 없는 변이와 변화무쌍함에 머리가 아득해질 정도였기 때문이다. 예를 들어 독일어 명사는 남성, 여성, 중성의 3개 성을 가지고 있는데 이 성에 따라 관사와 동사가 불규칙하게 바뀌기 때문에 모조리 외워야 한다. 독일어와 영어가 언어학적으로 같은 게르만어족에 속해 있지만 달라도 너무 다르다는 생각이 든다.

미국 국무부(State Department)는 영어 사용자가 독일어보다 프랑스어(로망스어 계통)를 배우는 것이 더 쉽다고 밝히고 있다. 영어와 프랑스어의 어휘 유사성(lexical similarity)은 50~60%에 달하기 때문에 이러한 단어 간의 낮은 이질성과 친숙함 덕분에 두 언어를 더 쉽게 배울 수 있는 것도 이런 이유 중 하나라고 할 수 있다. 그런데 실상은 프랑스어도 배우기가 만만치 않은 언어이기는 매한가지다. 비음과 단어와 단어, 문장 등을 붙여 읽는 리에종[16]과 같은 발음 원칙으로 인해 읽고 표현하기가 쉽지 않기 때문이다. 발음만 보자면 거의 소리 나는 대로 읽는 스페인어와 이태리어가 프랑스어보다 훨씬 수월한 편이다. 하지만 이들 유럽어도 명사의 성이 여성과 남성으로 구분되고 이 성에 따라 수와 동사 변화가 끝도 없기 때문에 역시 배우기가 쉽지 않은 언어이다.

영어로 '마시다'의 현재형 동사는 Drink이다. 이 동사는 I, He나 She, You, We, They 등이 와도 형태가 거의 변하지 않고 삼인칭 단수인 He와 She일 경우에만 동사 끝에 S를 붙여 drinks가 된다. I, You, We나 They는 형태 변화 없이 drink로 같다. 반면에 스페인어로 '마시다'의 현재형 동사 beber는 Yo(I), Tu(You), El(He), Nosotros(We), Vosotros(You), Ellos(They)에 따라 모두 다른 형태로 변화된다.

---

[16] 프랑스어 발음 규칙 중 하나. 앞 단어의 자음이 뒤 단어의 모음과 연결되어 발음되는 현상으로, 'les amis(친구들)'에서 's'가 뒤의 모음과 이어져 [lez‿ami]처럼 발음되는 것을 예로 들 수 있다.

예: Yo **bebo**, Tu **bebes**, El **bebe**, Nosotros **bebemos**, Vosotros **bebeis**, Ellos **beben**

이렇게 굴절되는 동사 변화가 스페인어에는 셀 수 없이 많다. 그런데 스페인어의 기초를 익히게 되면 같은 로망스어 계통인 이태리어를 배우는 데 요긴하다는 것을 알게 된다. 언어 계보 상 사촌지간인 이들의 언어는 60~70%의 어휘 유사성 때문에 비슷비슷한 단어들이 많기 때문이다. 영어의 Please에 해당하는 스페인어는 Por favor, 이태리어로는 Per favore이다. 영어의 Thank you에 해당하는 스페인어는 Gracias, 이태리어로는 Grazie로 표기한다. 명사가 남성과 여성으로 나뉘는 것도 비슷하고 성에 따른 동사 변화도 다르면서도 엇비슷한 형태가 상당히 많다.

영어는 이민족들의 수많은 전쟁, 침략 및 문화적 영향의 결과로 새로운 단어들의 차용과 변용, 융합을 통해 그 표현이 더욱 다양해지고 풍부해질 수 있었다. 로마인, 바이킹, 골족(프랑스)은 오늘날의 영어로 발전하는 데 크게 기여했던 대표적인 이민족들이다. 이들의 언어문화는 영어가 라틴어, 게르만어, 로망스어로 구성된 하이브리드 언어로 통합되고 진화해가는 데 큰 역할을 했다. 영어가 유럽어와 유사한 이유는 80% 이상이 인도·유럽어족 계보에 속하는 언어에서 차용되었기 때문이다. 이태리어, 독일어, 스페인어, 프랑스어는 같은 언어 뿌리 때문에 아래 예시 단어들을 보면 단어의 어휘 유사성이 상당히 비슷하거나 거의 같다는 것을 알 수 있다.

House(집: 영어) - Haus(집: 독일어)

Blue(파랑: 영어) - Bleu(파랑: 프랑스어)

Problem(문제: 영어) - Problema(문제: 스페인어)

Station(역: 영어) - Stazione(역: 이태리어)

영포자들에게 영어가 배우기 쉽다고 이야기하면 고개를 갸우뚱거릴지도 모른다. 그러나 저자가 경험한 바로는 실제가 그렇다. 유럽어처럼 동사 변화가 심하지 않아 익숙한 언어이기 때문에 가벼운 마음으로 접할 수 있기 때문이다. 요새는 미디어 환경도 좋아져 마음먹기에 따라 영어 노출 환경도 극대화할 수 있다. 저자가 영어를 공부하던 1990년대 초반만 하더라도 영어 노출 환경을 만들려면 AFKN(American Forces Korean Network) TV나 Radio를 보고 듣거나 원어민 강사가 있는 학원에 가야만 했다. 또 다른 대안으로는 영미인 네이티브 스피커의 발음으로 녹음된 영어 카세트 테이프 회화 교재를 사서 청취하거나 아니면 아예 영어권 국가로 어학연수를 가는 방법밖에 없었다. 요즘처럼 영어 음원을 인터넷, 유튜브를 검색해서 마음대로 보거나 MP3로 핸드폰에 저장해서 공짜로 들을 수 있는 시대가 아니었다.

지금은 과거와 비교할 수 없을 정도로 영어로 표현된 콘텐츠들이 차고 넘친다. 주변을 한번 둘러보자. 입간판 상호에서부터 제품 브랜드 명칭은 거의 대부분이 외래어로 되어 있다는 것을 알 수 있다. 특히 영어로 표현된 단어나 문구가 압도적으로 많다. 인지심리학자들에 따르면 인간은 하루 평균 5천 개가 넘는 시·지각 표현 매체에 노출된 채 산다고 한다. 이 중에 대부분이 외래어, 특히 영어로 표기되어 인식되는 것들이 많다. 영어는 우리 일상에서 너무 흔하게 접할 수 있기 때문에 다른 외국어에 비해 상대적으로 익숙하고 낯설지 않다.

영어는 이처럼 우리 삶의 가장 친숙한 언어이다. 그래서 나는 영어, 독일어, 스페인어, 이태리어, 프랑스어 중의 하나를 공부하라고 한다면 주저하지 않고 영어를 선택하겠다. 중학교 때부터 배워와서 친숙하고, 사회에서도 쓰임새가 많기 때문이다. 영어를 잘하면 같은 언어 뿌리 때문에 유럽어를 배우는 데 일거양득이다. 어휘 형태의 유사성으로 이질적이거나 낯설지 않기 때문이다. 서양인들이 같은 유럽어나 영어를 동양인보다 쉽게 배우고 자연스럽게 구사하는 것은 이런 요인 때문이다. 그런데 서양인들이 같은 한자권에 있는 동양인보다 중국어, 일본어, 한국어를 더 어렵게 느끼는 이유는 언어 표기 형태 자체의 이질성이 크기 때문이다. 예를 들어 우리는 한국 말 어휘 70% 이상이 한자어에서 영향을 받았기 때문에 같은 한자 문화권에 있는 중국어와 일본어를 낯설지 않게 배울 수 있다.

영어는 매일 태어나고 있다

구글 빅데이터 정보에 따르면 2016년 1월 1일 기준 103만 5천 개의 영어 단어가 있으며 98분마다 14.7개의 신조어가 만들어지고 매년 3만 단어 이상이 생성되고 소멸하는 것으로 조사되었다. 2018년 기준, 전 세계 상위 1억 개 웹사이트에 게시된 콘텐츠의 54% 이상은 영어로 작성되었으며 중국어로 작성된 콘텐츠는 1.7%에 불과한 것으로 알려졌다.[17] 또한 OED(Oxford English Dictionary)는 신규 영어 단어가 3개월마다 1천 개씩 등재되고 있으며, 글로벌 언어로서 압도적으로 사용되고 있어 2050년 전 세계 인구의 50% 이상이 영어를 활용할 수 있게 된다고 예측한다. 영어는 블랙홀처럼 세계 언어들과 문화들을 빨아들이면서 몸집을 키워가고 있다. 영국식 영어, 미국식 영어, 호주식 영어, 뉴질랜드식 영어가 비슷하지만 지역적 특성과 문화, 방언, 자의적 속성에서 기인하는 차이 때문에 발음, 형태, 의미 등이 조금씩 다르거나 차별성을 가진다. 우리나라도 서울말과 지역 사투리가 있듯이 영어도 같은 영국일지라도 지역에 따라서, 미국도 각 주의 지역에 따라 서로 다른 수많은 방언이 존재한다. 여기에 이민자들의 천국인 미국에는 다양한 민족 문화가 어우러져 새로운 언어문화와 융합되면서 영어는 더욱 극적으로 진화하고 있다.

히스패닉들이 쓰는 스팽글리시(Spanglish)와 흑인들만 쓰는 이바닉스(Ebonics)가 그런 예이다. 이밖에 싱글리시(Singlish), 재플리시(Japlish), 콩글리시(Konglish), 칭글리시(Chinglish) 등 지역별 세계 언어와 영어가 결합하여 태어난 혼종 영어도 무수히 많다. 일본에서 사용하는 외래어는 가타카나(片仮名, かたかな)로 표기하는데 월드컵(World cup)을 와르도 캅뿌(ワールド・カップ)라고 발음하고 맥도날드(Mcdonald)는 마크도 나르도(マクドナルド)라고 발음한다. 우리가 알고

---

[17] Manfred B. Steger의 저서 『Globalization』을 참조함.

있는 스킨십(Skinship)은 애초에 일본에서 만들어져 미국으로 역수입된 일본식 영어이고 재벌(Chaebol)이란 영어 단어는 한국의 가족이나 집안사람들로 구성된 부유층 기업 집단을 가리키는 한국식 영어이다. 이런 외국어를 차용해 쓰이고 있는 혼종어가 전체 영어 단어의 20%를 차지할 정도로 그 수가 증가하고 있다.

오늘날 영어가 비약적으로 발전할 수 있었던 원인은 산업과 기술의 발달로 인한 새로운 단어의 필요성 때문이었다. 영어권 국가는 현대 과학의 중심이었고 과학의 진보는 언어의 진화와 함께 발전해왔는데 무엇보다 인터넷 뉴미디어의 출현은 영어의 빅뱅을 일으킨 혁명적 사건이었다. IT 비즈니스 모델과 기술의 혁신은 거의 미국의 실리콘밸리에서 태동했다고 해도 과언이 아니다. 구글, 아마존, 테슬라 등은 모두 미국 글로벌 IT 기업들이다. 이들이 쓰는 영어는 곧 업계의 표준이 되었고 새로운 영어를 만들어내는 세계 공장이나 다름없었다. 최근 영어로 신조어들이 급격히 만들어지게 된 것도 IT 기반 소셜 미디어의 영향이 큰데 페이스북, 인스타그램, 유튜브, 틱톡, X(구 트위터) 등의 SNS 사용자들이 커뮤니케이션할 때 새로운 단어를 끊임없이 만들어내고 있기 때문이다. 이런 단어들은 언어학에서 혼성어(Portmanteau word)라고 하여 두 낱말의 음과 의미를 합쳐 만든 합성어들이 주를 이룬다. 예를 들어, 씨네플렉스(cineplex)는 영화(Cinema)와 복합물(Complex)로 합쳐 만든 것이고 브로맨스(Bromance)는 형제(Brother)와 로맨스(Romance)로 구성된 혼성어로, 일일이 열거하려면 끝이 없을 정도로 그 의미와 쓰임새가 다양하다.

영어의 표현이 풍부해질 수 있었던 또 다른 요인은 제국주의자들의 식민지화를 꼽을 수 있다. 과거 북아메리카의 17세기 무렵은 영국의 식민지로 영국의 영향을 받은 독특한 미국식 영어가 만들어지던 때였다. 영국과 더불어 당시 식민지 개척에 열을 올렸던 스페인 등의 유럽 국가들도 영어의 다채로움에 기여를 했는데 캐년(Canyon), 스탬피드(Stampede)와 같은 단어는 미국 서부 정착을 통해 영어로 들어간 대표적인 스페인어들이다. 지금의 샌프란시스코(San Francisco), 로스 앤젤레스(Los Angeles), 루이지애나(Louisiana) 등의 미국 지역 이름도 당시 식민지 개척 국가들 때문에 지어졌다. 영어는 지금, 이 순간에도 우리 삶의 중심에서 살아 있는 유기체처럼 다시 태어나고 있다. 이렇게 새롭게 태어나는 영어 단어가 속어, 비속어까지 포함하면 200만 개도 넘는다. 하지만 배워야 할 영어 단어 개수 때문에 미리부터 스트레스를 받지는 말자. 우리는 평생 가도 이 모든 단어를 모두 쓸 수 없을뿐더러 알 수도 없다. 일상에서 사용하는 고급 영어 단어는 평균 2만~3만 개 내에서 사용하면 충분하고 실용 어휘는 2천~3천 개 내외만 알아도 사는 데 어려움이 없기 때문이다.

미국인도 영어를 못 한다

미국은 이민자들의 천국이다. 서로 다른 국적의 사람들이 모여 살고 있어서 인종만큼 언어도 다양하다. 히스패닉 인구가 많은 미국 서남부 지역 및 동부의 뉴욕은 스페인어 사용자가 영어 다음으로 많아 거의 제2공용어로 사용되고 있다. 이들은 미국 전체 인구 중 18.1%인 5,894만 명[18]이나 되는 인구분포를 차지하고 있어 사회·정치적 영향력이 급속도로 커지고 있다. 대선 때는 이들의 표심에 따라 선거 결과가 달라질 정도로 입김이 거세 2020년 11월 미국 대선에서 히스패닉의 지지를 크게 받고 있던 바이든이 트럼프를 이길 가능성이 크다고 예측하기도 했다. 미국에서 히스패닉의 인구가 계속 증가하고 있는 요인은 가톨릭을 믿는 종교적 이유도 한몫한다. 이들 민족은 종교적 신념 때문에 낙태하지 않아 출생률이 높은데다 남아메리카와 인접해 있는 미국의 지리적 특성상 남미의 불법 이민자들이 계속 유입되고 있기 때문이다. 미국 내 불법 이민자 수가 2014년에만 1,110만 명 이상으로 추산되었으며 멕시코 계통의 히스패닉이 49%를 차지하고 있는 것으로 나타났다. 한때 트럼프 정권은 남미의 불법 이민자들을 차단하기 위해 비상사태를 선포하면서까지 멕시코 국경 장벽(Border wall) 설치를 위해 혈안이 되기도 했다.

미국에는 수많은 인종 커뮤니티(Ethnic community)가 존재한다. 이 언어권 생활의 틀에서 동족끼리 모국어만 사용해 영어를 못하는 미국 내 이민자들이 셀 수 없이 많다. 백인 다음으로 많은 히스패닉은 미국 문화에 완전히 동화한 흑인과 다르게 자신들의 고유문화와 언어를 우선시해 영어를 못하는 스페니시 아메리칸이 많다. 마이애

---

[18] 2017년 7월 미국 인구조사국(U.S. Census Bureau)이 실시한 인구조사.

미 리틀 하바나는 전체 인구의 94%가 히스패닉이다. 스페인어 방송과 신문은 기본이고 학교, 은행, 관공서, 식당 등 대부분의 마이애미 지역에서 스페인어를 쓰기 때문에 오히려 이곳에서는 영어만 구사해서는 살 수 없을 정도다.[19] 이들은 미국인이면서도 영어를 잘 못하며 굳이 사용하지 않는다.

이렇게 같은 인종과 언어권을 가진 커뮤니티 내에서만 생활하면 미국에 살면서도 평생 영어를 쓰지 않고 살아갈 수 있다. 과거 코리아타운에서는 떡집, 방앗간, 설렁탕집 등을 운영하는 재미교포들이 영어를 몰라도 불편 없이 생활할 수 있었는데, 주요 고객이 한국 교포들이었기 때문이다. 한편 미국, 캐나다, 호주 등으로 어학연수를 떠나거나 유학을 가는 학생들 중에는 과정을 끝내지 못하고 중도에 포기하는 경우가 적지 않다. 이들은 학생 비자가 만료되면 이국땅 곳곳에서 숨어 살며, 설상가상으로 불법 체류자가 되기도 한다. 특히 한국보다 접근하기 쉬운 음성적 마약 소비 문화로 인해 심각한 약물 중독에 빠지는 사례가 늘고 있다. 실제로 최근에는 영미권 유학생들의 마약 밀반입 사건이나 클럽 파티에서의 불법 약물 유통 문제가 사회적 이슈로 떠오르며 불편한 현실을 드러내고 있다.

흥미롭게도 미국에는 영어를 전혀 하지 못해도 생활에 지장이 없는 이민자들이 있는 반면, 영어 실력 향상과 유학을 목표로 온 한국

---

[19] 「히스패닉 없으면 패닉: 미국에서의 히스패닉」, 『라틴아메리카 역사 다이제스트 100』, 이강혁, 2008. 11. 1..

유학생들은 뜻밖의 어려움에 직면하기도 한다. 이는 미국을 영어권 국가로만 바라보는 시각의 한계를 드러낸다. 실제로 미국은 영어뿐만 아니라 수십 가지 언어가 사용되는 다문화 다인종 사회이기 때문이다. 따라서 미국에서의 성공적인 생활은 영어 능력보다 어떤 커뮤니티, 문화, 사회에 소속되어 있느냐에 더 큰 영향을 받을 수 있다. 성급하게 영어권 국가에 가면 자연스럽게 언어를 배울 수 있다는 생각은 현실과 거리가 멀다. 오히려 체계적인 준비와 올바른 환경 선택, 개인의 학습 목적과 태도, 자기관리가 더욱 중요하다는 사실을 주지해야 한다.

결국 언어 학습의 성공은 지리적 위치보다는 개인의 의지와 전략에 달려 있다고 볼 수 있다. 미국 땅을 밟는다고 해서 저절로 영어가 늘지는 않으며, 한국에서도 충분한 동기와 적절한 방법만 있다면 효과적인 언어 습득이 가능하다. 해외 유학이나 어학연수를 계획하고 있다면 '어디로 갈 것인가'보다 '어떻게 준비하고 어떤 마음가짐으로 임할 것인가'를 먼저 고민해보는 것이 더 현명할지도 모른다.

열린 마음으로 전 세계 영어를 받아들이자

영어의 국제성 때문에 국가와 지역에 따라 다양한 종류의 영어가 있다. 발음, 단어, 특유의 속어와 비어, 합성어 등도 표준 영어처럼 지역에 따라 차별 없이 사용되고 있기 때문에 편견을 가져서는 안 된다. 우리는 영어를 배울 때 표준 영어를 근간으로 네이티브 스피커의 발음과 표현을 따라서 익히고 배웠다. 그런데 세계 각지를 돌아다니다 보면 지금까지 접해왔던 영어가 전부가 아니라는 사실을 깨닫게 된다. 영국의 오랜 식민지였던 인도는 인도 영어 스타일이 있을 만큼 독특한 발음과 표현 방식으로 유명하다. 그래도 인도는 양반이다. 자신들만의 발음 체계와 사고방식, 문화를 접목해서 영어를 사용하는 국가들이 많기 때문에 우리가 아는 표준 영어를 생각하면 곤란하다. 세계인의 영어를 편견 없이 받아들이고 인식의 폭을 넓히기 위해서는 많이 접하는 방법밖에 없다. 세계 지역 영어의 유니크한 악센트와 억양을 표준 영어와 비교해보고 차이점과 유사점을 이해할 필요가 있다. 로마에 가면 로마법을 따른다고 했듯이 비표준 영어라도 그 지역에서 통하는 영어라면 브로큰 잉글리시(Broken English)라고 해도 거부감을 갖지 말고 오픈 마인드를 가져야 한다. 이 언어문화도 엄연한 사회적 현실이고 동시대의 언어적 현상이기 때문이다.

반면 이중 언어 교육이 잘되어 있는 싱가포르나 홍콩은 영어를 잘하는 축에 속한다. 2019년 2월에 싱가포르로 가족 여행을 갔을 때 시내를 투어하면서 택시 기사 대부분이 영어를 구사하는 모습을 보고 큰 인상을 받았다. 물론 이상한 악센트와 막무가내 영어를 사용하는 기사도 있었지만 아무렇지도 않게 자신들의 의사를 전달하는 이들의 자신감이 존경스럽기까지 했다. 세계적으로 보자면 영어 원어민보다 비원어민이 3배 이상 많기 때문에 싱가포르 스타일의 영어인 싱글리시가 자연스럽게 통용되고 있는 것도 이상한 일이 아니다. 캐나다, 호주와 같은 영어권 국가에서는 이민자와 외국인이 많아 비원어민 영어도 표준으로 여긴다. 그래서 영어권 국가들의 원어민들은 다양한 형태의 영어에 익숙해져 있다.

일 관계로 국제 세미나, 콘퍼런스 등에 참석할 기회가 있는데 이런 외부 행사의 기조연설이나 발제자의 대부분은 영어로 발표를 한다. 영미권에서 온 관계자나 전문가들의 프리젠테이션은 익숙한 발음이라 들을 만한데 유럽이나 아시아, 러시아 등지에서 온 발표자의 거센 악센트와 표현은 정말 듣기가 안 되거나 이해가 안 되는 경우도 있다. 동시통역 부스에서 실시간으로 번역해주는 한국어를 들어도 되지만 항상 원어 자체를 들으려고 노력하는 편이어서 비표준 영어라도 가급적 끝까지 들으려고 한다. 표준 영어가 아닐지라도 자신들의 생각과 의견을 거침없이 전달하려고 노력하는 이들을 보면 오히려 전문성이 느껴지기 때문이다. 이들에게 영어는 단지 자신들의 논리와 생각을 전달하기 위한 수단이기 때문에 문법의 정확성이나 발음의 세련성이 떨어지더라도 크게 개의치 않는 것이다. IT의 메카인 실리콘밸리는 전 세계 각지의 브레인이 각축을 벌이고 있는 꿈의 일터나 다름없다. 프로그래머 등 관련 분야의 기술자를 많이 배출하고 있는 인도와 마찬가지로 아시아 및 중동, 동유럽의 비영어권 엔지니어들은 모두 제각각의 영어를 사용한다. 그럼에도 불구하고 이들이 한데 팀을 꾸려 프로젝트를 추진할 때 영어 의사소통은 전혀 문제가 되지 않는다. 이런 상황은 미국이나 글로벌 다국적 회사에서 흔히 볼 수 있는 일이다. 다양한 인종들이 더불어 살고 있기 때문에 표준 영어를 지향하지만 영어의 다양성은 항시 상존하고 있는 것이다.

따라서 영어를 배울 때는 우리에게 익숙한 미국식 발음을 절대적인 기준으로 여길 필요는 없다. 자신의 발음이나 문법이 완벽하지 않다고 해서 주눅 들 필요도 없다. 시험 영어에 익숙한 우리는 어쩌면 영어 문법을 미국인보다 더 많이 알고 있을지도 모른다. 영어 원어민보다 비원어민의 사용자 수가 더 많은 세계적 현실 속에서 오히려 글로벌 영어 현상에 익숙해지는 것이 더 현명한 태도이다. 영어 단어를 많이 알고 오래 공부했다고 대가가 되는 것은 아니다. 세계 각지의 다양한 문화와 언어 환경, 독특한 영어 스타일을 편견 없이 수용할 때 비로소 그 길로 접어들 수 있는 깨달음을 얻을 수 있다. 기회가 된다면 변화무쌍한 영어의 유연성과 그 차이점을 직접 몸으로 느껴보자. 어떤 스타일의 영어라도 마음을 열고 대한다면 분명 더 드넓고 다채로운 세계 영어를 체험하게 될 것이다. 이런 태도와 자세야말로 글로비시(Globish)[20]로 변형, 발전하고 있는 세계적 영어 현상을 이해하는 지름길이 될 수 있지 않을까?

---

20 글로비시는 원어민 중심이 아닌, 서로 다른 모국어 화자들이 단순한 어휘와 문법으로 소통하는 국제 실용형 영어다. 동시대 영어의 흐름은 단일 표준이 아니라 목적·맥락·사용자 중심의 가벼운 영어 확산이며, 그 대표적 사례가 글로비시라고 할 수 있다.

2. 영어 듣기가 안 되는 이유와 향상법

언어는 일차적으로 상대방의 말을 듣고 알아들어야 자신의 의견을 전달할 수 있다. 그래서 외국어 학습에서 듣기는 가장 중요한 영역 중 하나이다. 토익 시험도 990점 만점 중 절반인 L/C 영역이 495점에 해당할 정도로 듣기 점수 비중이 높다. 저자가 가장 취약했던 영역이 바로 듣기 영역인 청취였다. 서울대학교에서 개발한 텝스 시험이 처음 치러지던 1999년 그해 5월인가 기념으로 시험을 봤는데 550점인가를 받고 낙담을 했던 적이 있었다. 영어 전공자인데도 듣기 연습을 충실히 하지 않다 보니 자연히 잘 들을 수 없었고 시험을 보면 듣기 영역은 항상 낮은 점수를 면치 못했다.

듣기는 항상 최대의 콤플렉스였다. 테이프로 네이티브 스피커의 말을 들으면 말이 너무 빨라 무슨 말을 하는지 도무지 알아들을 수가 없었다. AFKN은 거의 소음에 가까웠고 영화를 볼 때 자막 없이 보는 것은 상상할 수조차 없었다. 듣기가 약하다 보니 이 치부와 같은 아킬레스건은 항상 반쪽짜리 영어 전공자라는 허점으로 나를 끝없이 괴롭혔다. 나는 영어를 다시 시작하면서 무려 7년이란 시간을 듣기에 투자했다. 듣기가 어떻게 향상될 수 있었는지는 조금 뒤에 다시 이야기해보겠다.

　그렇다면 여러분은 영어가 왜 안 들린다고 생각하는가.
　바로 영어의 소리를 제대로 들어보지 않았기 때문이다. 다양한 상황에서의 영어 듣기를 하지 않았기 때문에 듣기가 어려운 것이다. 단어를 모르고 그 단어가 어떻게 소리 나는지 모르기 때문에 듣기가 안되는 것이다. 영어 교육 콘텐츠 중에 소리의 중요성을 강조한 상품이 유행했던 적이 있을 정도로 듣기는 영어를 시작할 때 기본 중의 기본이다. 대개의 경우 영어 수준이 초급(Beginner's level)인 경우 소리 자체를 잘 분간하지 못한다. 영어라는 것을 소리로 인지할 수 있고 들을 수 있으나 단어와 단어의 문법적 호응 관계, 전체 문장의 의미를 능숙하게 알아듣지 못한다. 어쩌다 아는 단어가 간헐적으로 들리는 경우가 있으나 문장 전체를 듣고 이해하는 데 한계가 있다.

　중급 레벨인 경우에는 전체 의미를 어렴풋이 유추해낼 수 있으나 정확성은 떨어진다. 또한 단어와 전치사로 이뤄진 구동사, 단문과 단문을 잇는 접속사, 관계대명사와 부사절, 중문이나 복문 등을 듣고 제대로 이해를 하지 못하는 경우가 많다. 듣기를 제대로 못하는 기타 요인들도 있는데 다음과 같다.

　① 주변의 소음이 듣기를 방해한다.
　② 화자의 발음이 명확하지 않아도 듣기가 힘들다.
　③ 화자의 말이 너무 빨라도 듣기가 안된다.

④ 미국식 발음에만 익숙하면 다른 국적의 화자가 영어로 말할 때 낯설게 들린다.

영어 듣기를 배울 때 우리는 주로 미국이나 영국 성우의 발음에 익숙하다. 특히 초중급자들은 이들 네이티브 스피커의 억양, 악센트, 표현의 스타일이 매우 스탠다드하다고 인식하기 때문에 영미권이 아닌 국가의 화자가 말하는 영어 발음을 듣다 보면 뭔가 이상하다고 느낄 수 있다. 하지만 명심해야 할 것은, 영어는 세계적 언어로 통용되기 때문에 화자가 매우 다양하다는 것이다. 초급과 중급을 벗어나 일상이나 자신의 분야에서 어려움 없이 고급 영어를 활용하기 위해서는 제일 먼저 듣기에 대한 편견을 없애야 한다. 우리는 다양한 화자와 어떠한 상황에서도 어려움 없이 영어로 듣고 말할 수 있어야 한다. 네이티브 스피커라고 해서 모두 정확한 발음과 문법적으로 완벽한 표현을 하는 것이 아니기 때문에 영어 학습 콘텐츠의 성우와 같은 교과서적인 발음을 기대해서는 안 된다.

자, 그럼 저자가 7년 이상을 투자해서 빛을 볼 수 있었던 영어 듣기 공부 방법과 경험을 여러분께 소개해보겠다. 나의 청취 경험과 노력은 개인적일 수 있으며, 사람마다 능력이 상이하기 때문에 절대적 기준은 아니라는 점을 참고해주었으면 한다.

2010년 기준, 나의 영어 실력은 다음과 같았다.

① 독해 수준: 고등학교 영어 교과서와 어렵지 않은 영어 원서 이

해 가능

② 작문 수준: 간단한 느낌이 담긴 일기 정도의 영작문 가능
③ 회화 수준: 간단한 의사 표현과 기본 대화 가능
④ 듣기 수준: 간단한 문장을 여러 번 반복해서 들으면 어렴풋이 이해할 수 있지만 토익 리스닝 파트3과 파트4는 제대로 이해를 하지 못하는 수준

듣기 훈련 과정

다음은 저자의 경험을 바탕으로 제안하는 영어 듣기 훈련 과정이다.

(1) 듣기 초급일 때

- 집중 공략: 토익 리스닝은 영어 입문자들에게 최고의 음원 소스이다. 토익 리스닝은 정확하고 의미 전달이 확실한 남녀 성우의 발음 때문에 반복해서 듣고 훈련하기가 좋았다. 안 들리는 단어는 다시 찾아서 발음기호를 들어보고 그 구간을 반복해서 듣곤 했다. 애초에 리스닝이 거의 되지 않았고 미드나 시사 영어를 뉴스로 듣기에 역부족이었기 때문에 욕심을 버리고 쉬운 토익 리스닝 기초부터 차근차근 훈련해나갔다. 물론 이 과정이 쉽지만

은 않았다. 일을 해야 했고, 일과 중 시간을 내서 리스닝을 해야 했기 때문에 틈새 시간을 효과적으로 활용해야 했다. 저자는 출퇴근 시간 및 외근을 위한 이동 시간에 수시로 토익 리스닝 예제 문제를 들었다.

반복하고 또 반복해서 듣다 보니 들리지 않았던 발음과 문장 내에서의 단어가 어렴풋이 들리기 시작했고 주어와 동사의 단문으로 이뤄진 문장에서는 의미가 직관적으로 해석되기 시작했다. 들리지 않았던 이유는 단어의 정확한 발음을 모르고 영어의 소리에 익숙하지 않았기 때문이다. 따라서 단문을 중심으로 단어와 단어, 이들 단어들이 연결되어 발음될 때 어떻게 소리 나는지를 집중적으로 듣고 이해하려고 했다. 그리고 영어 단어를 공부할 때 발음기호를 분석해 보고 문장에서 어떻게 소리가 나는지를 반드시 들어봤다. 처음에는 듣기가 쉽지 않았기 때문에 절망감에 빠질 때가 많았다. 하지만 잘 들리지 않아도 반복해서 듣기 훈련을 했다.

여러분도 처음부터 귀가 트이지는 않을 것이다. 하지만 마음을 비우고 계속 반복해서 듣다 보면 어느 순간 들리지 않던 단어와 문장이 갑자기 들리는 놀라운 경험을 하게 될 것이다. 이런 과정이 수없이 진행되면서 영어의 듣기 경험이 쌓이게 되고 자신만의 듣기 방법을 찾아갈 수 있게 된다.

- 학습 기간: 영어 교육 전문가들 및 학자들의 학습법이나 교재, 학술 잡지를 보면 초급자들의 듣기 기간이 최소 6~12개월 이상

은 소요될 수 있다고 나와 있다. 저자의 생각은, 시간의 단축은 듣기 훈련에 얼마나 시간을 투자했는지에 따라 달라질 수 있다고 본다. 경제활동을 하는 중년들은 생업이 있다 보니 짬을 내어 무언가를 한다는 것이 보통 쉬운 일이 아니다. 영어 공부가 일상의 우선순위에서 항상 밀리기 때문에 바쁘다는 이유로 띄엄띄엄 하다 말다를 반복하다 보면 절대 영어 듣기 실력이 늘지 않는다. 그리고 듣기 초보 수준을 벗어나려면 아주 오랜 시간이 걸릴지도 모른다. 아니면 계속 초보 수준으로 머물 수도 있다. 진정으로 듣기를 잘하려면 일정 시간 짬을 내어 무조건 듣는 훈련을 해야 한다. 우리는 영어를 배우는 조건과 상황이 모두 다르기 때문에 자신만의 듣기 훈련의 양을 충분히 채울 수 있는 시간을 확보해야 한다. 물리적 시간을 투자하지 않고는 절대 발전을 기대할 수 없다. 듣기를 잘하려면 그에 상응하는 훈련과 청취의 임계치를 넘어야만 하기 때문이다.

- 듣기 추천: 나는 토익 리스닝 파트1과 파트2를 반복해서 듣고 받아 적기(Dictation)를 했다. 단문 이상의 중문과 복문은 이해가 되지 않았기 때문에 단어와 간단한 표현이 담긴 영어 듣기 음원을 핸드폰에 MP3 파일로 저장해놓고 수시로 듣고 다녔다. 유명 토익 학원들의 인강 사이트에 회원 가입하면 무료로 MP3 음원을 쉽게 구할 수가 있었기 때문에 수시로 들으려고 노력했다. 기초 듣기를 위한 음원으로 토익 리스닝 파트1을 활용했던 경험은 상당히 만족스러웠다. 이때 영어 소리에 익숙해지려고 아리랑 채널도 같이 들었다. 이 채널은 한국 가요도 자주 틀어주고 한

국의 관광 정보나 문화를 대외적으로 알리기 위해 서비스하는 방송이라 듣기 초보 수준에서 친숙한 내용이 많은 것이 장점이었다.

- 듣기 초보 탈출: 간단한 영어 문장이 들리기까지 최소 9~10개월의 시간이 걸렸다. 확실히 반복적으로 했던 듣기 훈련이 학습 효과가 있었다. 안 들리는 부분은 계속 반복해서 다시 들어보고 받아 적기를 했다. 참 신기한 것이, 처음엔 그렇게 들리지 않던 영어가 어느 틈엔가 슬슬 들리기 시작했다. 심지어 어딘가에서 영어로 말하는 소리만 들려도 의식적으로 들으려고 노력을 했다. 영어 공부에 빠지면 꿈에서도 공부하는 모습이 보일 정도라는데 그 말이 이제는 공감이 간다.

- 초급 영어 리스닝 참고 정보
① 쉬운 영어 음원: 동화, 토익 리스닝 파트1과 2(단문 위주)
② 쉬운 영어 회화 음원
③ 기초 단어집 음원(단어의 발음과 문장의 표현이 녹음되어 있는 영어 학습 음원)

(2) **듣기 중급일 때**

- 집중 공략: 영어 기초 듣기에 자신이 생기자 토익 파트3과 4를 집중적으로 듣기 시작했다. 그런데 곧바로 좌절을 경험했다. 간

단한 문장을 또렷하게 읽어주는 파트1과 달리 성우가 속사포 같은 말로 뱉어내는 표현은 도무지 들리지도 않았고 이해할 수도 없었다. 나는 인강 커뮤니티의 토익 고수들이 남긴 공부 방법을 참고하여 들었던 전체 지문의 핵심 내용을 분석하면서 문장을 해석했다. 그리고 문장 단위로 끊어 들어보고, 들릴 때까지 계속 반복해서 들으면서 화자가 말하는 의미를 유추하려고 노력했다. 영어 공부를 할 수 없었던 바쁜 일상 탓도 있었지만 결론적으로 파트3과 4를 듣고 이해할 수 있을 정도가 되기까지 무려 1년이 넘게 걸렸다.

영어는 한글과 달리 말을 할 때 강세 중심(Stress-timed language)인 언어로 연음과 축약을 해서 발음하기 때문에 화자가 일상적인 속도로 말을 해도 이런 발음 원리에 익숙하지 않고 듣기 훈련이 부족하면 영어 듣기가 제대로 되지 않는다. 저자는 항상 이 점에 신경을 써서 강세 중심으로 들으려고 노력했다. 듣기 학습 시간이 쌓이면서 단문과 복문, 접속사와 조건절, 관계사 등의 문법적 관계와 호응이 이뤄지는 부분이나 연음처럼 거의 발음을 하지 않고 지나가는 미묘한 발음도 들리기 시작했다. 소위 Certain, Button, Manhattan과 Martin, Mountain 같은 단어는 끝 발음을 정확하게 하지 않고 뭉개듯이 발음하고 가볍게 지나가는 경향이 있어 빨리 발음을 할 경우 거의 들리지 않는다. 또한 폭넓은 듣기를 위해서는 듣는 양만큼 보는 양도 늘려야 한다. 독해가 자연스럽게 되지 않으면 들어도 이해할 수 없기 때문에 직독 직해가 될 수 있도록 많이 읽어야 한다. 직독 직해가 되면 직청 직해가 수월해지고 화자가 빨리 말해도 들리는 소리의 의미 단위를 순식간에 인식할 수 있기 때문에, 특히 배경지식이 있어 잘 알고 있는 분야는 듣고 이해하기가 용이해진다.

- 듣기에 자신감이 생기다: 중급 단계에서도 문장 중의 단어를 모르거나 문장 구조가 복잡한 경우에는 빠른 대화 속도 때문에 의미를 놓치거나 들리지 않을 때가 많다. 그런데 무의식중에 영어 화자의 말이 자연스럽게 들리는 순간이 있다. 이렇게 들리는 경험의 빈도가 많아진다는 의미는 영어 청취의 귀가 봇물 터지듯이 열리는 득음의 순간이라고 생각하면 된다. 중급 듣기가 되면 고급 듣기로 가는 지름길로 접어들 수 있기 때문에 이 시점부터는 원서와 신문 읽기, 뉴스 청취 등의 훈련을 통해서 자신만의 고급 듣기를 완성해갈 수 있다.

- 중급 영어 리스닝 참고 정보
① 유튜브는 영어 학습의 보물섬이다. 자신의 수준에 맞는 영어 콘텐츠가 무궁무진하다.
② 오디오 북을 시도할 때이다(난이도가 다양하기 때문에 선택해서 들을 수 있다).
③ 토익 파트3과 4를 듣기 연습에 활용해보자.
④ 다양한 배경지식과 단어를 익힐 수 있는 토플을 듣기 연습에 활용해보자.
⑤ VOA(Voice of America)를 들어보자.

(3) 듣기 고급일 때

- 집중 공략: 고급 듣기의 완성을 위해서는 또 다시 중장기적인 노력이 요구된다. 중급에서 고급으로 올라서는 것이야말로 영어 고수가 되기 위한 본 게임의 시작이다. 나는 NPR 전용 앱을 핸드폰에 설치하고 틈만 나면 접속해서 들었다. NPR은 미국 전역의 797개 라디오 방송국에 배급되고 있는 미국 공영방송으로 당파성을 배제한 보도와 정확성으로 유명하다. 저자가 시사 영어에 자신을 가질 수 있게 도와주었던 결정적 듣기 학습 도구가 바로 NPR이었다. 매일 이 라디오 앱에 접속하면 National Newscast 코너에서 라디오 앵커가 그날의 주요 뉴스와 속보(Breaking news)를 요약해서 들려주기 때문에 미국 전역과 세계 각지의 최신 뉴스 정보를 접할 수 있다. 뉴스 클립이 짧게는 1분에서 2~3분짜리, 길게는 20~30분 이상 되는 다큐 형식의 심층 취재물도 있어 실제 영어 원어민의 육성을 체험하는 데 도움이 된다. 아마 대개의 경우 중급 입문자라도 처음 NPR을 들으면 잘 이해하지 못할지도 모른다. 스튜디오에서 앵커가 소개해주는 뉴스 주제를 보면 거의 정치나 외교 현안, 경제 이슈, 의료 과학기술, 국제 분쟁이나 테러 등 무거운 주제나 전문 분야를 다루는 경우가 많기 때문이다. 더군다나 배경지식과 기술 용어를 모르면 뉴스의 요지를 제대로 이해하기가 힘들다. 그래서 처음에는 모르면 모르는 대로 부담 없이 듣고, 영자 신문을 같이 읽으면서 이해도를 높이려는 학습 전략이 필요하다.

- NPR 뉴스 듣기에 자신감이 생기다: NPR을 이해하는 데 영자 신문은 최고의 솔루션이었다. 나는 코리아 타임즈를 주로 구독해서 보는데 WORLD를 주제로 한 면이 따로 있어 세계의 최신 이슈와 소식을 아는 데 도움이 된다. 무엇보다 장기 구독을 하게 되면 세계 각지가 어떻게 돌아가는지를 큰 틀에서 이해할 수 있어 좋다. 그리고 최신 뉴스를 NPR에서도 똑같이 다루기 때문에 크로스 체크해서 이해할 수 있는 장점이 있다. 만약 NPR에서 어떤 뉴스 꼭지가 100% 이해가 되지 않더라도 영자 신문에 나왔던 기사를 다시 언급하는 경우가 많기 때문에 관련 내용을 유추해낼 수 있다. 나는 영자 신문을 읽고 NPR 영어 뉴스를 들으면서 다양한 분야의 최신 정보를 접할 수 있었고 수많은 고급 어휘를 익힐 수 있었다. NPR을 듣자마자 곧바로 대략 70~90% 선까지 이해하는 데 2년 정도가 걸렸다. 영어 시사 뉴스 듣기에 자신감이 생기고 나서 최근에는 특정 이슈나 사건을 집중 취재하고 소개하는 뉴욕타임즈의 The Daily(Podbean에서 다양한 영어 팟캐스트를 검색할 수 있다)를 같이 듣고 있다.

영어 뉴스를 청취할 때는 완벽하게 이해하기보다 화자가 말하는 영어의 어감이나 어조, 리듬을 자연스럽게 인지하려고 애썼다. 듣는 동시에 한국어로 해석하기 시작하면 영어 화자의 빠른 말을 놓칠 뿐 아니라 전체 내용을 따라잡기도 힘들기 때문이다. 그래서 영어의 들리는 발음을 온전히 받아들이려고 했다. 영어 뉴스는 앵커가 말하는 속도가 빨라 집중해서 듣지 않으면 주변 상황(소음, 잡음 등)의 방해로 흐름을 놓치는 경우가 많기 때문에 어떤 내용을 이야기하는지 모르게 되는 경우가 빈번하게 생긴다. 이럴 때는 NPR의 짧은 뉴스 클립에 실린 핵심 요약으로 어떤 내용을 다루는지 빠르게 파악할 수 있다. 그래서 만약 듣다 이해가 안 되면 뉴스 꼭지의 주제 요약 글을 보는 걸 추천한다. NPR, The Daily 이외 CNN이나 BBC를 간간이 TV로 보기도 했는데 이미 알고 있는 국제 이슈를 다루기 때문에 좀 더 느긋하게 볼 수 있었다.

  주말에는 재미있고 흥미진진한 영화를 찾아서 자주 봤다. 영어 서브타이틀로 확인하면서 한 번 보고, 두 번째 볼 때는 자막 없이 봤다. 이런 오락 콘텐츠를 볼 때는 가급적 자신이 좋아하는 장르를 선택해서 보는 것이 좋다. 저자가 시도해보니 영어 공부의 목적이라도 같은 영화를 2번 이상 보기가 쉽지 않았기 때문이다. 미드나 영화의 장점은 지문이 거의 구어체어서 일상생활의 회화나 비어, 속어 등을 아는 데 도움이 된다. 이외에 무크(MOOC), 테드(TED), 유튜브(YouTube)의 해외 유명 강연을 찾아서 듣고 다양한 영어 화자의 발음에 익숙해지려고 했다. 유튜브를 영어 도구로 활용할 때 최대의 장점은 말하는 속도를 조절할 수 있다는 점이다. 만약 빠르게 발음하는 유튜버의 말에 익숙해지는 경지에 이르게 되면 개인차가 있겠지만 영어 뉴스를 들을 수 있는 실력이라고 봐도 무방하다. 중급에서 고급으로 넘어가는 데 리스닝 실력을 향상시킬 수 있는 방법으로 오디오 북(Audio book) 듣기도 해볼 만하다. 나는 브라이언 트레이시(Brian Tracy)의 강연 내용(The 21 Success Secrets of Self-Made Millionaires)을 반복해서 들었는데, 이 분야를 오디오 북으로 자주 듣다 보면 스스로 동기부여가 되고 자극을 받을 수 있어 일석이조였다.

영어 고급 단계가 되면 영어 듣기를 좀 더 다각적인 방법으로 시도해보자. 자신이 업무적으로 관여하는 분야나 취미, 교양, 일반 상식에 이르는 다양한 어휘와 표현 방법 등을 알아두면 좋다. 예를 들어 세계 요리에 관심이 많다면 해당 음식 이름이나 식재료 명칭, 조리 기술, 조리법, 기타 영양학적 지식 등을 미리 영어로 학습해두는 것이다. 동시통역사들도 특정 분야의 기술 통역을 할 때는 내용 전문가가 아니기 때문에 사전에 관련 분야의 배경지식과 기술 용어를 익히고 통역에 임하는 경우가 많다. 만약 컨디션이 좋지 않거나 고민거리, 일 때문에 집중이 안될 때는 억지로 들으려고 하지 말자. 리스닝은 고도의 집중력을 요하기 때문에 정신이 산만하거나 기분이 좋지 않을 때는 잘 들리지 않는다. 오히려 이럴 때는 기분 전환을 하거나 듣기는 건너뛰는 것이 좋다.

- 고급 영어 리스닝 참고 정보
① NPR, CNN, BBC 시사 뉴스 채널을 들어보자.
② 다양한 영어 음원이 가득한 팟캐스트(Podbean)를 들어보자.
③ 좀 더 난이도가 높은 오디오 북(소설, 베스트셀러, 에세이)을 들어보자.
④ 미드, 영드, 영화를 자막 없이 보자.
⑤ MOOC(칸 아카데미, 에텍스)로 원하는 강좌를 수강신청해서 영어로 강의를 들어보자.

3. 영어 독해가 안 되는 이유와 향상법

 한국 사람들이 영어를 공부할 때 가장 익숙한 것이 문법과 독해다. 저자 또한 듣기와 말하기보다 독해가 더 편한 것이 사실이다. 읽는 데 들인 시간보다 듣고 말하는 훈련이 상대적으로 빈약하다 보니 독해가 더 가슴 깊숙이 와닿아 있다는 생각이 든다. 독해를 잘하기 위해서는 한마디로 많이 읽는 방법밖에 없다. 다양한 분야를 다독하게 되면 어휘 수준과 배경지식이 모두 상승하게 되고 직독 직해와 속독을 할 수 있다.

◇ **독해 향상 방법**

① 문장을 형성하는 기본 문법의 원리를 알아야 한다.
② 문장의 다양한 기술 방법과 스타일(문체)에 익숙해져야 한다.
③ 고급 독해로 가는 길은 결국 어휘 싸움과 배경지식에 달려 있다.
④ 자신의 렉사일 지수[21]에 어울리는 영어 콘텐츠를 찾아서 꾸준히 읽는다.
⑤ 시간을 만들어서라도 무조건 읽어야 한다.

---

21 초등학교 1학년 수준은 200~500L, 『해리포터』 시리즈는 800~1,200L, 미국 성인 원어민은 2,000~3,500L, 외국인 학습자는 평균 250~900L 수준으로 제시된다. 책을 고를 때는 자신의 렉사일 지수에서 -100~+50 범위에 해당하는 도서를 선택하는 것이 가장 적합하다. 즉, 만약 자신의 렉사일 지수가 500L이라면 400~550L 수준의 책을 읽는 것이 좋다.

위의 독해 향상 방법은 초·중급에서 고급까지 모두 적용될 수 있다. 다만 초급에서는 어휘와 문법 실력 등 영어의 기초 체력이 약하기 때문에 기본기를 먼저 다져야 한다. 독해는 단어들의 의미 관계와 문장으로 표현된 의미를 이해하는 것이기 때문에 문장을 구성하는 문법 원리를 익힌 후에는 어휘 지식과 배경지식 쌓기에 집중해야 한다. 이런 훈련이 어느 정도 되어 있느냐에 따라 독해 실력이 판가름 난다. 독해를 잘하게 되면 여러 가지 장점이 생긴다. 전체 지문의 이해를 위한 분석과 추론적 사고 능력을 향상시킬 수 있다. 토익 지문이 만만해지고 공무원 영어나 편입 영어도 풀 수 있는 경지에 오른다. 자신의 전문 지식, 역량에 따라 경제지, 과학 매거진, 논문 읽기가 수월해진다.

독해 실력을 향상시키는 가장 확실한 방법은 다양한 글을 꾸준히 읽는 것이다. 책을 많이 읽으면 자연스럽게 어휘력, 문법 이해력, 독해 속도, 그리고 자신만의 독서 노하우까지 키울 수 있다. 특히 영어 독해를 위해서는 영어 텍스트를 꾸준히 접하는 것이 필수적이다. 영어 텍스트를 읽는 습관을 들이기란 쉽지 않지만 한글 책이든 영어 자료든 자신이 좋아하는 분야의 글을 꾸준히 읽다 보면 어느새 독서 습관이 자리 잡힐 것이다. 중요한 것은 꾸준함이다.

나의 독해 실력이 급상승하게 된 결정적인 계기는 10년 가까이 꾸준히 읽어왔던 영자 신문과 비슷한 시기에 같이 읽기 시작했던 영어 원서 때문이었다. 나는 주말이면 도서관 신간 코너에 들러 다양한 분야의 책을 빌려 읽었고 영어 원서도 틈나는 대로 읽었다. 책을 읽는 시간을 만들기 위해 일부러 대중교통을 이용했고 이동 중에는 무조건 영어를 듣거나 책을 읽었다. 심지어 화장실에서 볼일을 볼 때도 영어 원서를 읽었다. 이런 사소한 노력이 반복되다 보니 어느새 영어 읽기 수준이 급상승하기 시작했다. 영어 텍스트를 읽는 속도가 빨라졌다는 것을 느낄 수 있었고 예전에는 간파하지 못했던 저자의 의도가 선명하게 머릿속에서 그려졌다.

 속독이 되면 듣기 수준도 같이 향상되는데, 이는 읽는 속도가 빨라져 듣고 이해하는 문장의 이해 속도도 동시에 빨라지기 때문이다. 문장이나 지문을 눈으로 읽는 독해와 귀로 듣는 청취의 호응 관계가 톱니바퀴처럼 유기적으로 맞물리게 되면 이 두 영역의 학습 효과를 극대화시킬 수 있다. 그래서 나는 코리아 타임즈를 읽고 NPR을 동시에 듣는 이중 전략을 꾸준히 실천했다. 영어 신문이 다루는 뉴스는 국내 및 전 세계의 이슈로 늘 가득하다. 일간지의 특성상 월요일부터 금요일까지 배달이 되기 때문에 영자 신문을 반복해서 읽다 보면 자주 나오는 시사용어와 전문용어를 자연스럽게 익힐 수 있다. 여기에 시사 정보와 상식을 얻게 되는 보너스까지 생긴다.

 내가 독해 실력을 향상시킬 수 있었던 요인은 영자 신문 말고도 꾸준한 책 읽기에서 나왔다고 해도 과언이 아니다. 앞서 말한 적이 있지만 지금까지 2천 권이 넘는 책을 읽어오면서 독서 습관이 자연스럽게 생겼다. 텍스트가 한글로 되어 있느냐 영어로 되어 있느냐의 차이일 뿐이지 책 읽는 습관이 길들여지면 여러 가지 이점이 많다. 책 읽기도 억지로 하면 스트레스가 되지만 습관이 되면 즐기면서 읽을 수 있다. 영어 원서도 처음 한 권을 마스터하기 어려워서 그렇지 일단 한 권을 모두 읽고 나면 그 성취감은 이루 말할 수 없이 크다. 뭐든지 처음이 힘들다. 하지만 영어 원서 완독의 경험이 쌓여가면 갈수록 500페이지가 넘는 분량도 도전해볼 만하다는 생각이 들 것이다. 나는 평균 300~400페이지 정도의 영어 원서를 읽는 편인데 가급적 관심 분야의 폭도 넓혀서 읽으려고 한다.

일반적으로 소설, 에세이와 같은 경우 수사학적 표현과 묘사, 철학적 성찰 등이 관념적으로 기술되어 있어 이해하기가 상당히 난해한 편이다. 문학적 표현이 많은 장르에서 흔히 볼 수 있는 특징인데 낯선 외국 문화와 관용어, 문어체 어휘, 긴 묘사 등으로 이해하는 데 어려움을 겪을 수 있다. 노벨 문학상을 받은 단편소설의 대가 어니스트 헤밍웨이(Ernest Hemingway)의 『노인과 바다』(The Old Man and the Sea)는 문장이 간결하고 문형이 어렵지 않아 시도해볼 만한 작품 중 하나이다. 나는 유발 하라리(Yuval Noah Harari)의 『사피엔스』(Sapiens), 『호모 데우스』(Homo Deus), 그리고 『21세기를 위한 21가지 제언』(21 Lessons for the 21st Century)을 원서로 읽고 역사학자이자 작가인 그가 인류를 바라보는 철학적 깊이와 통찰력에 신선한 충격을 받았다. 이런 종류의 사회·인문과학 내용을 다룬 영어 원서는 비교적 객관적 기술과 피상적 표현이 적어 이해하기가 다소 용이하다. 다만 역사, 종교, 정치, 심리학, 자연과학, 문화인류학, 진화생물학, 유전공학, 생명공학, 자연과학, 미래학을 넘나드는 그의 풍부한 학문적 깊이와 전문용어, 낯선 지명과 이름, 고급 어휘 표현 때문에 문장 중에 낯설게 보이는 단어와 문장이 가득하지만 독서 습관으로 단련된다면 그리 어렵지 않게 읽을 수 있다.

나는 책을 읽을 때 한 가지 주제에서 시작하여 관련된 다양한 분야로 끊임없이 확장해나가는 독서 방식을 즐긴다. 예를 들어 『드론에서 AI까지』라는 책을 읽고 나면 자연스럽게 미래학이나 사이보그 기술에 관심을 가지고 관련 책들을 찾아 읽는다. 이렇게 꼬리에 꼬리를 물고 새로운 분야를 탐구하다 보면 '특이점이 온 세상'이나 '로봇 윤리'와 같은 더욱 심층적인 주제까지 파고들 수 있다. 이러한 방식의 독서는 한 가지 주제에 대한 지식뿐만 아니라, 다양한 분야를 넘나드는 폭넓은 이해를 가능하게 한다. 나는 이런 방식으로 수많은 책을 읽었고 영어 원서도 연계 독서법으로 하라리의 저작들을 모두 읽을 수 있었다. 이 방식이 좋은 점은 자신이 알고 싶은 분야를 읽기 때문에 재미있게 읽을 수 있다는 데 있다. 그래서 나는 영어 원서를 읽는 데 전혀 스트레스를 받지 않는다. 오히려 독서 시간을 만들기 위해 없는 시간을 만들어야 하는 의무감 같은 것이 압박감처럼 따라올 뿐이다. 다시 한번 말하지만 독해 실력이 밑받침되면 언어와 문장 이해의 경험적 지식이 쌓이게 되고 이 토대 위에서 듣기, 말하기와 작문을 잘할 수 있게 된다.

독해 학습 참고 정보

(1) 영어 원서 학습 전략

- 초급: 책 읽기는 처음이자 마지막일 정도로 지식을 넓히고 교양을 쌓는 데 필수적이다. 영어 학습에 있어서도 책 읽기는 어휘와 기본 문법, 문장 이해력을 높일 수 있는 기본 중의 기본 영역이라고 할 수 있다. 초급자라면 어린이 동화같이 비교적 어휘 수준이 쉽고 문장 구조가 간단한 내용을 골라서 읽는 것이 좋다. 그리고 반드시 두 번 이상 읽는 것을 추천한다. 처음 읽을 때 이해가 되지 않은 문장이나 단어는 체크를 해두었다가 두 번째 읽을 때는 체크한 내용을 반복 확인하면서 빠르게 읽어나간다. 이때 가급적이면 모르는 단어나 숙어를 메모할 수 있는 자신만의 단어장을 준비하는 것이 좋다.

- 중·고급: 독서 수준이 중급에 이르면 개인의 관심사나 이미 알고 있는 지식을 바탕으로 더욱 다양한 책을 선택할 수 있다. 처음에는 많은 사람들이 좋아하는 베스트셀러나 꾸준히 사랑받는 스테디셀러를 읽으며 독서의 즐거움을 느낄 수 있지만 독서 경험이 쌓이게 되면 전문적인 분야의 책이나 취미와 관련된 책, 혹은 새로운 지식을 얻고 싶은 분야까지 깊이 있는 독서를 할 수 있다.

(2) 초중급 읽기 참고 팁

- 구글이나 유튜브에 'Reading for beginner level' 또는 'Reading for intermediate level'로 검색을 해보면 다양한 학습 정보를 볼 수 있다. 자신에게 어울리는 내용을 찾아서 활용하면 된다.

- 초급 레벨
  https://lingua.com/english/reading/

시사 영어에 흠뻑 취해보자

영자 신문을 읽고 이해할 수 있으면 독해는 거의 중·고급 단계의 문턱에 이르렀다고 봐도 무방하다. 이 단계에 이르면 세계를 이해하는 수단으로 영어를 활용할 수 있게 된다. 영어 이해의 폭 또한 넓어져 국내를 넘어서 세계의 각종 이슈와 정보를 찾아볼 수 있다. 세계를 대상으로 소식을 접하다 보면 국내의 우물 안 사고와 시야에서 벗어나 의식적 수준이 확장되고 거시적 관점에서 세상을 이해하고 바라보게 된다. 세상의 여러 분야를 관심 있게 들여다보면 그동안 내 자신이 얼마나 한정된 사고와 근시안적 태도로 살아왔는지를 깨닫게 된다. 글로벌 마인드와 인사이트를 기르기 위해서는 시사 영어만 한 것이 없다. 영자 신문은 시사 영어의 최고봉이다. 세상의 온갖 최신 뉴스와 정보를 영어로 접할 수 있기 때문이다.

영자 신문을 구독하면 월요일부터 금요일까지 매일 집으로 배달이 된다. 일간지의 특성상 하루라도 신문을 보지 않으면 쌓이기 때문에 한 번에 모아서 보기가 말처럼 쉬운 일이 아니다. 그래서 시사영어에 관심을 가지려면 부지런한 노력이 뒤따라야 한다. 나는 매일 하루도 거르지 않고 영자 신문을 본다. 어쩔 수 없이 너무 바빠 읽지 못하게 되면 주말에 반드시 몰아서 본다. 밀린 분량은 하루 또는 이틀 치가 대부분이고 삼 일 치까지 밀린 적이 거의 없다. 영자 신문을 밀리지 않고 보려면 일과 중에 반드시 우선순위 항목에 포함시켜야 한다. 나는 업무를 마치면 집에 오자마자 저녁을 먹기 전이나 먹은 후에 바로 신문을 읽는다. 중간에 일이 생겨 못 읽은 분량은 어떻게든 읽고 잔다.

나는 대학 시절 The Korea Times를 6개월 남짓 구독한 적이 있었다. 그 당시에는 국제 시사 정보에 익숙하지 않고 외신은 기사가 어려워 국내 뉴스나 비교적 이해하기 쉬운 문화란을 읽었다. 이렇게 읽는 것도 잠시, 나중에는 거의 거들떠보지도 않게 되자 쌓여가는 신문 때문에 버리기에 바빴다. 2011년부터 2015년까지는 인터넷에서 영자 신문의 주요 이슈와 사설 해당 꼭지를 프린트해서 읽었다. 읽은 기사는 스크랩북에 차곡차곡 정리해놓았는데 시간이 지나다 보니 스크랩 권수가 늘어나고 보관하는 데도 공간을 많이 차지해 어쩔 수 없이 또 버려야 했다. 2016년 10월경에 영자 신문을 다시 구독하기 시작했는데 당시 국내 톱뉴스와 사설은 온통 국정농단 게이트가 신문지면을 장식 했던 때였다.

시사 뉴스를 읽고 들어야 하는 이유 중의 하나는 국내외 최신 뉴스와 이슈, 다양한 라이프 스타일의 트렌드와 유용한 정보를 파악할 수 있기 때문이다. 시사 감각은 객관적 정보 지표로 인생을 살아가는 바로미터가 될 수 있다. 시사 정보를 지속해서 접하다 보면 자기의 관심 분야나 전문성에 맞게 정보를 취사선택할 수 있다. 또한 지식과 정보의 간극을 좁혀 통합 정보로 분석하고 활용할 수 있다. 무엇보다 자신만의 경쟁력 있는 지식정보 체계를 구축해 독창적인 인사이트를 개발할 수 있는 정보 자원으로 '따봉'이다.

요새 같은 지식정보 사회에 시사 정보를 모르면 세상이 어떻게 돌아가는지를 알지 못한다. 알아야 면장을 한다고 보통 전문성은 특정 분야의 지식과 정보, 경험과 노하우가 유기적으로 시너지를 이룰 때 빛을 발한다. 지식만 쌓고 정보에 둔감하면 흐름에 뒤처져 시대 감각을 잃는다. 그래서 지식을 습득할 때는 동시대의 최신 정보 파악에도 능해야 한다. 우리가 일상에서 시사 정보를 접할 수 있는 최선책은 신문 읽기가 답이다. 오랫동안 신문을 읽어 국내외 시사 정보에 밝으면 소위 말해 '이야기할 거리'가 많아진다. 시사 정보로 축적된 비판적 식견과 안목이 있으면 대화를 할 때도 자기만의 논리로 어필할 수 있게 되고 세상 물정에 밝은 사람으로 거듭날 수 있다. 또한 어떤 주제와 내용으로 대화를 하더라도 자신감이 생긴다.

한번은 이런 적이 있었다. 거래처 사람과 잠시 잡담을 하다가 2020년 코로나 바이러스 팬데믹과 미국 11월 대선에 대해 내가 청산유수처럼 쏟아내자 이렇게 물어보는 것이었다.

"혹시 유학파세요? 말씀마다 영어를 쓰시는데 예사 영어 실력이 아닌 것 같아서요…"

이 사람이 왜 이런 말을 했을까 곰곰이 생각해보니 내가 말할 때마다 무의식중에 영어를 많이 섞어서 쓴다는 것을 알게 되었다. 'Social distancing', 'Lockdown', 'Swing state', 'Running mate', 'Vice president', 'Kamala Harris' 'Sleepy Joe' 등 나도 모르게 신문에서 반복해서 접했던 단어들이 불쑥불쑥 튀어나왔던 것이다.

영자 신문을 매일 읽다 보면 굳이 단어를 암기하지 않아도 반복해서 비슷한 말과 단어들이 표현되기 때문에 자연스럽게 시사 영어를 익힐 수 있다. 대신에 이런 감을 유지하기 위해서는 영자 신문을 매일 읽어야 한다. 초심자들이 영자 신문을 읽을 때는 쉬운 내용이나 관심이 있는 기사 꼭지부터 읽는 것이 좋다. 보도사진도 같이 나오기 때문에 사진을 설명하는 캡션(Caption)만 읽고 넘어가도 된다. 국내 기사는 동일한 내용의 뉴스를 영어로 번역한 것이기 때문에 좀 더 쉽게 이해할 수 있다. 만약 미국 현지 소식을 좀 더 도전적으로 접하고 싶다면 USA TODAY를 추천한다. 문체가 직설적이고 관념적이거나 은유적인 표현이 적어 이해하기가 수월하기 때문이다. 국내에서 영자 신문을 구독하려면 The Korea Times와 The Korea Herald, Korea Joongang Daily 중에 선택하면 된다. 구독료도 가성비가 있어서 부담 없이 볼 수 있다. 코리아헤럴드의 양승진 기자는 영자 신문이 일반 뉴스, 주요 뉴스, 톱 뉴스로 시의성과 이슈성에 따라 압축된 핵심 정보만을 소개하기 때문에 학습 효율성을 극대화시킬 수 있다고 말한다. 또한 국내 영자 신문 구독 학습의 장점으로 해외 영자 신문에 비해 쉬운 난이도와 인물, 사건, 기본 상식 등의 내용이 익숙한 점과 한국 관련 영어 표현과 실전 회화의 활용성을 예로 든다.

영자 신문을 보면서 영어 라디오를 같이 들으면 좋은데 NPR은 초심자들에게는 어렵기 때문에 VOA(Voice of America)[22]를 추천한다. VOA는 듣기 속도까지 조절할 수 있다는 장점이 있다. 내용을 팟캐스트로 들을 수도 있고 비디오를 보거나 텍스트 내용을 보면서 읽을 수도 있어 NPR보다는 체감 난이도가 훨씬 낮은 편이다. VOA는 데스크탑 PC뿐만 아니라 핸드폰에 앱을 설치해서 들을 수도 있어 활용성 또한 상당히 좋다. 영자 신문은 어휘, 독해, 영작, 청취, 회화를 통합적으로 익히고 훈련할 수 있는 최고의 실천 도구로 오랫동안 검증되어온 알짜 비법이다. 만약 영자 신문 읽기를 실천하고 있지 않다면 더 이상 미루지 말고 당장 구독해서 읽어보자! 동시에 영어 라디오도 동시에 듣는 것을 잊지 말자!

---

[22] 미국 해외정보국(USIA)이 미국을 대외적으로 홍보하기 위해 설립한 방송 기관이다. 본부는 워싱턴에 있으며, 미국 정부가 재정을 부담해 직접 운영한다.

◇ 영자 신문

국내 영자 신문
- 코리아 타임즈
- 코리아 헤럴드
- 코리아 중앙 데일리

미국 대표 신문
- USA Today
- The Wall Street Journal
- New York Times
- Los Angeles Times
- The Washington Post

◇ 시사 영어 공부 방법

① 영자 신문과 국내 신문을 비교해서 읽어보자.
② 현지 라디오를 듣고 영자 신문과 크로스 체크를 해보자.
③ BBC, CNN 등을 TV로 보고 신문과 라디오에서 보고 들었던 내용과 비교해 보자.

◇ 시간이 없을 때 영자 신문 빨리 읽는 꿀팁

① 헤드라인 제목만 보기
② 보도사진 캡션 읽기
③ 처음 1~3개 문단만 읽기(두괄식 구조로 앞부분에 핵심 내용이 나와 있다)

잡지를 정기 구독하자

신문과 달리 잡지의 장점은 기사 내용과 다양한 사진 자료들이 함께 구성되기 때문에 지루하지 않게 볼 수 있다는 장점이 있다. 또한 주제별로 내용이 매우 다양하고 온라인 버전과 프린트물의 정기 구독도 가능하다. 깊이가 있는 전문 잡지는 어휘 수준이 높고 배경지식이 필요하기 때문에 결코 만만하다고 볼 수 없다. 대개 중·상급자 이상은 되어야 어려움 없이 읽을 수 있다. 만약 덕후 기질이 있다면 전문 지식까지 포괄적으로 아우르는 영문 잡지를 강력히 추천한다.

◇ **중·고급 잡지**

- The Economist

    국제 정치, 경제 분야 전문용어에 대한 지식과 배경지식이 있어야 읽는 데 지장이 없다. 이코노미스트는 영국에서 발행되는 주간지로 177년의 오랜 역사를 가지고 있다. 격조 높은 논조와 문체로 지식인들 사이에 정평이 나 있다.

- Forbes

    포브스는 미국의 출판 및 미디어 기업으로 포브스 잡지는 2주마다 발간된다. 미국 부자 명단 및 백만장자 명단을 발표하는 것으로 유명하며 경제뿐만 아니라 다양한 주제를 다룬다.

- 리더스 다이제스트

    건강 정보와 독자들의 사연 등 신변잡기적인 이야기들을 다루고 있으며 특히 유머 코너가 유명하다. 국내에 번역판이 나와서 한때 구독자들에게 인기를 끌기도 했다. 타임, 뉴스위크, 뉴요커와 같은 유력 주간지들과 함께 킨들에서 가장 인기 있는 잡지로 주목을 받고 있다.

- National Geographic

자연과 환경에 대한 깊이 있는 정보와 전문성으로 생물학이나 자연과학 등의 전문 배경지식이 없으면 읽기가 어려울 수 있다. 이미지, 사진 등의 시각 정보가 많아서 관련 내용을 이해하는 데 도움이 된다.

- Time

타임(TIME) 매거진은 세계에서 가장 유명하고 영향력 있는 시사 주간지 중 하나이다. 1923년에 창간되어 거의 한 세기 동안 세계 곳곳의 주요 뉴스와 사건들을 심층적으로 다룬다. 매주 발행되는 타임지는 정치, 경제, 사회, 문화 등 다양한 분야의 뉴스를 분석하고 '올해의 인물' 등을 선정하며 시대의 흐름을 반영하는 콘텐츠를 집중 소개한다.

- Newsweek

뉴스위크는 미국에서 발행되는 유명한 시사 주간지다. 워싱턴 포스트의 자매지이며 정치, 경제, 사회, 문화 등 다양한 분야의 심층적인 뉴스와 분석 기사를 제공하며 전 세계적으로 많은 독자를 보유하고 있다. 한국어판을 비롯해 다양한 언어로 출판되고 있다.

- Human Nature

이 잡지는 주로 인간의 본성과 심리를 탐구한다. 우리가 왜 어떤 생각과 감정을 느끼고, 어떤 행동을 하는지에 대한 과학적이고 심층적인 분석을 제공한다. 인간관계, 사회현상, 문화 등 다양한 주제를 다루며 독자들에게 자신과 타인을 더 깊이 이해할 수 있는 통찰력을 선사한다. 인간의 심리와 관계성에 대해 깊이 알기를 원한다면 읽어보자.

- Scientific American

사이언티픽 아메리칸은 세계적으로 유명한 대중 과학 잡지다. 1845년부터 발행되어 오랜 역사를 자랑하며 일반인이 이해하기 쉽도록 최신 과학 연구 결과를 흥미롭게 소개한다. 다양한 과학 분야의 전문가들이 기고한다. 과학적 사고와 지식을 확장하고 싶다면 시도해보자.

- Natural History

자연사 분야에서 가장 오래되고 권위 있는 잡지 중 하나이다. 1870년에 창간되어 지금까지 꾸준히 발행되고 있으며 생물학, 지질학, 고생물학 등 다양한 자연과학 분야의 최신 연구 결과와 아름다운 자연 사진을 담고 있다. 일반인들도 쉽게 이해할 수 있도록 전문적인 내용을 대중적으로 풀어서 설명하는 것이 특징이다.

- Harper's Magazine

하퍼스 매거진은 미국에서 오랜 역사를 자랑하는 정치, 문학 전문 저널이다. 깊이 있는 분석 기사와 문학 작품을 통해 사회, 문화, 정치 등 다양한 주제를 다룬다. 특히 미국 사회의 문제점을 날카롭게 비판하는 것으로 유명하며 통계 지표인 하퍼스 인덱스를 통해 사회현상을 독특한 시각으로 조명하기도 한다.

- Esquire

에스콰이어는 남성들을 위한 대표적인 패션 잡지 중 하나이다. 패션뿐만 아니라, 문화, 라이프 스타일, 인터뷰 등 다양한 분야의 콘텐츠를 담고 있어 남성 독자들에게 폭넓은 정보를 제공한다. 세련되고 품격 있는 남성 소비자를 겨냥해 고급스러운 사진과 심도 있는 기사로 유명하다. 아레나, GQ와 함께 3대 남성 잡지로 손꼽히기도 한다.

4. 영어 대화가 안 되는 이유와 향상법

아마 영어에서 실용성을 말할 때 가장 많이 언급되는 분야가 회화일 것이다. 영어를 배우는 목적도 일상에서 대화를 잘하고 싶은 열망이 가장 높기 때문이다. 이를 반영하듯 시중에 나와 있는 영어 학습 콘텐츠의 유형을 보면 회화 영역이 압도적으로 많다. 출시되고 있는 영어 학습 콘텐츠들의 대부분이 '기초 영어 회화'에 집중할 만큼 수요 시장이 크다. 주목할 만한 점은 50~60대 이상의 시니어 대상 교육 시장이 확대되고 있다는 점이다. 이전보다 외국과의 교류가 더욱 빈번해지고 해외여행이 일상화되면서 국제어로 통하는 영어를 배우려는 중장년층이 늘어나고 있기 때문이다. 젊은 세대 또한 취업이나 사회활동 시 영어 회화에 중점을 두는 경향이 두드러지면서 나이를 불문하고 영어로 말하고 싶은 사람들의 열기는 매년 외국어 교육 시장을 뜨겁게 달구고 있다.

내가 대학을 다닐 때 회화를 배우는 가장 빠른 방법 중 하나는 어학연수를 가는 것이었다. 영국, 미국, 캐나다, 호주, 뉴질랜드 등의 영미권, 그리고 아시아권에서는 필리핀이 인기가 높았다. 하지만 최소 6개월에서 1년의 연수 비용이 부담되었기 때문에 쉽지 않은 선택이었다. 나 또한 연수를 가고 싶은 마음이 굴뚝같았지만 여러 가지 이유로 가지 못하고 군대를 가기 전 4~5개월 남짓 신촌 부근의 영어 회화 학원을 다니는 것으로 만족해야 했다. 당시 레벨 테스트를 받고 참여했던 영어 회화반은 나 같은 대학생에서부터 관광 가이드, 학원 강사, 전업주부 등의 수강생들로 다양했다. 학원 첫 수업에서 자기소개를 할 때 영문법 강사도 있었는데 그녀는 영어로 말할 기회가 없어 회화 연습을 하기 위해 등록을 하게 됐다고 자신을 소개했다. 정말 깜짝 놀란 사실은 이 강사분이 생각보다 영어 회화를 자연스럽게 하지 못한다는 사실이었다. 대화를 할 때면 사기 영어에 가까웠던 나보다도 자신 없는 기색이 역력했다.

영어 강사라면 영어에 능통할 것이라고 생각하겠지만 영어를 전공하고 영어를 가르친다고 해서 모든 영역을 잘한다고 생각하는 것은 오산이다. 학원에서 독해와 문법 위주로 각종 시험 대비만을 위해 경험과 노하우를 쌓은 국내파 입시학원 강사들은 상대적으로 회화에 취약한 경우가 많다. 일상에서 영어로 말할 기회가 없기 때문이다. 반대로 네이티브 스피커의 한인 강사는 영어로 말하는 기초 회화 강의 능력은 뛰어나지만 문법이나 독해의 구문 분석과 설명을 전문적으로 가르치지 않았기 때문에 이 영역은 입시학원 강사처럼 문제 유형과 풀이에 익숙하지 않을 수도 있다. 토익도 리스닝 파트와 리딩 파트를 나눠서 강의 하는 강사와 토익 스피킹과 오픽 등 회화만을 전문으로 하는 강사도 모두 전문 분야가 다른 경우가 많다. 영어 학원 강사에 따라 개인차가 있고 절대적 기준은 아니지만 회화 중심의 영역에서 활동하는 강사들은 대개가 교포 출신이거나 영미권에서 유학을 했거나 외국인 회사에서 영어 회화의 경험을 오랫동안 쌓은 경우가 많다.

한국인이 오랫동안 영어를 배우고도 말 한마디 제대로 하지 못하는 첫 번째 이유는 바로 문법과 독해 풀이만큼이나 일상에서 회화 연습을 하지 않았기 때문이다. 문법과 독해, 심지어 듣기는 모두 혼자서 할 수 있는 영역들이다. 그런데 회화는 내가 말한 내용에 대한 상대방의 리액션이나 피드백이 많을수록 학습 효과가 있을 수밖에 없다. 생각해보자. 우리 주변에 원어민이 상시로 동고동락하면서 우리가 영어로 말할 때마다 영어로 응답해주고 교정해줄 수 있는 최적의 학습 환경이 얼마나 조성될 수 있을까? 영어권 외국인 배우자가 있거나 해외로 유학을 가거나 현지 다국적 기업에 취업하지 않는 이상 외국어 노출 환경을 만들기가 쉽지 않을 것이다. 단어 암기나 독해 공부, 영어 음원 듣기 같은 것들은 얼마든지 혼자서 할 수 있는 소극적인 영어 학습 방법이다. 그러나 영어 회화는 자신 이외의 상대방과 유기적인 커뮤니케이션을 통해 지속적인 피드백이 필요한 능동적인 영어 학습 방법이다. 때문에 국내에서 영어 회화를 혼자서 훈련하기 위해서는 어쩔 수 없이 유사한 학습 환경(Learning environment)을 만들어야 한다. 대안 학습이 될 수 있는 회화 훈련 방법들 중에 다음과 같은 것들을 시도해볼 수 있다.

① 초급이라면 전화 영어로 입에 기름칠을 하자.
② 중고급이라면 화상 영어와 오프라인 영어 모임에 참석해보자.

영어로 말할 기회와 상황을 만들려면 능동적인 학습 환경이 절대적으로 중요하다. 국내에서 배우려면 스스로 훈련 방법과 활용법들을 모색해보고 시행착오를 통해 자신에게 어울리는 회화 향상법을 찾는 수밖에 없다. 이 중에 가장 쉬운 회화 훈련법 중 하나가 전화 영어라고 생각된다. 전화 영어도 물론 호불호가 있는 것 같다. 그런데 내가 정한 요일과 시간에 길어야 10~20분 내외로 짬을 내어 훈련할 수 있기 때문에 시간도 절약할 수 있고 영어로 말할 기회를 만들 수 있어 처음 영어 회화에 입문하는 사람들이라면 도전해볼 만하다. 초급자들이 영어로 말을 하려면 좀체 입이 떨어지지 않는데 이런 현상은 영어로 말할 기회가 적은 중·고급 학습자들도 마찬가지다. 전화 영어로 초급자들이 말문을 트기 좋은 이유는 무엇보다 원어민 화자들이 학습자의 실력에 맞춰서 리드를 하고 피드백을 주기 때문이다.

전화영어 활용법

(1) 실수를 두려워하지 말자

전화영어는 내 돈을 주고 필요해서 배우는 학습 도구이다. 처음부터 실수를 두려워하거나 완벽한 표현을 하려고 상대방 강사를 의식할 필요가 없다. 그런 것들을 개의치 말고, 대화할 때는 과감해질 필요가 있다. 영어 회화를 익힐 때는 완벽성보다는 유창성에 집중해야 한다. 영어로 대화할 때 실수를 두려워하지 말자. 잦은 실수는 입이 트이는 기름칠의 과정일 뿐이다. '전화영어'라고 검색해 보면 다양한 서비스 요금제로 홍보하는 곳이 많이 있으니 자신의 자금 사정이나 학습 상황에 맞는 곳을 선택해 이용해 보자!

(2) 자신의 업무나 관심 분야를 이야기의 화제로 삼자

영어 회화의 실용 가치를 높이려면 본인이 하는 일이나 취미, 관심 분야를 이야기하는 것이 좋다. 추후 영어 회화 실력이 향상되면 곧바로 써먹을 수 있기 때문이다. 전화 영어 강사와 이야기하기 전에 무슨 주제로 이야기할지를 먼저 머릿속에 그려보고 주요 표현은 먼저 연습을 해보면 좋다. 초급자가 전화 영어로 대화를 하려면 주어진 시간의 압박과 긴장감 때문에 꿀 먹은 벙어리가 될 수 있다. 그래서 미리 말하고자 하는 생각과 표현을 연습해두면 심리적 안정감과 여유를 가질 수 있다. 초급은 무엇을 말할지 생각하고 말하는 경우가 많기 때문에 상대방의 말에 즉각적으로 말이 나오는 중·고급자의 순발력이 몸에 배기 전까지는 이 방법을 시도해보는 것이 좋다. 장담컨대 연습량이 쌓이고 입이 충분히 기름칠이 되어 말문이 트이기 시작하면 영어로 말하는 경험이 축적되면서 서서히 순발력이 좋아지는 것을 느낄 수 있을 것이다.

(3) 피드백을 받은 내용은 '회화 노트'에 적어놓고 다시 써보자

나는 네이버 메모장에 '회화 노트'를 따로 만들어놓고 연습을 한다. 만약 틀린 표현이나 어색한 표현 때문에 피드백을 받았다면 틀린 표현을 다시 써보고 자신의 것으로 만들어야 한다. 이런 표현의 피드백이 수없이 반복되면서 영어 표현이 정교해질 수 있다. 그리고 자기 관심 분야의 표현법이나 어휘들을 사전에 익히는 것도 중요하다. 독해나 듣기뿐만 아니라 대화에서도 관련 분야의 전문용어와 배경지식이 필요하기 때문이다.

화상 영어로 영어 회화에 날개를 달자

코로나19는 2020년 사람들의 일상을 송두리째 바꾸어놓았다. 비대면 문화가 생활의 뉴 노멀이 되면서 원격 수업, 재택근무는 줌(Zoom) 같은 화상회의 프로그램의 위상을 단번에 상승시켰다. 이 서비스를 이용하면 원거리에서 만나지 않고 얼굴을 보면서 상대방과 이야기를 할 수 있다는 장점 때문에 국제회의나 단체 회의, 그룹 스터디를 할 때 특히 유용하다. 그래서 외국에 나가지 않고 언어 교환이나 외국어를 배울 때도 막강한 학습 도구가 될 수 있어 영어를 배울 때 잘만 활용하면 최적의 솔루션이 될 수 있다.

화상 영어는 상대방을 직접 보면서 학습과 대화가 이뤄지기 때문에 일대일로 개인교습(Tutoring)을 받듯이 할 수 있다는 특장점이 있다. 이는 다시 말해 그룹 회화 수업에서는 자신이 말할 기회가 적은 반면 화상 영어는 그룹 수업부터 100% 1:1도 가능하기 때문에 집중 회화 훈련의 효과를 기대할 수 있다. 또한 스케줄이 일정하지 않은 직장인의 경우 자신이 정한 시간에 수업을 할 수 있다. 비용도 생각보다 가성비가 있어 중단기 학습 계획을 화상 영어로 짜임새 있게 실천하면 회화 실력을 늘리는 데 상당히 도움이 된다.

IBT 시험 결과에 따르면 전 세계 157개국 가운데 한국의 영어 회화 순위는 전체 121위로 거의 바닥 수준이나 다름없다. 이런 참담한 결과는 회화의 중요성을 다시 한번 상기시켜준다. 개인적으로는 국내에서 회화 훈련을 할 수 있는 방법으로 전화 영어 또는 화상 영어가 이런 목마름을 채워줄 수 있는 최적의 방법이라고 생각한다. 화상 대화로 영어를 하는 방식은 크게 유료로 화상 영어를 신청해서 하는 방법이 있고 무료로 언어 교환이나 외국인 친구 사귀기를 통해 할 수도 있다. 이 두 가지는 나름대로의 장단점이 있어 다음과 같이 소개하니 개인 학습에 도움이 되었으면 한다.

(1) 화상 영어 사이트

- 캠블리(www.cambly.com/english?lang=ko)
  캠블리는 전세계 튜터가 압도적으로 많으며 24시간 내 즉시 연결하거나 예약할 수 있고, 가용 시간·억양(발음)·전문 분야 등으로 원하는 튜터를 필터링해 선택할 수 있다.

- 엔구(www.engoo.co.kr)

  엔구는 1:1 25분 화상영어를 24시간 제공하는 플랫폼으로, 원어민을 포함한 다양한 국적의 튜터와 방대한 무료 교재(데일리 뉴스 포함)와 요금제(데일리, 레슨팩)의 가성비를 강조한다.

(2) 화상 영어 활용 팁

① 영어 강사나 튜터를 고를 때는 짧은 자기소개 영상을 보고 발음이나 대화 스타일 등이 자신과 맞는지를 확인한 후 결정한다.
② 대화를 시작하기 전에는 예약을 통해 튜터에게 피드백(대화 주제나 내용, 발음, 문법 교정, 좋거나 바른 표현 등)을 반드시 요청하자. 자신의 회화 활용 목적을 튜터에게 분명하게 전달할수록 영어로 말하는 학습 효과를 기대할 수 있다.
③ 튜터가 말을 주도하거나 너무 말을 많이 하면 내가 말할 기회가 없기 때문에 시간이 끝나면 다른 튜터로 바로 바꾸자. 경험한 바로는 대충 시간만 때우려는 튜터들이 많기 때문에 어물쩍거리다가는 시간만 낭비하고 실력이 안 늘 수 있다.
④ 수많은 튜터 중에 나와 맞는 사람을 만나는 것이 쉽지는 않다. 그런데 스스로 몇 번의 시행착오를 겪다 보면 튜터 고르는 감이 생긴다. 초급자가 튜터를 고를 때는 자신의 대화 속도와 어

색한 표현에도 인내심을 가지고 기다려주거나 피드백을 주는 사람을 찾는 것이 좋다. 대화를 할 때는 최소 일주일에 2번 이상, 한 번에 30분 이상은 진행하도록 하자.

⑤ 튜터와의 대화가 편해지기 전까지는 혼자서 대화에만 집중할 수 있는 곳에서 연습을 하자. 주변 사람 때문에 의식이 되거나 집중력이 떨어지게 되면 말하는 연습에 방해가 될 수 있다.

⑥ 자신이 중급 이상의 회화 실력이라고 생각되는 사람은 미리 예약을 하고 튜터를 바꿔가며 대화를 해보자. 초급일 때는 피드백을 잘해주는 튜터가 좋긴 하지만 중상급 이상일 때는 한 튜터만을 고집할 필요가 없다. 다양한 국가의 영어 튜터와 대화를 하면서 서로 다른 발음과 뉘앙스를 알아가는 것이 더 유리하기 때문이다.

⑦ 튜터와 대화하는 데 자신이 없으면 입이 떨어지지 않아 이야기 도중에 안절부절못하게 된다. 간단한 대화도 이어갈 수 없는 실력이라면 아무리 인내심과 인성이 좋은 튜터일지라도 적절한 피드백을 주기에 한계가 있다. 화상 영어로 회화 학습 효과를 높이려면 말할 기회가 없어 회화 경험이 없는 중상급자일수록 유리하다. 왜냐하면 이들은 보는 영역, 듣기 영역 등에 어느 정도의 기본 실력이 다져져 있어 회화 영역만 충분히 훈련이 된다면 좀 더 빠른 실력 향상을 기대할 수 있기 때문이다.

사람마다 다르지만, 초급자가 화상 영어로 말하기를 익히려면 최소 6개월에서 1년은 꾸준히 집중해야 눈에 띄게 는다. 화상 영어는 해외에 나가거나 오프라인 학원에 다니지 않아도 원어민과 바로 연습할 수 있으므로, 목적이 분명하면 실력 향상을 기대할 수 있다. 핵심은 꾸준함과 피드백이다. 일주일에 최소 2~3번 30분씩, 피드백 받은 내용을 다음 수업에 적용하면서 꾸준히 훈련하다 보면 말이 훨씬 자연스러워짐을 느낄 것이다. 이런 작은 반복과 노력이 결국 유창한 회화의 밑거름이 될 수 있음을 잊지 말자!

오프라인 영어 모임 활용

(1) 영어 모임 참여 시 자신보다 실력이 높은 그룹에 참가하자

저자의 경험상 자신이 회화 초급자라면 영어 기초 실력자들만 모여 있는 그룹에서는 절대 만족할 만한 학습 효과를 거둘 수 없다는 점을 명심해야 한다. 한마디로 회화 그룹 멤버 중에 대화를 주도할 실력을 가진 리더가 있는 것이 좋다. 그래야 실수를 하게 되면 교정을 받거나 이 리더의 유창한 표현을 따라 해보고 익힐 수 있기 때문이다.

(2) 전화나 화상 영어로 써먹었던 내용을 반복해서 훈련해보자

어차피 영어 모임은 자주 나갈 수 없다. 많게는 일주일에 한번, 많아야 한 달에 한두 번 정도기 때문에 영어 모임에 참여할 때는 그동안 전화 영어나 화상 영어로 훈련했던 표현을 훈련하는 기회의 장으로 삼는 것이 좋다. 영어 모임의 장점은 현장감 있는 리액션과 실전과 같은 상황을 만들 수 있다는 데 있다. 모임의 목적과 주제에 따라 다양한 분야의 색다른 표현 기술을 연마할 수 있어 시도해볼 만하다.

우리나라에서도 충분히 노력하기만 한다면 해외에 나가지 않고도 원어민 수준의 영어 실력을 가질 수 있다. 실제로 국내에서 활동하는 동시통역사 중에 해외 경험이 거의 없는 국내파들도 완벽한 영어 구사 능력을 보여주는 경우가 많기 때문이다. 하지만 대부분의 한국인들은 영어 단어 암기나 문법 공부에 많은 시간을 할애하는 반면 정작 중요한 회화 연습은 소홀히 한다. 이러한 편파적 학습 때문에 많은 사람들이 영어 회화에 어려움을 겪는다. 나 또한 오랜 기간 영어를 공부했지만 회화 실력이 부족하다는 점에서 이러한 현실을 피부로 느끼고 있다.

결론적으로 실용 영어의 대명사인 회화를 잘하는 방법은 기본 어법과 표현을 중심으로 자신이 활용하고자 하는 분야를 집중적으로 말하는 데 있다. 문법적으로 완벽한 문장과 표현을 생각하지 말고 자신이 생각하는 의도를 최대한 효과적으로 전달할 수 있는 유창성에 포커스를 맞춰야 한다. 말하다 좀 틀리면 어떤가? 우리는 어차피 네이티브 스피커가 아니다. 대화를 하면서 잘못된 부분은 고쳐나가면 되기 때문이다. 이런 훈련이 반복되고 대화의 경험이 축적되면 반사적으로 말이 튀어나오고 자신의 생각을 무리 없이 영어로 표현할 수 있게 된다. 회화는 쓰는 패턴과 구어적 표현이 정해져 있어 말문이 트이고 일정 궤도에 오르면 반사적으로 말이 나온다. 이런 경지에 이르려면 머리가 아니라 입에 말이 밸 때까지 반복해서 훈련하는 수밖에 없다. 상대방의 말에 반사적으로 말이 튀어나올 정도가 되려면 충분한 연습량이 충족되어야 한다. 우리가 매일 일상에서 한국어를 쓰듯이 영어를 매일 쓸 수 있는 상황을 만들고 말문이 트일 때까지 연습해야 한다. 영어로 말을 하고 싶은 꿈과 그런 각오가 되어 있다면 하루도 빠짐없이 영어로 말을 할 수 있는 상황을 만들고 실천해보자! 그렇게 할 수만 있다면 영어 회화를 유창하게 할 수 있는 것도 시간문제라고 확신한다.

회화를 중·상급으로 급상승시킬 수 있는 꿀팁

영어 회화를 기초에서 중·상급으로 끌어올릴 수 있는 방법으로 다음과 같이 훈련해보자! 나는 매일 영자 신문의 기사에서 핵심적인 표현들을 뽑아 학습하는 방법으로 영어 회화 실력을 향상시키고 있다. 특히 단어와 전치사, 구동사가 결합된 세련된 덩어리 표현들을 중점적으로 학습한다.

예를 들면 다음과 같다.

Climate change is a global issue that we must **deal with together**.
(기후 변화는 우리가 함께 다루어야 할 글로벌 문제입니다.)

Human activities have **brought about significant changes** in the climate.
(인간 활동이 기후에 중대한 변화를 초래했습니다.)

In terms of temperature, this year has been **the hottest on record**.
(온도 측면에서 볼 때, 올해는 역대 가장 더운 해였습니다.)

With regard to the environment, we need to **adopt sustainable practices**.
(환경에 관하여 우리는 지속 가능한 방식을 도입해야 합니다.)

내가 어떻게 훈련하는지 소개하자면, 위에서 제시한 기사의 문장 중 'deal with together', 'bring about' 같은 구동사나 'in terms of', 'with regard to' 같은 전치사구를 찾아 따로 정리하고 각 문장 중에 significant changes, the hottest on record, adopt sustainable practices와 같은 시사 응용 문장 표현을 정리해서 꾸준히 연습하는 방식이다. 이런 방식으로 훈련하기 위해서는 먼저 자신이 관심 있는 분야나 시사 이슈를 선택하고 뉴스 기사 등에서 핵심 표현을 발췌한다. 그리고 이 선택한 표현들을 단어장에 정리하고 회화 예문을 만들어 직접 응용해본다. 규칙적으로 이런 방식으로 말하기 연습을 하게 되면 좀 더 전문적이면서 고급스런 영어 회화를 할 수 있다.

영자 신문 외에도 드라마, 영화, 영문 소설, 강연 등 다양한 소재를 활용하여 콘텐츠 범위를 넓힐 수도 있다. 예를 들어, 미드 '프렌즈'에서 친구들과의 일상적인 대화에서 자주 사용되는 표현인 "How's it going?"(잘 지내?), "I'm so over him."(걔는 이제 질렸어.)이나 "You're kidding me!"(말도 안 돼!)와 같은 캐주얼한 표현들을 배울 수 있다. 영화 '노트북'에서는 로맨틱한 대사와 함께 "I'll always be there for you."(언제든 네 곁에 있을게.), "You had me at hello."(네가 나에게 처음 인사했을 때부터 반했어.)와 같은 감성적인 표현을 익힐 수도 있다. 이 밖에 영어 강연 표현 "In addition to the aforementioned points…"(앞서 언급된 점들 외에도…), 소설 문장 중 "She felt a pang of regret."(그녀는 후회감에 휩싸였다.)과 같은 격식체나 문학적 표현도 얼마든지 훈련할 수 있다. 내가 경험한 바로는 이 회화 훈련법은 매일 꾸준히 조금씩이라도 학습하는 것이 가장 효과적이라는 사실이다. 다시 말해 꾸준함이 가장 중요하다고 말하고 싶다. 이렇게 혼자서 훈련하고 익혔던 표현은 반드시 전화 영어나 화상 영어, 오프라인 영어 모임에서 응용해서 말해보는 것을 잊지 말자!

참고 학습 정보

요즘에는 인공지능 기술을 활용하여 개인에게 맞춤형 영어 학습을 제공하는 화상 회화 앱들이 인기를 끌고 있다. 이러한 앱들은 유료 서비스가 대부분이지만 AI 튜터가 마치 실제 사람과 대화하는 것처럼 자연스러운 상호작용을 통해 영어 회화 실력을 향상시킬 수 있도록 도와준다. 영어 초급 학습자의 경우 실제 사람과의 대화에 대한 부담감이나 영어 울렁증 없이 혼자만의 공간에서 편안하게 연습할 수 있다는 점이 큰 장점이다. 다행히 많은 앱들이 무료 체험 기간이나 단계를 제공하고 있어 부담 없이 직접 사용해보고 자신에게 맞는 앱을 선택할 수 있다. 인공지능 기반의 화상 회화 앱은 시간과 장소에 구애받지 않고 편리하게 영어 회화를 학습할 수 있는 좋은 학습 도구다. 앱 스토어 또는 플레이 스토어에서 'AI 영어 회화' 키워드로 검색해서 자신에게 맞는 앱을 찾아보고 비교 선택하여 꾸준히 학습해보자!

- 스픽(Speak)
  스픽은 다양한 주제와 상황을 설정하여 자유로운 대화가 가능하며 실시간 피드백을 주는 AI 스피킹 튜터가 강점이다. 특히 자연스러운 발음 연습에 초점을 맞춰 제작된 것이 특징이며, 초급 학습자에게 적합하다.

- 리얼클래스
  리얼클래스는 애니·미드·영드·영화·팝송 등 콘텐츠 기반 학습을 제공하며, 라이브 수업과 실시간 코칭을 지원한다. 2025년에는 AI 튜터 기능이 추가된 '올인원 패키지'가 출시되었다.

- 링글

링글은 하버드, 예일 등 아이비리그 출신 튜터와의 1:1 화상 수업을 제공한다. 수업 과정 시 실시간 교정이 이루어지며, 수업 후에는 녹화 자료와 스크립트, 발음과 말하기 속도 등 학습자의 특성을 분석한 AI 피드백이 제공되어 체계적인 학습을 지원한다.

5. 영어 문법은 어디까지 공부를 해야 하는가

영어와 같은 외국어를 배울 때 문법이 중요한 이유는 한국어와 다른 영어의 구조적 차이를 이해하기 위해서다. 서로 다른 언어들을 체계적으로 알기 위해 문법은 중요한 기능을 한다. 문법은 어순과 문장 형성 원리가 서로 다르고 이질적인 형태와 쓰임새를 일정한 규칙에 맞게 표현하기 위한 기준 체계로 발전해왔다. 우리가 그동안 귀가 따갑게 들어왔던 8품사(명사, 대명사, 동사, 형용사, 부사, 전치사, 접속사, 감탄사)와 구와 절, 구동사, 준동사, 부정사, 동명사, 관계대명사 등은 모두 영어 문장 체계와 원리를 이해하기 위한 문법의 기능 설명어다. 영어를 배울 때 짜증 났던 것은 바로 이런 문법 기능 설명어를 따로 익혀야 했기 때문이다.

한국 사람들의 입장에서 문장의 원리를 설명하기 위해 어거지로 말을 만들다 보니 영어 문법 용어가 상당히 추상적으로 변질되지 않았나 생각된다. 영어 문법책을 들여다보면 물주구문, 서술형용사, 분사구문, 복합관계대명사 등 들어도 개념적으로 이해가 가지 않는 문법 설명어들이 가득하다. 우리는 지금까지 이 문법 용어들을 모르면 어떻게 영어 문장이 구성되고 활용되는지를 알 수 없도록 세뇌

당해왔다. 십수 년을 배우고도 영어로 말 한마디 못하는 현실이 어쩌면 당연한 결과인지도 모른다. 이런 학습 방식에 길들여지면서 우리는 말을 하기 전에 먼저 문법적으로 맞는 표현인지 틀린 표현인지를 분석하고 조합해보려는 이상한 버릇을 가지게 되었다. 영문법으로 오랫동안 단련되다 보니 우리는 그렇게 '문법왕'이 되어버렸고 시험 영어에 유독 집착하는 특성을 가지게 되었다. 결과적으로 우리는 영어를 문법적으로 분석할 수 있게 훈련되었지만 말로 하는 회화를 처음부터 다시 배워야 했다.

예전에 모 영어 단과 학원에서 기본 학습서를 거의 보지 않은 채 수많은 예문을 판서하고 설명하는 영문법 강사가 있었다. 그는 문법 교재를 통째로 외웠는지 교육 시간 내내 칠판 전체를 빼곡히 채워나가며 설명하는 강의 능력은 거의 놀라움에 가까웠다. 나는 당시에 그의 청산유수 같은 문법 강의에 빠져들어 문법만이 영어의 절대 기준이고 해법인 줄 알았다. 그래서 이해도 안 되는 영어 문법책을 어떻게든 머리에 쑤셔 넣으려고 애썼고 늘지 않는 영어 실력 때문에 절망할 때가 많았다. 그는 말했다. '영어를 문법적으로 사고하라고!' 우리는 회화를 잘 못하면서도 영어를 문법적으로 설명하라고 하면 영미인보다 더 분석적으로 할 수 있다. 그의 말처럼 영어를 문법적으로 사고하기 때문에 가능한 일인지도 모른다. 그런데 과연 영어를 문법적으로 생각한다는 것이 가당키는 한 걸까?

영어 문법은 반드시 해야만 하는가? 그렇다면 얼마만큼, 어디까지 공부를 해야 할까? 내 생각에 문법은 필요조건이지 절대조건은 아니라고 생각한다. 문법을 익힐 때는 우리말과 다른 어법상의 차이점을 이해하고 표현의 응용력에 집중할 필요가 있다. 이 밖에 문법의 굴레에 갇혀 문법을 위한 문법 공부를 해서는 안 된다고 생각한다. 자칫 문법의 허상에 빠지다 보면 영어 공부를 할 때 융통성이 떨어지기 때문이다. 영어 공부를 한답시고 문법 공부만 하고 다양한 예문의 활용을 위한 폭넓은 독해를 하지 않으면 절대 실력이 늘지 않는다. 건물을 지을 때 전체 구조의 뼈대 역할을 하는 것이 문법이다. 이후 나머지 작업은 엑스테리어와 인테리어가 그 건물의 개성과 특징을 가늠 짓는데 이 역할을 하는 것이 바로 단어와 숙어, 그리고 그 언어문화의 배경지식이다. 어학은 기본 어법을 배우고 나면 결국 어휘 활용과 표현 수준에 따라 실력이 판가름 난다. 이에 비해 문법 지식은 한정되어 있어서 핵심 요지만 파악해도 충분하다.

　나는 이제 문법 공부를 거의 하지 않는다. 대신 다양한 영어 문장의 체험과 단어 지식을 쌓기 위해 원서를 많이 보려고 노력한다. 기본적인 문법 지식은 어느 정도 축적이 되었기 때문에 문법 규칙 속에서 어떻게 문장이 표현되고 활용되는지를 이해하려고 한다. 독해를 통해 다채로운 영어 문장을 접하다 보면 문법은 자연스럽게 익히게 되고 응용력까지 생긴다. 다시 말해 다르게 쓰인 문체의 영어 문장을 많이 보다 보면 문장 내에서 어법이 어떻게 변형되어 활용되는지의 실제 쓰임새를 간파할 수 있게 된다. 만약 모르는 어법이 생기면 그때마다 문법책을 찾아보면 그만이다. 문법에 목숨 걸지 말자! 우리는 문법학자가 아니라 언어의 사용자이다. 문법과 같은 언어의 형식적 측면보다 듣고, 말하는 실용적 측면에 더 관심을 갖는 것이 좋다.

저자의 경험을 바탕으로 제시하는 영어 문법 공부 방법은 다음과 같다.

① 쉬운 문법책으로 먼저 개념을 잡자.
② 문법책은 이것저것을 보지 말고 자신에게 맞는 것을 한 권 선택해 반복해서 학습하자.
③ 고급 레벨로 가면 문법의 디테일이 보이기 시작한다.

문법을 공부할 때 한눈에 봐도 보기 편하고 일목요연하게 정리되어 있는 것을 골라서 보자. '영어 문법' 키워드를 ○○문고 인터넷 서점에서 찾아보았더니 2025년 9월 기준 7,083건의 상품이 검색되는 것을 확인할 수 있었다. 이런 문법 학습서들은 해마다 새롭게 쏟아져 나온다. 도대체 어떤 것을 골라야 할지 감이 잡히지 않을 정도다. 문법서를 고르는 팁 중 하나는 서점에 가서 직접 확인해보고 구매를 하는 것이 좋다. 내가 제일 먼저 보는 부분은 가독성이다. 문법책은 반복해서 학습해야 한다는 특성을 고려했을 때 보기 편한 것이 자주 봐도 질리지 않기 때문이다.

나에게 어울리는 문법책을 구매했다면 가벼운 마음으로 1회독을 해보자. 모르는 것을 이해하려고 억지로 붙들고 있지 말고 모르면 모르는 대로 쭉쭉 훑어보면서 넘어가자. 2회독을 할 때는 아는 부분은 과감하게 넘어가고 모르는 부분을 집중적으로 다시 보면서 속도감 있게 이해하고 넘어가자. 그리고 다시 3회독을 하고 문법책을 내려놓자. 3회독까지 마쳤으면 바로 독해로 넘어가자. 독해를 할 때는 익혔던 문법 지식을 활용해서 문장 내의 쓰임새를 음미해보자. 고급 이상의 레벨로 올라가면 문법의 디테일이 보인다. 초급자들이 분간해내거나 이해하기 힘든 문장의 생략과 도치, 분사구문도 감이 잡히고 복문 이상의 호흡이 긴 문장도 눈에 들어올 것이다. 문장의 실제 주어와 동사를 찾아내는 것은 기본이고 거품처럼 꾸며주는 복잡한 수식어들도 구분해낼 수 있을 것이다. 문장의 해석이 안 되는 이유는 문법 지식이 부족한 면도 있겠지만 가장 큰 원인은 단어를 모르기 때문이다. 번역이 어려운 이유 또한 문법적 측면보다 어휘와 배경지식에 따라 완성도의 차이가 나는 경우가 더 많다.

이어지는 내용은 영문법의 핵심을 부록으로 정리, 요약한 것이다.

부록:
문법 핵심 요약

― 한 번에 몰아 보는 문법 기초

이 문법 부록은 영어 공부를 다시 시작하는 분들을 위해 개괄적으로 이해하면 좋을 문법 내용을 정리한 것이다. 두꺼운 문법책처럼 세세한 설명은 담지 않았다. 부담없이 필요할 때 바로 찾아볼 수 있는 '참고용 길잡이'로 활용하시길 바란다. 영어 실력은 한 번에 쌓이지 않는다. 그러나 기초를 다시 점검하고 반복하다 보면, 보이지 않던 표현과 문법 원리가 눈에 들어오기 시작할 것이다. 이 요약본이 여러분이 흔들리지 않고 꾸준히 나아가는 데 작은 힘이 되었으면 한다.

1. 명사(Noun)

명사는 사람, 사물, 장소, 아이디어 등 구체적이거나 추상적인 모든 것을 나타내는 단어를 뜻한다. 문장에서 주어, 목적어, 보어 등의 역할을 하며, 다른 단어와 결합하여 다양한 의미를 만들어낼 수 있다.

1.1. 명사의 종류

- **보통명사**(common noun)

특정한 사람이나 사물을 가리키지 않고 일반적인 개념을 나타내는 명사다.

(예: boy, girl, dog, cat, book, table)

- **고유명사**(proper noun)

특정한 사람, 장소, 사건 등을 가리키는 명사다. 첫 글자를 대문자로 쓴다.

(예: John, Seoul, Christmas)

- **추상명사**(abstract noun)

만질 수 없는 추상적인 개념을 나타내는 명사다.

(예: love, happiness, beauty, freedom)

- **집합명사**(collective noun)

여러 개의 개체를 하나의 단위로 보아서 나타내는 명사다.

(예: family, team, group)

- **물질명사**(material noun)

물질이나 재료를 나타내는 명사다.

(예: gold, water, air)

1.2. 명사의 성

영어 명사는 성이 없는 것이 일반적이다. 단, 사람이나 동물을 나타내는 일부 명사는 성이 구분되기도 한다.

- 남성 명사: he를 사용한다. (예: man, boy)
- 여성 명사: she를 사용한다. (예: woman, girl)
- 중성 명사: it을 사용한다. (예: book, table)

1.3. 명사의 수

- 단수 명사: 하나의 사물이나 사람을 나타낸다. (예: a book, an apple)
- 복수 명사: 두 개 이상의 사물이나 사람을 나타낸다. 대부분의 명사는 끝에 -s를 붙여 복수형을 만든다. (예: books, apples)
- 불규칙 복수: 일부 명사는 불규칙적으로 복수형을 만든다. (예: man - men, child - children)

1.4. 명사의 격

- 주격: 문장의 주어 역할을 한다. (예: I love to read books.)
- 목적격: 동사의 목적어 역할을 한다. (예: She likes apples.)
- 소유격: 소유 관계를 나타낸다. (예: This is John's book.)

1.5. 명사와 관사

- 관사: 명사 앞에 붙어 명사를 한정하는 역할을 한다.
- 부정관사: a/an(하나의)
- 정관사: the(특정한)
- 무관사: 관사를 사용하지 않는 경우

영어에서 모든 명사 앞에 관사(the, a/an)를 붙이는 것은 아니며 다음과 같은 경우에는 무관사를 사용한다. 불가산 명사인 경우 무관사 형태를 취한다.

■ 불가산 명사의 예시

- 물질명사: water, air, rice
- 추상명사: love, happiness, beauty

- 학문: math, physics, history
- 언어: English, Korean, Chinese

※ I like to drink water. (물을 마시는 것을 좋아해요.)
※ Love makes the world go round. (사랑이 세상을 움직인다.)

1.6. 명사와 전치사

전치사: 명사와 명사, 또는 명사와 다른 단어 사이의 관계를 나타낸다.
(예: in, on, at, for, with…)

■ in (~ 안에, ~에서)

- 장소: ~안에 → She is in the room. (그녀는 방 안에 있다.)
- 시간: 특정 월/연도/계절 → I was born in 2000. (나는 2000년에 태어났다.)

- **on** (~ 위에, ~에)

- 표면 위: 접촉한 상태 → The book is on the desk. (책이 책상 위에 있다.)
- 요일/날짜 → The meeting is on Monday. (회의는 월요일에 있다.)

- **at** (~에, ~에서)

- 구체적 시간/장소 → I will meet you at 5 p.m.. (나는 오후 5시에 너를 만날 것이다.)
- She is waiting at the bus stop. (그녀는 버스 정류장에서 기다리고 있다.)

- **for** (~을 위하여, ~ 동안)

- 목적/대상 → This gift is for you. (이 선물은 너를 위한 것이다.)
- 기간 → I stayed in New York for two weeks. (나는 뉴욕에 2주 동안 머물렀다.)

■ with (~와 함께, ~을 가지고)

- 도구/수단 → He cut the paper with scissors. (그는 가위로 종이를 잘랐다.)
- 동반 → I went to the park with my friend. (나는 친구와 함께 공원에 갔다.)

■ by (~ 옆에, ~에 의해, ~까지)

- 행위자(수동태) → The book was written by him. (그 책은 그에 의해 쓰여졌다.)
- 교통수단 → We traveled by car. (우리는 차로 여행했다.)
- 마감 기한 → Please finish the report by Friday. (금요일까지 보고서를 끝내라.)

■ to (~로, ~에게)

- 방향/도착점 → I go to school every day. (나는 매일 학교에 간다.)
- 간접목적어(누구에게) → She gave a book to me. (그녀는 나에게 책을 주었다.)

- **from** (~로부터, ~에서)

  - 출발/근원 → He came from Korea. (그는 한국에서 왔다.)
  - 시간의 시작점 → I worked here from 2010 to 2015. (나는 2010년부터 2015년까지 여기서 일했다.)

- **about** (~에 관하여)

  - 주제/내용 → We talked about the movie. (우리는 그 영화에 대해 이야기했다.)

- **of** (~의)

  - 소유/부분 → The cover of the book is red. (그 책의 표지는 빨갛다.) A piece of cake (케이크 한 조각)

- **over** (~ 위에, ~ 이상, ~ 동안)

  - 위치/위쪽 → The lamp is hanging over the table. (램프가 식탁 위에 매달려 있다.)
  - 수량/정도 → He has over 100 books. (그는 책이 100권 이상 있다.)

- 기간 → We discussed it over lunch. (우리는 점심시간 동안 그것을 논의했다.)

■ under (~ 아래에, ~ 미만)

- 위치 → The cat is sleeping under the bed. (고양이가 침대 밑에서 자고 있다.)
- 조건/상황 → The work was done under pressure. (그 일은 압박 속에서 이루어졌다.)
- 수량 → Children under 12 cannot enter. (12세 미만 어린이는 입장할 수 없다.)

■ between (A와 B 사이에)

- 위치 → The bank is between the school and the post office. (은행은 학교와 우체국 사이에 있다.)
- 둘 사이의 선택 → You must choose between tea and coffee. (차와 커피 중 하나를 선택해야 한다.)

■ among (~ 중에, ~ 사이에)

- 셋 이상 그룹/집단 → She was sitting among her friends. (그녀는 친구들 사이에 앉아 있었다.)
- 분배/공유 → The money was divided among the workers. (그 돈은 노동자들 사이에 분배되었다.)

■ into (~ 안으로)

- 방향/이동 → He went into the room. (그는 방 안으로 들어갔다.)
- 변화 → The water turned into ice. (물이 얼음으로 변했다.)

■ onto (~ 위로)

- 이동/접촉 → The cat jumped onto the roof. (고양이가 지붕 위로 뛰어올랐다.)

■ out of (~ 밖으로, ~에서 나온)

- 이탈 → She walked out of the room. (그녀는 방 밖으로 나갔다.)
- 출처 → This bag is made out of leather. (이 가방은 가죽으로 만

들어졌다.)
- 부족 → We are out of time. (우리는 시간이 다 되었다.)

■ around (~ 주변에, 대략)

- 위치 → There are many shops around the station. (역 주변에 많은 가게들이 있다.)
- 대략/근사치 → He is around 50 years old. (그는 약 50세쯤 된다.)

■ across (~를 가로질러, ~ 전역에)

- 위치/이동 → They walked across the street. (그들은 길을 가로질러 걸어갔다.)
- 범위 → The news spread across the country. (그 소식은 전국에 퍼졌다.)

■ along (~을 따라)

- 방향/길을 따라 → We walked along the river. (우리는 강을 따라 걸었다.)

- **behind** (~ 뒤에)

- 위치 → The school is behind the park. (학교는 공원 뒤에 있다.)

- **before** (~ 전에), **after** (~ 후에)

- 시간 → Finish it before 5 p.m.. (오후 5시 전에 끝내라.) We met after the class. (우리는 수업 후에 만났다.)

- **during** (~ 동안에)

- 기간 중 → I fell asleep during the movie. (나는 영화 보는 동안 잠들었다.)

- **since** (~ 이래로)

- 시작점 → I have lived here since 2010. (나는 2010년부터 여기서 살았다.)

■ until/till (~까지)

- 종료 시점 → I waited until midnight. (나는 자정까지 기다렸다.)

■ without (~ 없이)

- 부재 → I can't live without you. (나는 너 없이 살 수 없다.)

1.7. 구(Phrase)와 절(Clause)의 이해

구와 절은 영어 문장을 구성하는 기본 단위다. 둘 다 여러 단어가 모여 하나의 의미를 나타내지만 중요한 차이점을 가진다.

■ 구(Phrase)

주어와 동사를 모두 갖추지 않은 단어들의 그룹이다. 문장의 일부분 역할을 하며 명사구, 형용사구, 부사구 등으로 나눌 수 있다.

(예: eating an apple, very happy)

- **절(Clause)**

주어와 동사를 모두 갖추고 있어 스스로 완전한 문장처럼 기능할 수 있는 단어들의 그룹이다. 주절과 종속절로 나눌 수 있으며 문장 속에서 다양한 역할을 한다.

(예: Because I am hungry, I will eat an apple.)

※ 간단히 말해 구는 불완전한 문장이고 절은 완전한 문장 또는 문장의 일부를 이룬다고 할 수 있다. 구와 절을 정확히 이해하면 영어 문장의 구조를 파악하고 복잡한 문장도 쉽게 해석할 수 있다.

- **명사구와 절**

- 명사구: 명사 역할을 하는 구다. 주어, 목적어, 보어 등의 자리에 올 수 있다.
- 명사구 예: Reading books is my hobby. (Reading books: 명사구가 주어 역할)
- 명사절: 명사절 접속사(that, what, who, which 등)가 이끄는 절로, 명사처럼 사용된다.
- 명사절 예: I know that he likes apples. (that he likes apples: 명사절이 목적어 역할)

■ 부사구와 절

- 부사구: 부사의 역할을 하는 구다. 동사, 형용사, 다른 부사를 수식한다.
- 부사구 예: She studies hard to pass the exam. (to pass the exam: 부사구가 동사를 수식)
- 부사절: 부사절 접속사(because, when, if 등)가 이끄는 절로 부사처럼 사용된다.
- 부사절 예: Because it is raining, I will stay at home. (Because it is raining: 부사절이 이유를 나타냄)

■ 전치사구

- 전치사구: 전치사 + 명사로 이루어진 구다. 부사구의 역할을 한다.
- 전치사구 예: She is sitting on the chair. (on the chair: 전치사구가 부사구 역할)

2. 동사(Verb)

영어 문장의 중심이 되는 동사는 주어가 하는 일이나 상태를 나타내는 단어다. 시제, 태, 조동사, be 동사 등 다양한 형태로 변화하며 문장의 의미를 다채롭게 만들어준다.

2.1. 동사의 역할

- 주어가 하는 일이나 상태를 나타낸다. She eats an apple every day. (그녀는 매일 사과를 먹는다.)
- 문장의 시제를 나타낸다. He went to school yesterday. (그는 어제 학교에 갔다.)
- 문장의 태(수동태, 능동태)를 나타낸다. The book was written by him. (그 책은 그에 의해 쓰어졌다.)

2.2. 동사의 시제

- 현재 시제: 현재 일어나는 일이나 습관적인 행동을 나타낸다. (I play the piano.)
- 과거 시제: 과거에 일어난 일을 나타낸다. (She went to the park.)
- 미래 시제: 미래에 일어날 일을 나타낸다. (I will visit you tomorrow.)
- 현재완료: 과거에 시작되어 현재까지 계속되는 상태를 나타낸다. (I have lived here for 10 years.)
- 과거완료: 과거의 특정 시점 이전에 이미 완료된 행동을 나타낸다. (She had finished her homework before dinner.)
- 미래완료: 미래의 특정 시점까지 완료될 행동을 나타낸다. (By next year, I will have saved enough money.)

2.3. 동사의 태

- 능동태: 주어가 행위의 주체일 때 사용한다. (He opened the door.)
- 수동태: 주어가 행위의 대상일 때 사용한다. (The door was opened by him.)

2.4. 조동사

조동사는 본동사의 의미를 보조하는 역할을 한다.

- can/could: 능력, 가능을 뜻한다. (I can speak English.)
- will/would: 의지, 예측을 뜻한다. (I will go to the party.)
- may/might: 허락, 가능을 뜻한다. (You may go now.)
- must: 의무, 강조를 뜻한다. (You must study hard.)

2.5. be 동사

be 동사는 주어의 상태나 존재를 나타내는 동사다.

- am, is, are: 현재 시제
- was, were: 과거 시제

2.6. 규칙 동사와 불규칙 동사

영어 동사는 시제에 따라 다르게 변화하며, 이러한 변화를 규칙 동사와 불규칙 동사로 나누어 설명할 수 있다.

■ 규칙 동사(Regular Verbs)

규칙 동사는 과거형과 과거분사형을 만들 때 일정한 규칙을 따른다. 일반적으로 동사의 원형에 '-ed'를 붙여 과거형과 과거분사형을 만든다.

※ 예시

play (원형) - played (과거형, 과거분사)
work (원형) - worked (과거형, 과거분사)
learn (원형) - learned (과거형, 과거분사)

※ 규칙 동사 변화 시 주의할 점

- 단모음 + 단자음으로 끝나는 동사: 마지막 자음을 하나 더 붙이고 -ed를 붙인다. (stop - stopped)
- y로 끝나는 동사: y 앞의 자음이 자음이면 y를 i로 바꾸고 -ed를 붙인다. (study - studied)

■ 불규칙 동사(Irregular Verbs)

불규칙 동사는 규칙적인 변화를 하지 않고 각 동사마다 고유한 과거형과 과거분사형을 가지고 있다.

※ 예시

go (원형) - went (과거형) - gone (과거분사)

see (원형) - saw (과거형) - seen (과거분사)

be (원형) - was/were (과거형) - been (과거분사)

※ 참고 정보

영어 동사에는 왜 규칙과 불규칙이 생겨난 걸까? 영어는 역사적으로 스칸디나비아어, 프랑스어 등 다양한 언어의 영향을 받았다. 이러한 외래어들이 영어에 들어오면서 기존의 불규칙 동사들과 함께 존재하게 되었고 영어의 불규칙 동사 목록이 더욱 다양해졌다. 유럽어인 프랑스어(남성, 여성 2성), 이태리어(남성, 여성 2성), 스페인어(남성, 여성 2성), 독일어(남성, 중성, 여성 3성)는 성에 따라서 동사의 격 변화가 불규칙적으로 무수히 일어난다. 영어는 이에 비하면 착한 편이다.

be (is, am, are, was, were, been): ~이다

have (has, had, had): 가지다, 먹다

do (does, did, done): 하다

go (goes, went, gone): 가다

say (says, said, said): 말하다

see (sees, saw, seen): 보다

come (comes, came, come): 오다

get (gets, got, got): 얻다, 되다

make (makes, made, made): 만들다

know (knows, knew, known): 알다

take (takes, took, taken): 가져가다

give (gives, gave, given): 주다

think (thinks, thought, thought): 생각하다

write (writes, wrote, written): 쓰다

become (becomes, became, become): 되다

find (finds, found, found): 찾다

tell (tells, told, told): 말하다

feel (feels, felt, felt): 느끼다

leave (leaves, left, left): 떠나다

stand (stands, stood, stood): 서다

understand (understands, understood, understood): 이해하다

sit (sits, sat, sat): 앉다

fall (falls, fell, fallen): 떨어지다

speak (speaks, spoke, spoken): 말하다

eat (eats, ate, eaten): 먹다

drink (drinks, drank, drunk): 마시다

sleep (sleeps, slept, slept): 자다

run (runs, ran, run): 달리다

sing (sings, sang, sung): 노래하다

swim (swims, swam, swum): 헤엄치다

draw (draws, drew, drawn): 그리다

drive (drives, drove, driven): 운전하다

fly (flies, flew, flown): 날다

grow (grows, grew, grown): 자라다

wear (wears, wore, worn): 입다

put (puts, put, put): 놓다, 넣다

keep (keeps, kept, kept): 유지하다

let (lets, let, let): ~게 하다

meet (meets, met, met): 만나다

pay (pays, paid, paid): 지불하다

send (sends, sent, sent): 보내다

show (shows, showed, shown): 보여주다

teach (teaches, taught, taught): 가르치다

win (wins, won, won): 이기다

begin (begins, began, begun): 시작하다

break (breaks, broke, broken): 깨다

bring (brings, brought, brought): 가져오다

build (builds, built, built): 짓다

buy (buys, bought, bought): 사다

catch (catches, caught, caught): 잡다

choose (chooses, chose, chosen): 선택하다

cut (cuts, cut, cut): 자르다

dig (digs, dug, dug): 파다

forget (forgets, forgot, forgotten): 잊다

forgive (forgives, forgave, forgiven): 용서하다

hang (hangs, hung, hung): 매달리다

hear (hears, heard, heard): 듣다

hide (hides, hid, hidden): 숨다

hit (hits, hit, hit): 치다

hold (holds, held, held): 잡다, 유지하다

hurt (hurts, hurt, hurt): 다치다

lead (leads, led, led): 이끌다

lend (lends, lent, lent): 빌려주다

lose (loses, lost, lost): 잃다

mean (means, meant, meant): 의미하다

2.7. 동사의 5형식

동사는 목적어의 유무와 보어의 유무에 따라 5가지 형식으로 분류된다.

- **1형식: 주어 + 동사 (She sleeps.)**

주어가 어떤 행동을 하는 경우로, 목적어나 보어 없이 동사만으로 완전한 의미를 전달한다.

- **2형식: 주어 + 동사 + 보어** (He is happy.)

주어의 상태나 특징을 나타내며, 보어가 주어를 설명해준다.

- **3형식: 주어 + 동사 + 목적어** (I like apples.)

목적어가 동사의 행위를 받는 대상이 된다.

- **4형식: 주어 + 동사 + 간접목적어 + 직접목적어** (She gave him a book.)

주어가 어떤 대상에게 주거나 주는 행위를 할 때 사용되며 간접목적어는 사람, 직접목적어는 사물을 나타낸다. 문법책에 '수여 동사'로 많이 알려져 있다.

※ 대표적인 수여 동사: give, send, ask, show, teach, offer, lend, buy, demand, get, find

- **5형식: 주어 + 동사 + 목적어 + 목적격 보어 (They made him happy.)**

주어가 어떤 대상을 어떤 상태로 만드는 경우에 쓰이며 목적격 보어가 목적어의 상태를 설명해준다. 5형식 동사는 주어 + 동사 + 목적어 + 목적격 보어의 형태로 이루어져 목적어의 상태나 변화를 나타낸다. 5형식 동사를 쉽게 구분하는 방법으로 목적어 뒤에 명사, 형용사, 분사, to 부정사 등이 올 수 있는지 확인해보면 알 수 있다.

- 명사: They elected him president. (그들은 그를 회장으로 선출했다.)
- 형용사: She made me happy. (그녀는 나를 행복하게 만들었다.)
- 분사: I found the book lying on the floor. (나는 책이 바닥에 놓여 있는 것을 발견했다.)
- to 부정사: I want you to go home. (나는 네가 집에 가기를 원한다.)

※ 자주 사용되는 5형식 동사

① make: ~을 ~하게 만들다 (make + 목적어 + 형용사)
  - She made me happy. (그녀는 나를 행복하게 했다.)
  - The news made him sad. (그 소식은 그를 슬프게 했다.)
  - This experience will make you stronger. (이 경험은 너를 더 강하게 만들 것이다.)

② keep: ~을 ~한 상태로 유지하다 (keep + 목적어 + 형용사)
  - Please keep the door closed. (문을 닫아 둬 주세요.)

- I try to keep my room clean. (나는 방을 깨끗하게 유지하려고 노력한다.)
- You should keep your promise. (약속을 지켜야 합니다.)

③ find: ~을 ~한 상태로 발견하다 (find + 목적어 + 형용사/분사)
- I found the book interesting. (나는 그 책이 재미있다는 것을 알았다.)
- She found him sleeping. (그녀는 그가 잠들어 있는 것을 발견했다.)
- We found the door locked. (우리는 문이 잠겨 있는 것을 발견했다.)

④ call: ~을 ~라고 부르다 (call + 목적어 + 명사)
- They call him John. (그들은 그를 존이라고 부른다.)
- Let's call this project "Hope". (이 프로젝트를 "희망"이라고 부르자.)
- We call her "the queen of pop". (우리는 그녀를 "팝의 여왕"이라고 부른다.)

⑤ want: ~이 ~하기를 원하다 (want + 목적어 + to 부정사)
- I want you to go with me. (나는 네가 나와 함께 가기를 원한다.)
- We want them to stay. (우리는 그들이 머물기를 원한다.)

⑥ allow: ~에게 ~하도록 허락하다 (allow + 목적어 + to 부정사)
- My parents don't allow me to stay out late. (부모님은 내가 늦게까지 밖에 있는 것을 허락하지 않으신다.)
- She allowed him to use her car. (그녀는 그에게 자신의 차를 사용하도록 허락했다.)

3. 분사, 분사구문, to 부정사, 동명사의 이해

분사, to 부정사, 동명사는 영어 문장에서 동사의 형태를 변형하여 다양한 역할을 수행하는 준동사이다. 각각의 특징과 용법을 정확히 이해하는 것이 중요하다. 이 문법 요소들을 처음 익힐 때 헷갈리기 쉬운데 이 어법을 모르고는 영어를 완전히 이해하기 어렵기 때문에 익숙할 때까지 자주 접해야 한다.

3.1. 분사(Participle)

동사의 현재분사(-ing)와 과거분사(-ed) 형태를 취하며 문장에서 형용사 또는 부사의 역할을 한다.

- 현재분사: 진행, 능동의 의미를 나타낸다.
- 현재분사 예시: The crying baby woke up her mother. (울고 있는 아기가 엄마를 깨웠다.)
- 과거분사: 완료, 수동의 의미를 나타낸다.
- 과거분사 예시: The broken window was repaired. (깨진 창문이 수리되었다.)

3.2. to 부정사(Infinitive)

to + 동사원형의 형태로 문장에서 명사, 형용사, 부사의 역할을 한다.

- 명사적 용법: 주어, 목적어, 보어 역할을 한다.
- 명사적 용법 예시: To swim is fun. (수영하는 것은 재미있다.)
- 형용사적 용법: 명사를 수식한다.
- 형용사적 용법 예시: I have a lot of work to do. (나는 할 일이 많다.)
- 부사적 용법: 목적, 이유, 결과 등을 나타낸다.
- 부사적 용법 예시: He went to the library to study. (그는 공부하기 위해 도서관에 갔다.)

3.3. 동명사(Gerund)

동사의 -ing 형태를 취하며, 문장에서 명사처럼 사용된다. 주어, 목적어, 보어 역할을 한다.

- 예시: Swimming is my favorite sport. (수영은 내가 가장 좋아하는 스포츠이다.)

3.4. 분사구문(Participial Phrase)

분사와 그 목적어나 부사 등을 함께 사용하여 부사절을 간결하게 표현하는 문장 구조다.

- 현재분사: 동작이 주절의 동작과 동시에 일어날 때 사용한다.
- 현재분사 예시: Hearing the news, she burst into tears. (그 소식을 듣고, 그녀는 울음을 터뜨렸다.)
- 과거분사: 주절의 주어가 분사의 의미상 주어이고, 분사의 동작이 주절의 동작보다 먼저 일어났을 때 사용한다.
- 과거분사 예시: Broken by the storm, the tree lay across the road. (폭풍에 의해 부러져, 그 나무가 도로 위에 쓰러져 있었다.)

■ 보충 설명

현재분사(-ing): 주절 동작과 동시에 일어나는 동작 → 능동/진행 느낌이다.

- **예문 1**: Hearing the news, she cried. (그 소식을 듣자마자 그녀는 울었다.) → "듣다"와 "울다"가 거의 동시에 일어남.
- **예문 2**: Seeing her, he waved his hand. (그녀를 보자 그는 손을 흔들었다.) → "보다"와 "손을 흔들다"가 연결된 동작으로 동시에 일어남.

과거분사(p.p.): 주절 동작보다 앞서 이미 끝난 동작 → 수동/완료 느낌.

- **예문 1:** Given more time, I could have done better. (시간이 더 주어졌더라면, 나는 더 잘할 수 있었을 것이다.) → "시간이 주어졌다"라는 조건이 먼저 충족되어야 그다음 행동(더 잘함)이 가능.
- **예문 2:** Seen from the hill, the city looks beautiful. (언덕에서 보면, 그 도시는 아름다워 보인다.) → "보다"라는 동작이 이미 완료된 상태에서 주절의 동작(보인다)이 이어짐.

■ To 부정사를 목적어로 취하는 동사

To 부정사를 목적어로 취하는 동사는 ~하고 싶어 하다, ~하기를 바라다, ~할 계획이다 등의 의미를 가진 동사들이 주를 이룬다.

(want, hope, wish, expect, plan, decide, agree, offer, promise, refuse, fail, manage, intend, seem, appear, pretend…)

- **예시:** I want to study abroad. (나는 해외 유학을 가고 싶다.)
- **예시:** She plans to quit her job. (그녀는 직장을 그만둘 계획이다.)

■ 동명사를 목적어로 취하는 동사

동명사를 목적어로 취하는 동사는 주로 경험, 습관, 감정 등을 나타내는 동사들이 많다.
(enjoy, finish, mind, avoid, practice, suggest, admit, deny, postpone, quit…)

~하는 것을 즐기다, ~하는 것을 끝내다, ~하는 것을 꺼리다 등의 의미를 뜻한다.

- **예시:** I enjoy listening to music. (나는 음악 듣는 것을 즐긴다.)
- **예시:** She avoids talking about her past. (그녀는 자신의 과거에 대해 이야기하는 것을 피한다.)

stop, regret, remember, forget(멈추다, 후회하다, 기억하다, 잊다) 등의 의미를 나타낼 때는 문맥에 따라 to 부정사나 동명사를 사용한다.

- stop to V: ~하기 위해 멈추다 (새로운 행동 시작)
- stop V-ing: ~하는 것을 그만두다 (기존 행동 중단)

※ 예시
- I stopped to buy a newspaper. (나는 신문을 사기 위해 멈췄다.)
- I stopped smoking. (나는 담배를 끊었다.)

■ **주의할 점**

같은 동사라도 문맥에 따라 to 부정사 또는 동명사를 목적어로 취할 수 있다. 예를 들어 'stop'은 'stop to do something'(잠시 멈추고 ~하다)과 'stop doing something'(~하는 것을 그만두다)로 사용될 수 있다.

일부 동사는 to 부정사와 동명사를 모두 목적어로 취할 수 있지만, 의미가 달라질 수 있다. 예를 들어, 'remember to do something'(앞으로 해야 할 일을 기억하다)과 'remember doing something'(과거에 했던 일을 기억하다)는 의미가 다르다.

4. 형용사(Adjective)

형용사는 명사를 꾸며주어 명사가 어떤 것인지, 어떤 상태인지, 어느 정도인지를 나타내는 품사다.

4.1. 형용사의 어법적 기능

■ 명사 수식

명사 앞이나 뒤에서 명사를 꾸며준다.

- 예시: a beautiful flower, a car running fast

■ 보어 역할

주어나 목적어의 상태나 특징을 설명한다.

- **예시:** She is happy. The book is interesting.

■ **형용사의 비교급과 최상급**

형용사는 사물이나 사람을 비교할 때 비교급과 최상급으로 변한다.

- 비교급: 두 개의 사물이나 사람을 비교할 때 사용한다.
- 규칙 변화: 형용사의 끝에 -er를 붙이거나 앞에 more을 붙인다.

※ **규칙 변화 예시**
- tall - taller → My brother is taller than me. (내 남동생은 나보다 키가 크다.)
- beautiful - more beautiful → This painting is more beautiful than that one. (이 그림이 저 그림보다 더 아름답다.)

※ **불규칙 변화 예시**
- good - better → Your English is better than mine. (네 영어가 내 것보다 더 좋다.)
- bad - worse → The weather is worse today than yesterday. (오늘 날씨가 어제보다 더 나쁘다.)

- 최상급: 셋 이상의 사물이나 사람 중에서 가장 ~한 것을 나타낼 때 사용한다.

- 규칙 변화: 형용사의 끝에 -est를 붙이거나 앞에 most를 붙인다.

※ 규칙 변화 예시

- tall - tallest, → He is the tallest student in the class. (그는 반에서 가장 키가 크다.)
- beautiful - most beautiful → She is the most beautiful actress in the country. (그녀는 나라에서 가장 아름다운 여배우이다.)

※ 불규칙 변화 예시

- good - best → This is the best coffee I have ever had. (이것은 내가 지금까지 마신 커피 중 최고다.)
- bad - worst → That was the worst movie I've ever seen. (그것은 내가 본 영화 중 최악이었다.)

■ 형용사의 수식

- 명사 앞에서 수식: I have a new car. (나는 새 차를 가지고 있다.) She is a clever girl. (그녀는 영리한 소녀이다.)
- 명사 뒤에서 수식: The book I read was very interesting. (내가 읽은 책은 매우 흥미로웠다.) The man standing there is my father. (저기 서 있는 남자는 내 아버지이다.)

4.2. 기타 수식과 활용

■ be 동사와 함께 보어로 사용

- The sky is blue. (하늘은 파랗다.)
- She is very kind. (그녀는 매우 친절하다.)

■ seem, look, feel, become 등의 동사와 함께 활용

- He seems happy. (그는 행복해 보인다.)
- The food smells delicious. (음식 냄새가 좋다.)

■ enough, too, so 등의 부사와 함께 활용

- She is old enough to drive. (그녀는 운전할 만큼 충분히 나이가 들었다.)
- The coffee is too hot to drink. (커피가 너무 뜨거워서 마실 수 없다.)

■ **형용사의 종류**

- 형용사의 관형어 활용: 명사를 직접 수식하는 형용사 (예: big, small, red, blue)
- 형용사의 서술어 활용: 주어나 목적어의 상태를 설명하는 형용사 (예: happy, sad, tired, hungry)
- 형용사의 분사 활용: 현재분사(-ing)나 과거분사(-ed) 형태로 사용되는 형용사 (예: interesting, broken, excited)

5. 부사(Adverb)

부사는 문장에서 동사, 형용사, 다른 부사 또는 문장 전체를 꾸며 주어, 그 의미를 더욱 자세하고 풍부하게 만들어주는 품사다.

5.1. 부사의 역할

■ **동사 수식**

동작이나 상태가 어떻게 일어나는지를 나타낸다.

- **예시:** He runs quickly. (그는 빠르게 달린다.)

■ **형용사 수식**

형용사가 나타내는 정도를 뜻한다.

- **예시:** The coffee is very hot. (커피가 매우 뜨겁다.)

■ 다른 부사 수식

다른 부사를 수식해 부사의 의미를 더 자세하게 만들거나 강조하는 역할을 한다.

- **예시:** She speaks English extremely well. (그녀는 영어를 극도로 잘한다.)

■ 문장 전체 수식

문장 전체의 의미를 부가적으로 설명한다.

- **예시:** Fortunately, I found my lost keys. (다행히, 나는 잃어버린 열쇠를 찾았다.)

5.2. 부사의 종류

■ 시간 부사

언제, 얼마나 자주 등 시간과 관련된 의미를 나타낸다.

- **예시:** now, then, always, often, never, yesterday, tomorrow

■ 장소 부사

어디에서, 어디로 등 장소와 관련된 의미를 나타낸다.

- **예시:** here, there, everywhere, somewhere, anywhere

■ 정도 부사

동사, 형용사, 또는 다른 부사가 나타내는 성질이나 동작의 크기, 수준, 분량, 혹은 양을 표시한다.

- **예시:** very, too, so, quite, rather, enough

■ 방법 부사

어떻게 등 행동의 방식을 나타낸다.

- **예시:** quickly, slowly, carefully, happily, sadly

■ 빈도 부사

얼마나 자주 등 빈도를 나타낸다.

- **예시:** always, often, sometimes, seldom, never

■ 강조 부사

의미를 강조한다.

- **예시:** very, really, extremely, quite, absolutely

■ 문장 부사

문장 전체를 수식한다.

- **예시:** certainly, perhaps, fortunately, unfortunately

5.3. 부사 수식과 활용

■ 부사의 위치

부사는 문장에서 다양한 위치에 올 수 있다.

- 동사 앞: He quickly ran away.
- 동사 뒤: She speaks English well.
- 형용사 앞: The book is very interesting.
- 문장의 맨 앞: Fortunately, I passed the exam.
- 문장의 맨 뒤: I went to the library yesterday.

■ **부사의 비교급과 최상급**

일부 부사는 형용사처럼 비교급과 최상급을 만들 수 있다.

- 규칙 변화: fast - faster - fastest, early - earlier - earliest
- 불규칙 변화: well - better - best, badly - worse - worst

6. 조건문(Conditional sentence)

어떤 일이 일어나기 위한 조건이나 상황을 나타내는 문장을 조건문이라고 한다. 영어에서는 주로 if를 사용하여 조건을 나타내고 unless를 사용하여 부정적인 조건을 나타낸다.

6.1. 조건문의 활용

■ if를 사용한 조건문

- 기본 구조: If + 주어 + 동사, 주어 + 동사.
- 의미: ~하면, 만약 ~하면

※ 예시
- If it rains, we will stay at home. (비가 오면, 우리는 집에 머물 것이다.)
- If you study hard, you will pass the exam. (열심히 공부하면, 시험에 합격할 것이다.)

■ unless를 사용한 조건문

- 기본 구조: Unless + 주어 + 동사, 주어 + 동사.
- 의미: ~하지 않으면, 만약 ~하지 않다면

※ 예시

- Unless you hurry up, you will be late. (서두르지 않으면, 늦을 것이다.)
- Unless it snows, we will go skiing. (눈이 오지 않으면, 스키를 타러 갈 것이다.)

■ 조건을 나타내는 다른 표현

① as long as: ~하는 한
  - As long as you study hard, you will succeed. (열심히 공부하는 한, 너는 성공할 것이다.)

② provided that: 만약 ~한다면
  - I will go to the party provided that it doesn't rain. (비가 오지 않는다면 파티에 갈 것이다.)

③ on condition that: ~라는 조건으로
  - I will lend you the money on condition that you pay me

back next week. (다음 주에 갚는다는 조건으로 너에게 돈을 빌려줄 것이다.)

④ in case: 만약 ~하는 경우에
- Take an umbrella in case it rains. (비가 올 경우에 대비해서 우산을 가져가라.)

⑤ supposing that: 만약 ~라고 가정하면
- Supposing that you won the lottery, what would you do? (만약 로또에 당첨된다면, 무엇을 할 것인가?)

6.2. 조건문의 종류

■ 현재 시제

현재의 사실이나 일반적인 진리를 나타낼 때 사용한다.

- 형태: If + 주어 + 동사(현재 시제), 주어 + 동사(현재 시제/미래 시제)
- 의미: 일반적인 진리, 습관적인 행동, 과학적 법칙 등을 나타낼 때 사용된다.
- 현재 시제 예시: If you heat water, it boils. (물을 데우면, 끓는다.)

■ 과거 시제

과거의 가정적인 상황을 나타낼 때 사용한다.

- 형태: If + 주어 + 동사(과거 시제), 주어 + would/could/might + 동사원형
- 의미: 현재 사실과 반대되는 가정을 나타낼 때 사용됩니다. 즉, 현실에서 일어나지 않은 일에 대한 가정을 하는 것이다.
- 과거 시제 예시: If I had known that, I would have told you. (그것을 알았더라면, 너에게 말했을 텐데.)

■ 미래 시제

미래의 가정적인 상황을 나타낼 때 사용한다.

- 형태: If + 주어 + 현재 시제, 주어 + will/shall + 동사원형 (일반적인 미래) 또는 If + 주어 + 현재완료, 주어 + will/shall + have + 과거분사 (미래완료)
- 의미: 미래에 일어날 수 있는 일에 대한 조건을 나타낼 때 사용된다.
- 미래 시제 예시: If it rains tomorrow, we will cancel the picnic. (내일 비가 오면, 우리는 피크닉을 취소할 것이다.)

※ 보충 설명
- 가정법 과거완료: 과거의 사실과 반대되는 가정을 나타낼 때 사용하며, If + 과거완료, would have + 과거분사 형태로 쓰인다.
  (예: If I had studied harder, I would have passed the exam.)
- 혼합 시제: 가정법 과거와 미래 시제를 혼용하여 사용하는 경우도 있다. (예: If I were you, I would have accepted the job.)

■ 기타 조건문 주요 관용 표현

① Weather permitting: 날씨가 허락한다면(날씨가 좋으면)
  - **예시:** We'll have a picnic tomorrow, weather permitting.
    (내일 날씨가 좋으면 피크닉을 할 거예요.)

② Time permitting: 시간이 허락한다면
  - **예시:** I'll visit you next week, time permitting. (시간이 허락한다면 다음 주에 너를 방문할게.)

③ All things considered: 모든 것을 고려해볼 때
  - **예시:** All things considered, it was a successful project.
    (모든 것을 고려해볼 때, 그것은 성공적인 프로젝트였다.)

④ Given that: ~을 고려해볼 때
  - **예시:** Given that it's raining, we should cancel the out-

door party. (비가 오는 것을 고려해볼 때, 야외 파티를 취소해야 할 것 같아.)

⑤ Assuming that: ~라고 가정하면
  - **예시:** Assuming that you agree, we can start the meeting. (네가 동의한다고 가정하면, 회의를 시작할 수 있다.)

⑥ In the event that: 만약 ~하는 경우에
  - **예시:** In the event that it snows, school will be canceled. (만약 눈이 온다면, 학교는 휴교될 것이다.)

7. 기타 영어 핵심 어법

7.1. 관계대명사(Relative Pronouns)

관계대명사는 앞에 나온 명사(선행사)를 다시 한번 가리키면서 그 명사에 대한 추가적인 정보를 설명하는 역할을 한다. 주로 who, whom, which, that 등이 사용된다.

- **who**

사람을 선행사로 가질 때 사용한다.

- **예시:** The man who is standing over there is my father. (저기 서 있는 남자가 내 아버지이다.)

- **whom**

사람을 선행사로 가질 때 목적격으로 사용한다. 하지만 현대 영어에서는 who와 혼용되어 사용되기도 한다.

- **예시:** The woman whom I met yesterday is a doctor. (어제 만난 여자는 의사이다.)

■ which

사물이나 동물을 선행사로 가질 때 사용한다.

- **예시:** The book which I bought yesterday is very interesting. (어제 산 책은 매우 흥미롭다.)

■ that

사람, 사물, 동물 모두를 선행사로 가질 수 있으며 who나 which 대신 사용될 수 있다. 특히 제한적인 의미를 나타낼 때 자주 사용된다.

- **예시:** The car that I bought is red. (내가 산 차는 빨간색이다.)

7.2. 간접 의문문(Indirect Questions)

간접 의문문은 다른 문장 안에 포함되어 간접적으로 질문하는 어법이다. 일반적으로 의문사를 사용하여 시작하며 어순이 직접 의문문과 다른 특징이 있다.

- **구조:** 의문사 + 주어 + 동사 (평서문 어순)
- **예시:** I don't know where he lives. (나는 그가 어디에 사는지 모른다.) Can you tell me what time it is? (몇 시인지 알려줄 수 있나요?)

■ 보충 설명: 간접 의문문에서 주의할 점

간접 의문문에서는 일반적으로 조동사 do, does, did를 생략한다.

- 제한적 용법: 선행사를 구체적으로 지정하여 의미를 명확하게 해준다. 콤마를 사용하지 않는다.
- 제한적 용법 예시: The girl who is sitting next to me is my sister. (내 옆에 앉아 있는 소녀가 내 여동생이다.)
- 비제한적 용법: 선행사를 추가적으로 설명해주는 역할을 한다. 콤마를 사용한다.
- 비제한적 용법 예시: My sister, who is a doctor, lives in Seoul. (나의 여동생은 의사인데, 서울에 살고 있다.)

※ 헷갈리는 복합관계대명사와 복합관계부사
복합관계대명사와 복합관계부사는 문장에서 조건이나 양보의 의

미를 나타낼 때 자주 사용된다.

① 복합관계대명사는 '누구든지', '무엇이든지', '어떤 것이든지' 등의 의미를 나타내며, 선행사 없이 문장 내에서 주어, 목적어, 보어 등의 역할을 한다. whoever(누구든지), whomever(누구를 막론하고: 목적격), whichever(어떤 것이든), whatever(무엇이든) 등이 있다.
   - **주어:** Whoever comes first can have the prize. (먼저 오는 사람은 누구든 상을 받을 수 있다.)
   - **목적어:** You can choose whichever book you like. (너는 좋아하는 책을 무엇이든 고를 수 있다.)
   - **보어:** She is whoever she wants to be. (그녀는 자신이 되고 싶은 사람이 누구든 될 수 있다.)

② 복합관계부사는 Whenever(언제든지), wherever(어디든지), However(어떻게든지) 등의 의미를 나타내며, 문장에서 부사절을 이끌어 시간, 장소, 방법 등을 나타낸다.
   - **예:** Whenever I see her, I feel happy. (그녀를 볼 때마다 나는 행복하다.)
   - **예:** You can go wherever you want. (너는 원하는 곳 어디든 갈 수 있다.)
   - **예:** However you do it, make sure it's done well. (어떻게 하든 잘 해내야 한다.)

복합관계대명사와 복합관계부사는 모두 선행사가 없거나 불특정한 대상을 가리킬 때 사용된다. 복합관계대명사는 '누구든지', '무엇이든지'처럼 사람이나 사물을 가리키며, 명사절을 이끌어 주어·목적어·보어 역할을 하므로 뒤에는 완전한 문장이 온다. 반면 복합관계부사는 '어디든지', '언제든지'처럼 장소·시간·방법 등을 가리키며, 부사절을 이끌어 뒤에는 불완전한 문장이 오는 문법적 특징을 가진다.

지금까지 간단하게 영문법을 살펴보았다. 문법 공부는 반복 학습과 실제 문장 속에서의 활용이 중요하다. 문법 자체를 위한 공부보다는 문장 속에서 자연스럽게 문법을 익히는 것이 효과적이다. 전체적인 문법 틀을 잡고 예외 규칙과 관용 표현을 꾸준히 학습하며 완성도를 높여나가자. 문법 지식만으로는 영어를 유창하게 구사할 수 없다. 문법은 형식일 뿐이며 중요한 것은 이 형식을 어떻게 이해하고 활용하느냐이다. 다양한 문장을 접하고 직접 문장을 만들어보면서 문법을 익히는 것이 효과적이다. 끝없는 실패와 반복만이 영어를 잘하는 비결임을 잊지 말자!

6. 인터넷과 앱의 바다에
넘쳐나는 영어 콘텐츠

    4차산업 시대를 목전에 앞둔 정보 사회에서는 뒤처지지 않기 위해 지식과 최신 정보 획득이 중요하다. 무엇보다 인터넷과 앱 기반의 디지털 언어라고도 불리는 영어를 못하면 정보 경쟁력에서 밀릴 수밖에 없다. 유튜브, 인스타그램, 페이스북과 같은 SNS 미디어는 영어를 활용할 수 있는 가장 큰 기회의 수단이다. 영어로 읽고 쓰고 말하기에 불편함이 없다면 이런 SNS 툴을 통해 세계인들과 정보를 교환할 수 있고 미디어의 주류로 자리를 잡은 유튜브에 채널을 개설해 지구 반대편에 있는 외국인들과도 소통할 수 있다. SNS와 정보 기술의 혁신 때문에 우리는 영어 학습 자료를 손쉽게 구할 수 있는 디지털 환경에서 살아가고 있다. 핸드폰이나 태블릿 PC, 어플과 같은 디지털 도구는 언제 어디서든 영어 학습 기회를 마련해준다. MP3, 앱 서비스, 유튜브, 이북, 오디오 북과 같은 멀티미디어 콘텐츠는 지하철, 버스로 출퇴근을 하는 자투리 시간에 활용할 수 있는 최고의 학습 도구들이다. 유료 콘텐츠가 대부분이지만 원하기만 하면 무료로 구할 수 있는 콘텐츠가 널리고 널렸다.

    나는 영어 공부를 할 때 인터넷과 어플을 통해 알토란 같은 각종 음원, 오디오 북과 이북, 해외 영자 신문과 뉴스 채널, 유튜브, TED, 논문, MOOC 교양 강좌에 거의 공짜로 접근할 수 있었다. 필요한 논문 자료를 찾기 위해 영어로 인터넷 검색을 몇 시간씩 할 때는 내가 외국에 유학을 와서 대학 도서관에 있는 것 같은 착각이 들 때도 있었다. 이전 같으면 말도 안 되는 일이지만 지금은 원하기만 하면 집에서도 지구상의 웬만한 정보에 접근할 수 있다. 영어를 잘하면 이 모든 것이 가능하다. 구글로 검색을 해보면 영어 학습 자료가 너무나 방대해 취사선택을 해야 할 정도다. 혹자는 구글 번역으로 인터넷 검색을 해도 되는데 굳이 외국어를 공부할 필요가 없지 않느냐고 물을 수 있다. 맞는 말이다. 하지만 아직까지 자동 번역 시 미묘한 뉘앙스의 차이나 문맥, 어감이 완벽하지 않기 때문에 영어를 직접 읽고 이해하는 것이 더 자연스럽다. 번역 내용을 봐도 상관은 없겠지만 원어로 직접 이해하고 소통할 수 있는 즐거움과 지적 만족감이 더 크기 때문에 외국어를 익히는 것이다.

요새는 마음만 먹으면 언제든지 공짜로 영어 공부를 할 수 있다. 하고자 하는 의지가 있다면 디지털 환경에서 언제든지 영어를 배울 수 있다. 지금까지 내가 영어를 배우면서 돈 들였던 학습 도구는 영자 신문과 최신 영화와 미드를 한글 자막 없이 보기 위해 신청했던 넷플릭스, 왓챠 그리고 전화 영어, 화상 영어가 다였다. 나머지는 거의 인터넷과 어플에서 돈이 들어가지 않는 자료를 찾아서 자유롭게 사용해서 익혔을 뿐이다. 고급 레벨이 되어 해외 명문 대학의 명강연을 들을 수 있을 정도가 되면 해외로 유학을 가지 않아도 국내에서 원하는 교양 강좌를 맘껏 들을 수 있다. 나는 개인적으로 IT 기술과 과학, 미래학에 관심이 많아 미래학자인 레이커즈 와일(Ray Kurzweil)과 자기 계발과 동기부여로 유명한 명강사 브라이언 트레이시(Brian Tracy)의 강연과 포럼, 힐러리 클린턴(Hillary Rodham Clinton), 버락 오바마(Barack Obama)와 같은 정치인들의 연설을 유튜브에서 찾아서 듣곤 했다. 유명 강좌와 유명인의 강연을 눈앞에서 소환해 들을 수 있다니 이 얼마나 놀라운 일인가. 단, 영어가 자유롭다면 이 모든 것이 꿈이 아닌 현실이 될 수 있다.

여기에 소개하는 자료는 이전에 인터넷과 앱에서 찾고 내 방식대로 공부를 할 때 사용했던 것들이다. 학습 취향과 스타일이 모두 다르기 때문에 자신과 안 맞을 수도 있고 서비스와 내용에 변동성이 있다는 점을 감안 했으면 좋겠다. 영어 학습에 유용한 정보와 콘텐츠는 계속 늘어나고 있다. 차분히 탐색하다 보면 나에게 맞는 자료를 발견할 수 있으니 가볍게 참고해보자.

영어 학습용 추천 유튜브 채널

(1) Rachel's English

　　www.youtube.com/user/rachelsenglish

　기본적인 발음 원칙을 외국인의 입장에서 참고할 수 있도록 제작한 부분이 돋보이며 일상에서 영어로 말하는 장면들을 소개하고 있어 원어민들의 의사 표현을 현실감 있게 참고할 수 있다.

(2) EnglishAnyone

　　www.youtube.com/user/EnglishAnyone

　남성 유튜버 영어 강사의 영어 발음이 귀에 쏙쏙 들어온다. 이 채널은 Non-native speakers가 영어를 제1언어처럼 이해하고 원어민처럼 말할 수 있는 자신감을 얻을 수 있도록 도와주는 것을 목표로 한다. 개인 맞춤형 학습 계획과 지속적인 피드백을 제공하며 네이티브 스피커처럼 말할 수 있는 여러 가지 꿀팁과 표현 훈련 방법들이 가득하다.

(3) Learn English with EnglishClass101.com

www.youtube.com/channel/UCeTVoczn9NOZA9blls3YgUg

무료와 유료 과정으로 영어 초보자부터 중급 학습자까지 누구나 즐겁게 영어를 배울 수 있다. 강의 구성은 다양한 주제와 레벨에 맞는 비디오 강의, 일상생활에서 유용한 단어와 표현 학습, 영어 문법도 기초에서 심화까지 체계적으로 학습할 수 있다. 회화 연습도 실제와 같은 상황을 연출하여 회화 능력을 향상시킬 수 있다. 또한 영어권 문화를 이해하고 자연스러운 영어 표현을 익힐 수 있다.

영어 학습 인터넷 사이트

(1) VOA News Special English

https://www.youtube.com/@voalearningenglish

VOA의 장점은 미국 원어민이 듣기 쉽게 기사를 전달해주고 어려운 단어나 문장을 사용하지 않기 때문에 초·중급자들이 놓쳐서는 안 될 최고의 뉴스 사이트이다. 쉬운 말로 기사를 소개하면서도 그 주제와 내용도 미국의 역사, 문화, 예술, 정치, 경제, 시사 등을 폭넓게 다루기 때문에 지금까지 몰랐던 미국을 이해하고 영어까지 배울 수 있어 '강추'하는 곳이다. 텍스트와 MP3와 같은 음원 서비스도 동시에 제공하기 때문에 비교 학습하기에도 편하다. 토플 리스닝이나 고급 리스닝을 하기 전에 미리 연습 삼아 훈련하기에 좋다.

(2) Open culture

http://www.openculture.com/freelanguagelessons

영어를 포함하여 다양한 제2외국어를 배울 수 있다. 온라인 코스, 오디오 북, 영화, 팟캐스트, 이북, 무크에 이르는 외국어 학습의 만물상과 같은 곳으로 원하는 언어를 쉽고 재미있게 배울 수 있다. 넘쳐나는 광대한 정보 링크를 따라 검색을 하다 보면 미로처럼 연결되어 있는 새롭고 낯선 콘텐츠를 발견하는 깨알 같은 즐거움이 있다.

(3) English Club

https://www.englishclub.com/

English Club은 영어 학습자들을 위해 무료 학습 자료를 제공한다. 문법, 어휘, 발음, 듣기, 말하기, 읽기, 쓰기 등 다양한 영어 학습 분야가 있으며 온라인 기반의 웹 게임도 있어 지루하지 않게 영어를 배울 수 있다.

(4) American Rhetoric

https://www.americanrhetoric.com

미국 역사 속 중요한 연설, 설교, 법정 진술 등 다양한 연설 자료를 모아놓은 온라인 아카이브다. 텍스트, 오디오, 비디오 형식으로 제공되는 방대한 자료를 통해 미국 역사와 문화를 이해하고, 효과적인 말하기 기법을 배울 수 있다.

(5) History

https://www.history.com/

역사 관련 다큐멘터리와 드라마, 그리고 역사적 사건에 대한 정보를 제공한다. 역사 다큐멘터리 시리즈, 역사적 인물, 사건 등 다양한 콘텐츠를 통해 역사에 대한 흥미를 유발하고 지식을 쌓을 수 있다. 특히 역사 다큐멘터리 시리즈는 높은 인기를 얻고 있다. 역사에 대한 흥미로운 경험을 얻을 수 있어 둘러볼 만하다.

(6) Library of congress

https://www.loc.gov/

미국 의회 도서관은 미국에서 가장 오래된 연방 문화 기관이자 세계에서 가장 큰 도서관 중 하나이다. 1억 6천만 개 이상의 다양한 자료(책, 음원, 영상, 사진, 지도, 문서 등)를 소장하고 있다. 역사, 문화, 과학 등 다양한 분야의 자료를 통해 미국 역사와 문화를 이해하는 데 도움이 된다. 일단 검색해보면 알겠지만 그 압도적인 양질의 자료와 광대함에 놀랄 것이다.

(7) Things asian

　　http://thingsasian.com/

아시아 여행을 중심으로 다양한 이야기를 공유하는 커뮤니티다. 여행객들이 직접 작성한 아시아 각국의 문화, 역사, 예술, 여행 경험 등을 담은 다채로운 글과 사진을 통해 아시아를 생생하게 느낄 수 있다. 개인적인 경험을 바탕으로 작성된, 블로그에서 볼 만한 캐주얼한 글들이 많아 여행을 계획하는 사람들이 정보를 얻거나 이국적인 문화 체험을 하는 데 유익하다.

(8) English grammar

　　https://www.englishgrammar.org/

영어 문법 학습을 위한 온라인 플랫폼으로 문법 규칙 설명부터 다양한 연습 문제, 그리고 문법 체커와 같은 도구까지 제공하며 작문에 대한 도움도 받을 수 있다. 무료로 이용할 수 있는 다양한 자료와 쉬운 설명 방식으로 영어 학습자들뿐만 아니라 영어 교육 종사자(강사, 교수 설계자)들에게도 인기가 많다.

(9) Audio English

https://www.audioenglish.org/

오디오 파일을 중심으로 영어 듣기 능력 향상에 초점을 맞추고 있다. 영국식, 미국식 발음을 비롯해 다양한 국가의 영어를 제공한다. 일반 영어부터 비즈니스 영어, 전화 영어까지 폭넓은 주제를 다루며 초급부터 고급까지 레벨별 학습이 가능하다. 인터랙티브한 학습 도구로 효과적으로 영어 학습 피드백이 가능하다.

(10) FullBooks.com

http://www.fullbooks.com/

다양한 분야의 책을 온라인에서 무료로 제공하는 웹사이트이다. 고전 문학 작품을 비롯해 소설, 시, 역사, 철학 등 다양한 장르의 책들을 텍스트 기반으로 볼 수 있으며, 회원 가입 없이 누구나 자유롭게 이용할 수 있다. 사이트 접속이 원활하지 않거나 검색 기능이 부족하다는 사용자들의 평가도 있다.

⑾ USA Learns

http://www.usalearns.org/

무료로 미국식 현지 영어를 배우고 싶거나 특히 미국 시민권 인터뷰 준비에 필요한 영어 듣기, 말하기, 읽기, 쓰기 등 다양한 영역의 학습 자료를 제공한다. 풍부한 학습 영상과 함께 초급부터 중급까지 다양한 수준의 학습자가 자신의 속도에 맞춰 학습할 수 있다. 미국 문화를 이해할 수 있는 학습 콘텐츠를 통해 미국 사회에 적응하는 데 실질적인 정보를 얻을 수 있다.

⑿ IT Conversations

http://itc.conversationsnetwork.org/

IT Conversations는 기술 분야에 대한 다양한 주제를 다루는 온라인 오디오 아카이브다. 2003년부터 운영되어온 이 사이트는 기술 산업의 발전과 변화를 함께하며 오픈 소스, 웹 개발, 인공지능 등 다양한 IT 분야의 전문가들의 깊이 있는 인터뷰를 제공한다. 오래된 아카이브를 통해 과거 기술 트렌드를 살펴볼 수 있고 현재 기술과의 연결성을 파악하는 데 도움이 될 것이다. IT 분야 종사자뿐만 아니라 기술에 관심이 있다면 한번 방문해보자.

라디오 신문 뉴스 채널 사이트

(1) NPR.org

   http://www.npr.org/

영어 듣기에 어느 정도 자신감이 생겼다면, 다시 말해 중급 이상에서 고급 정도 레벨의 수준에서 들을 수 있는 수준 높은 뉴스 추천 사이트다. NPR(National Public Radio)은 미국 공영 라디오 방송으로 최신 시사 뉴스, 속보(Breaking news), 분야별 전문 내용의 심층 취재로 고급 어휘가 많을 뿐만 아니라 진행자의 말하는 속도도 상대적으로 빠르다. 수준 높은 영어 청취를 위해 중년 교양인에게 딱 좋은 곳이다. 기획 취재 기사의 경우 대본을 제공하기도 한다. NPR 모바일 어플을 다운받아 들어보자. 이 팟캐스트는 내가 가장 애용하는 영어 뉴스 사이트이기도 하다.

(2) Podbean

   https://www.podbean.com/

국내의 팟빵 팟캐스트와 유사한 Podbean은 팟캐스트를 제작하고 배포하는 데 사용되는 플랫폼이다. 모바일 앱 서비스도 이용 가능하며 팟캐스트를 만들고 싶은 사람들이 자신의 목소리나 음악 파일을 업로드하여 팟캐스트를 만들고 다른 사람들이 이를 구독해서

들을 수 있도록 서비스를 제공한다. 개인부터 기업형 팟캐스트까지 다양한 분야의 영어 콘텐츠를 검색해서 들을 수 있다.

(3) CNN Video

　　http://www.cnn.com/video/

　CNN 비디오는 전 세계 뉴스와 정보를 제공하는 세계 최대 뉴스 네트워크인 CNN의 영상 콘텐츠를 모아놓은 곳이다. 주요 뉴스, 인터뷰, 다큐멘터리 등 다양한 영상을 통해 실시간으로 전 세계에서 일어나는 일들을 확인할 수 있다. CNN 비디오는 뉴스를 영상으로 보고 싶을 때 이용할 만하다.

(4) BBC Learning English

　　https://www.bbc.co.uk/learningenglish/

　BBC Learning English는 표준 영국식 영어를 익힐 수 있는, 공영방송 BBC에서 운영하는 무료 영어 학습 사이트다. 영어 초급 학습자부터 고급 학습자까지 누구나 자신의 수준에 맞춰 영어 학습을 할 수 있도록 다양한 콘텐츠를 제공한다.

MOOC로 전문성을 더하자
- 중상급 점프 업

　MOOC(Massive Open Online Course)는 대규모 온라인 공개 강좌의 약자로 누구나 무료로 세계 최고 수준의 강의를 들을 수 있는 온라인 학습 플랫폼이다. 중상급 영어 학습자라면 MOOC를 통해 전문적인 영어 지식을 쌓을 수 있고, 국내에서도 유학을 가지 않고 전문 과정을 현지에서 학습하는 기대 효과를 체험할 수 있다. 무크(MOOC)는 각 플랫폼의 무료 강좌와 유료 강좌가 있으며 이를 비교하여 자신에게 맞는 강좌를 선택하여 수강할 수 있다. 기회가 된다면 꼭 수강해보길 강력 추천한다. 전문 분야에 대한 깊이 있는 학습을 원한다면 유료 강좌를 통해 체계적인 교육을 받을 수 있다. 과정을 성공적으로 이수하면 공신력 있는 수료증을 발급받아 나의 역량을 증명할 수도 있다. 무크는 영어를 넘어 전문 분야를 취향 저격으로 선택해서 학습할 수 있기 때문에 영어로 내 인생의 날개를 달 수 있는 신세계와 같다. 무크를 통해 나만의 학습 로드맵을 만들고 꾸준히 학습한다면 영어 실력 향상은 물론 새로운 분야에 대한 도전과 성장을 경험할 수 있을 것이다.

(1) 에덱스(Edex)

　에덱스는 MIT와 하버드 대학교가 공동으로 설립한 플랫폼으로,

세계 유수 대학들의 다양한 분야 강좌를 제공한다. 예를 들어 인문학, 사회과학, 자연과학, 공학 등 다양한 분야의 최신 지식을 접할 수 있으며 명문 대학 교수들의 강의를 직접 들을 수 있다는 점이 매력적이다. 인공지능, 데이터 과학, 비즈니스 등 미래 지향적인 분야의 강좌도 개설되어 인기가 많으며 비즈니스 영어, 학술 영어 등 전문 영역에 특화된 강좌가 많다.

- PC 웹사이트: https://www.edx.org/
- 앱 다운로드: ① Apple 앱 스토어 - 앱 스토어에서 'edX' 검색 후 다운로드 ② Google Play 스토어 - Google Play 스토어에서 'edX' 검색 후 다운로드

(2) 칸아카데미(Khan academy)

칸아카데미는 수학, 과학, 컴퓨터 프로그래밍 등 기초과학 및 IT 분야의 무료 교육 콘텐츠를 제공하는 비영리 단체이다. 영어 문법, 어휘, 독해 등 기초 영어 학습부터 SAT, TOEFL 시험 준비까지 다양한 영어 학습 콘텐츠까지 제공되며, 체계적인 학습 시스템과 짧고 간결한 강의 형식으로 부담 없이 학습할 수 있다.

- PC 웹사이트: https://www.khanacademy.org/
- 앱 다운로드: ① Apple 앱 스토어 - 앱 스토어에서 'Khan Academy' 검색 후 다운로드 ② Google Play 스토어: Google

Play 스토어에서 'Khan Academy' 검색 후 다운로드

(3) 코세라(Coursera)

코세라는 스탠포드 대학교 교수들이 설립한 대규모 온라인 공개 강좌(MOOC) 플랫폼이다. 세계 유수 대학들의 다양한 분야 강좌를 무료로 제공하며 인문학부터 공학까지 폭넓은 분야를 다루고 있다. 자격증을 취득할 수 있는 유료 강좌도 제공하며 한국어 자막을 지원하여 언어 장벽 없이 학습할 수 있다. 데이터 과학, 인공지능 등 미래 분야의 첨단 기술 강좌가 강점이다.

- PC 웹사이트: https://www.coursera.org/
- 앱 다운로드: ① Apple 앱 스토어 - 앱 스토어에서 'Coursera' 검색 후 다운로드 ② Google Play 스토어 - Google Play 스토어에서 'Coursera' 검색 후 다운로드

(4) 유데미(Udemy)

유데미는 프로그래밍, 디자인, 마케팅 등 실용적인 기술부터 개인 개발, 취미까지 폭넓은 주제의 강좌를 수십만 개 이상 제공한다. 강사 누구나 자신의 강좌를 개설하여 판매할 수 있는 오픈 마켓 형태로 운영되며 수강생은 자신의 학습 목표에 맞춰 강좌를 선택하고

자유롭게 학습할 수 있다. 저렴한 가격으로 다양한 강좌를 수강할 수 있다는 점이 큰 장점이다.

- PC 웹사이트: https://www.udemy.com/
- 앱 다운로드: ① Apple 앱 스토어 - 앱 스토어에서 'Udemy' 검색 후 다운로드 ② Google Play 스토어 - Google Play 스토어에서 'Udemy' 검색 후 다운로드

영어 논문 검색

(1) Google Scholar(https://scholar.google.com/)

가장 널리 사용되는 무료 학술 검색 엔진으로 다양한 학문 분야의 논문을 검색할 수 있다. 논문 검색, 학자 프로필 검색, 인용 분석 등을 제공하며 방대한 데이터베이스, 사용자 친화적인 인터페이스 등이 뛰어나다. 모든 논문에 대한 풀 텍스트 접근이 어려울 수도 있다.

(2) JSTOR(https://www.jstor.org/)

인문학, 사회과학 분야의 학술 저널에 대한 풀 텍스트 접근이 가능하다. 오래된 논문까지 검색할 수 있어 역사 연구에 유용하며 논문 검색, 저널 검색, 이미지 검색 기능이 있다.

(3) ScienceDirect(https://www.sciencedirect.com/)

엘스비어 출판사의 논문을 중심으로 검색할 수 있으며, 과학, 기술, 의학 분야의 논문이 풍부하다. 논문 검색, 저널 검색, 책 검색이 가능하다. 심화 자료는 유료 결제를 해야 한다.

(4) PubMed(https://pubmed.ncbi.nlm.nih.gov/)

생물학, 의학 분야의 논문을 중심으로 검색할 수 있다. 미국 국립보건원(NIH)에서 운영하는 무료 데이터베이스다. 논문 검색, 저널 검색, 임상시험 정보 검색이 가능하며 무료인 점이 매력적이며 생명과학 분야 논문에 특화된 곳이다.

외국어 학습 앱을 활용하자
- 어학 학습 서비스 및 보조 도구

(1) 듀오링고

전 세계적으로 유명한 무료 언어 학습 플랫폼이다. 듀오링고의 장점은 게임처럼 재미있게 언어를 배울 수 있다는 점이다. 영어 이외의 다양한 언어를 배울 수 있으며 간단한 단어와 문장부터 시작하여 점차 복잡한 내용으로 학습할 수 있다. 예를 들어 기초부터 듣기, 말하기, 읽기, 쓰기 등 다양한 영역을 골고루 학습할 수 있어 외국어를 쉽고 즐겁게 익힐 수 있다.

- PC 공식 웹사이트: https://ko.duolingo.com
- 스마트폰 앱 스토어(Apple App Store, Google Play Store)에서 '듀오링고'를 검색하여 앱을 다운로드하고 설치한 후 이용할 수 있다.

(2) 반복 학습 프로그램 Anki

Anki는 플래시 카드 방식을 활용하여 효율적인 암기를 돕는 프로그램이다. 외국어 단어를 외울 때 익힌 내용을 잊어버리기 전에 적절한 시기에 복습하도록 도와준다. 다양한 형태의 플래시 카드를 직접 만들어 사용할 수 있다. 예를 들어 분야별 단어, 역사적 사건, 수학 공식 등 다양한 분야의 학습에 효과적이다.

- 안드로이드: Google Play 스토어에서 'AnkiDroid' 검색 후 설치한다.
- iOS: App Store에서 'AnkiMobile' 검색 후 설치한다.

(3) 퀴즐렛(Quizlet)

퀴즐렛은 AI 기반의 단어, 문장, 개념 등 다양한 학습 자료를 플래시 카드, 게임, 퀴즈 등의 다채로운 형식으로 학습할 수 있다. 단어를 익힐 때 특히 유용하며 일반 사용자뿐만 아니라 교사들도 수업에 활용하고 있다.

- 안드로이드: Google Play 스토어에서 'Quizlet' 검색 후 설치한다.
- iOS: App Store에서 'Quizlet' 검색 후 설치한다.

(4) 케이크(Cake)

케이크 앱은 일상생활에서 자주 사용되는 표현을 단기간에 익히고 싶은 사용자에게 좋다. 짧은 시간에 핵심적인 표현을 학습할 수 있도록 구성되어 짬을 내어 영어를 배울 때 유용하며 복습과 오답 관리로 피드백을 받을 수 있다. 왕초보, 초급, 중급, 고급 레벨에 따라 다양한 주제의 표현을 난이도별로 학습할 수 있다.

- 안드로이드: Google Play 스토어에서 'Cake' 검색 후 설치한다.
- iOS: App Store에서 'Cake' 검색 후 설치한다.

영어 학습 도구로 AI 활용하기

(1) ChatGPT by OpenAI(ChatGPT 앱)

OpenAI의 공식 ChatGPT는 웹과 iOS·Android 앱에서 사용할 수 있으며, 텍스트·이미지·음성 등 다양한 방식으로 질문하고 학습할 수 있다. 현재 GPT-4o가 기본 모델로 제공되며(무료 이용자도 사용 가능, 단 사용량 제한 있음), Plus의 유료 구독자는 더 높은 한도와 추가 기능을 이용할 수 있다. 또한 모바일 앱의 Voice Mode(음성 대화)로 실시간에 가까운 영어 질문·응답이 가능해 회화 연습에 특히 유용하다.

- 앱 다운로드: iOS와 Android에서 'ChatGPT' 앱을 다운로드하여 사용할 수 있다.

(2) 구글 제미니(Gemini)

구글 AI가 개발한 대규모 언어 모델로, 다양한 언어를 이해하고 생성하는 능력이 뛰어나다. 구글 계정이 있으면 제미니를 사용할 수 있다. 제미니도 무료 버전과 유료 버전이 있는데, 무료 버전을 이용해도 큰 무리 없이 영어 학습하는 데 지장이 없다.

- 앱 다운로드: iOS와 Android에서 'google gemini' 앱을 다운로드하여 사용할 수 있다.

(3) Microsoft Bing Chat

Bing Chat은 Microsoft의 Bing 검색 엔진과 통합된 챗GPT 기반 서비스다. 실시간 웹 검색 기능을 통해 최신 정보를 바탕으로 한 대화를 제공한다.

- 앱 다운로드: Microsoft Edge 브라우저 앱을 설치하면 Bing Chat을 사용할 수 있다.

(4) 퍼플렉시티(Perplexity AI)

퍼플렉시티는 검색 기능과 인공지능 대화형 응답을 결합한 서비스다. 질문을 하면 단순 답변뿐 아니라 출처와 참고 링크를 함께 제공해 신뢰도를 높인다. 영어 학습자는 실제 영어 자료(논문, 기사 등)를 근거로 한 답변을 받아볼 수 있어 독해력 훈련과 배경지식 확장에 도움이 된다.

- 앱 다운로드: iOS와 Android에서 'Perplexity AI' 앱을 다운로드하여 사용할 수 있다.

(5) 클로드(Claude by Anthropic)

클로드는 미국의 AI 스타트업 Anthropic이 개발한 챗봇 서비스다. 대화의 맥락을 잘 이해하고 장문 텍스트 처리에 강하며, 안전성과 윤리적인 응답에 초점을 두고 있다. 영어뿐 아니라 다국어로도 원활하게 대화할 수 있어 글쓰기 및 토론 연습에 유용하다.

- 앱 다운로드: iOS에서 'Claude' 앱을 다운로드하거나 웹 브라우저를 통해 사용할 수 있다.

(6) 그록(Grok by xAI)

그록은 일론 머스크(Elon Musk)가 세운 xAI가 개발한 AI 챗봇으로, X(구 트위터) 플랫폼과 깊이 연동되어 있다. 실시간 사회적 트렌드와 데이터를 반영한 답변을 제공하는 것이 특징이다. 영어 학습자는 최신 이슈를 영어로 질문하고 실시간 대화를 통해 회화와 시사 영어를 동시에 익힐 수 있다.

- 앱 다운로드: 'X(트위터)' 앱 내에서 구독 서비스(X Premium+)를 통해 그록을 사용할 수 있다.

(7) 뤼튼(Wrtn)

뤼튼은 한국에서 개발된 AI 글쓰기 서비스다. 기사, 블로그 글, 학습 자료 등 다양한 형태의 텍스트를 빠르게 생성할 수 있어 영어뿐 아니라 한국어 작문 훈련에도 활용할 수 있다. 특히 한국어 사용자 친화적인 인터페이스와 템플릿 기능이 강점이다.

- 앱 다운로드: iOS와 Android에서 'Wrtn 뤼튼' 앱을 다운로드하여 사용할 수 있다.

챗GPT로 영어 공부를 할 수 있는 방법 예시

챗GPT의 프롬프트는 챗GPT와 같은 대규모 언어 모델에게 특정

작업을 수행하도록 지시하는 텍스트 명령어를 말한다. 프롬프트를 효과적으로 활용하기 위해서는 질문이 명확하고 구체적일수록 더 유용한 답변을 받을 수 있다. 예를 들어, "영어 문법에 대해 설명해줘"보다는 "현재완료와 과거완료의 차이점을 설명해주고 상세 예시문을 들어서 설명해줘"처럼 구체적인 질문을 할수록 더 자세한 답변을 얻을 수 있다. 이미 시중에 챗GPT 매뉴얼과 활용법을 다룬 책들이 무수히 많이 나와 있기 때문에 추가적인 도움이 될 만한 도서가 있으면 개별적으로 활용해보자!

(1) 영어 회화 연습

- 활용 방법: 챗GPT를 가상의 회화 파트너로 삼아 대화를 나눌 수 있다. 일상적인 대화, 직장에서의 영어 사용, 특정 주제에 대한 토론 등 원하는 상황을 설정해서 연습할 수 있다.
- 예시: ① "Can we practice a conversation about planning a weekend trip?" ② "Let's discuss the pros and cons of working from home."

(2) 단어와 표현 확장

- 활용 방법: 읽거나 들은 콘텐츠에서 모르는 단어와 표현을 가져와 챗GPT에게 설명해달라고 요청할 수 있다. 이 단어들을 실제

문장에서 어떻게 사용되는지 예문도 제공받아 학습할 수 있다.
- 예시: ① "I heard the phrase 'take it with a grain of salt.' What does it mean and can you give me some example sentences?" ② "What are some alternative expressions for 'I don't understand'?"

(3) 문법과 문장 구조 학습

- 활용 방법: 작성한 문장을 챗GPT에게 검토해달라고 하거나 특정 문법에 대한 설명을 요청하거나 실수를 교정하고 더 자연스러운 표현을 제안해준다.
- 예시: ① "I wrote this sentence: 'He go to school yesterday.' Can you correct it and explain what was wrong?" ② "Can you explain the difference between 'since' and 'for' in the context of time?"

(4) 읽기 자료 분석

- 활용 방법: 영어로 된 기사나 문장을 읽고 이해하지 못한 부분이나 궁금한 점을 챗GPT에게 질문할 수 있다. 텍스트의 주요 아이디어, 어려운 문장 구조, 문화적 배경 등을 설명받을 수 있다.
- 예시: ① "I read an article about climate change. Can you

help me summarize the main points?" ② "I found this sentence confusing: 'Despite the mounting evidence, there remains a level of skepticism among some groups.' What does this mean?"

(5) 기타 확장 활용 방법

- 역할극 및 대화(상황 설정): "Let's role-play a conversation at a restaurant. I'll be the customer and you'll be the waiter."와 같이 다양한 상황을 설정하고 챗GPT와 대화를 통해 실제적인 회화 연습을 할 수 있다.
- 오픈 토론: "What are the pros and cons of using AI in education?"과 같이 특정 주제에 대해 챗GPT와 자유롭게 토론하며 영어로 생각을 표현하는 연습을 할 수 있다.
- 작문 지도 및 피드백(에세이 작성 및 문장 교정): "I'm writing an essay about climate change. Can you help me brainstorm some ideas?"와 같이 글쓰기 주제에 대한 아이디어를 얻거나, 완성된 에세이에 대한 피드백을 요청할 수 있다. 또 문장 교정에도 도움을 받을 수 있다. "Please correct any mistakes in this sentence: 'I goed to the store yesterday.'"와 같이 작성한 문장의 오류를 찾아 수정하고, 문장의 자연스러움을 높일 수 있다.
- 뉴스 기사 요약: "Can you summarize this news article about the latest technology?"와 같이 영어 뉴스 기사를 요약해달라고

요청하여 어려운 단어나 표현을 쉽게 이해할 수 있다.
- 책 추천: "Can you recommend some English books for beginners?"와 같이 자신의 영어 실력에 맞는 책을 추천받고 챗GPT와 함께 책 내용에 대한 토론을 할 수 있다.

언어 교환 앱

(1) Hellotalk 헬로톡

헬로톡은 전 세계 사람들과 언어 교환을 할 수 있는 소셜 네트워크 서비스다. 국내 이용자들이 언어를 배울 때 가장 많이 사용하는 어플 중 하나다. 다양한 언어의 네이티브 스피커와 1:1 채팅, 음성 메시지, 영상 통화 등을 통해 자연스럽게 언어를 익힐 수 있다. 외국을 나가지 않고도 언어뿐만 아니라 각국의 문화를 배우고 새로운 친구를 사귈 수 있으며 언어 수준과 관심사에 맞는 파트너를 찾아 학습 계획을 세울 수 있다.

- 안드로이드: Google Play 스토어에서 'Hellotalk' 검색 후 설치한다.
- iOS: App Store에서 'Hellotalk' 검색 후 설치한다.

(2) 탄뎀(Tandem)

탄뎀은 전 세계 사람들과 언어를 교환하며 외국어를 익힐 수 있다. 해당 언어의 네이티브 스피커들과 1:1로 언어를 교환할 수 있어 실제 생활에서 사용되는 표현과 발음을 자연스럽게 배울 수 있다. 국내 이용자들에게도 인기가 많으며 서비스에 따라 유료 결제가 필요하다.

- 안드로이드: Google Play 스토어에서 'Tandem' 검색 후 설치한다.
- iOS: App Store에서 'Tandem' 검색 후 설치한다.

(3) 미프(MEEFF)

미프는 여행이나 외국어 학습에 관심이 많은 사람들에게 인기가 많으며 다양한 국가의 사람들과 채팅이나 영상 통화를 통해 교류할 수 있다. 이 어플의 장점은 다양한 언어의 실시간 번역 기능이 있어 언어 장벽 없이 자유롭게 대화할 수 있다는 점이다. 또한 간편하게 음성 메시지를 주고받으며 소통이 가능하며 자신의 관심사, 취미, 여행 경험 등을 프로필로 설정하여 비슷한 관심을 가진 사람들과 쉽게 연결될 수 있고 소통할 수 있어 국내 사용자들에게 인기가 높다.

- 안드로이드: Google Play 스토어에서 'MEEFF' 검색 후 설치한다.
- iOS: App Store에서 'MEEFF' 검색 후 설치한다.

(4) 틴더(Tinder)

틴더는 전 세계적으로 가장 인기 있는 소셜 데이팅 앱 중 하나이다. 스마트폰으로 간편하게 새로운 사람들을 만나고 소통할 수 있다. 본인의 사진과 간단한 정보를 입력하여 프로필을 완성할 수 있으며 마음에 드는 사람의 프로필은 오른쪽으로, 마음에 들지 않는 사람의 프로필은 왼쪽으로 스와이프하여 선택할 수 있다. 서로에게 호감을 표시하면 '매치'가 되고, 상대방과 채팅을 통해 대화를 시작할 수 있다. 국내뿐만 아니라 해외 지역의 이용자들과 매칭될 수 있도록 프로필 설정을 변경할 수 있으며 프로필에 사용하는 언어를 여러 개 설정하여 더 많은 사람들과 소통할 수 있다. 자동 번역 기능도 사용할 수 있으며 추가 기능은 유료 결제가 필요하다.

- 안드로이드: Google Play 스토어에서 'Tinder' 검색 후 설치한다.
- iOS: App Store에서 'Tinder' 검색 후 설치한다.

번역 프로그램
- 딥플(DeepL Translator)

영어, 독일어, 프랑스어, 스페인어 등 유럽 언어에 강점을 보이며, 특히 전문적인 문서 번역과 작문에 유용하다. 뉘앙스까지 정확하게 번역하여 자연스러운 문장을 제공한다.

- 사용 방법: 웹사이트(deepl.com) 방문하거나 앱 Google Play, App 스토어에서 'deepl' 검색 후 설치한다.

문장 교정 프로그램

(1) 그래머체크(GrammarCheck)

이 편집기는 문법, 철자, 그리고 문장 구조를 검사하여 더욱 정확하고 매끄러운 영어 문장을 작성하도록 도와주는 무료 온라인 서비스다. 단어의 철자 오류를 찾아 바른 철자를 제시하며, 동사 시제, 주어와 동사 일치, 전치사 등 문법 오류가 있는 부분에 직접 수정 제안을 해주기 때문에 학습자는 오류를 바로잡으면서 문법 규칙을 바르게 익힐 수 있다. 뿐만 아니라 문장의 구조를 분석하여 어색하거나 비효율적인 부분을 지적해주기 때문에 다양한 문장 구조를 접하고 자연스러운 문장을 작성할 수 있는 작문 능력을 향상시킬 수 있다.

- 사용 방법: https://www.grammarcheck.net/editor

(2) 워드 카운터(Wordcounter)

이 서비스는 글의 총 단어 수, 문장 수, 평균 문장 길이 등을 측정하여 글의 길이와 구조를 파악할 수 있으며, 특정 단어나 문구의 빈도를 분석하여 자주 사용하는 표현을 확인하고 어휘력을 향상시킬 수 있다. 또한 글의 난이도를 측정하여 자신의 읽기 수준을 파악하고 적절한 난이도의 자료를 선택하는 데 도움을 받을 수 있으며 표절 기능도 활용할 수 있다.

- 사용 방법: https://wordcounter.net/

(3) 포보(Forvo)

포보는 전 세계 사람들이 직접 녹음한 다양한 언어의 단어 발음을 들을 수 있다. 특히 외국어 학습자들에게는 정확한 발음을 익히는 데 큰 도움이 된다. 영어와 전 세계 거의 모든 언어의 단어 발음을 찾아볼 수 있으며 하나의 단어를 여러 사람이 녹음한 다양한 발음을 비교해 들을 수 있다. 다양한 화자의 억양과 발음 변화를 학습할 수 있고 사용자들도 직접 발음을 녹음하고 등록할 수 있다.

- 사용 방법: https://ko.forvo.com/
- 앱 Google Play, App 스토어에서 'forvo pronuciation' 검색 후 설치한다.

영어 대화 모임 사이트로 실전 영어를 하자

(1) 서울 언어 교환 모임

서울 언어 교환 모임은 다양한 국적의 사람들과 만나 언어를 교환하고 새로운 문화를 경험할 수 있다. 한국어를 배우고 싶어 하는 외국인들과 영어나 다른 외국어를 배우고 싶은 한국인들이 모여 서로 가르치고 배우며 친목을 다지는 모임이다. 혼자도 부담 없이 참석할 수 있으며 부담 없는 참가 비용으로 언어 교환 후 뒤풀이도 즐길 수 있다.

(2) 밋업(meetup.com)

밋업은 특정 주제나 관심사를 가진 사람들이 만날 수 있는 국제적인 모임 커뮤니티다. 또한 언어 교환을 원하는 다양한 국적의 사람들과 직접 만나 소통할 수 있다. 무료로 참가할 수 있는 모임도 있으며 주로 일정 비용을 내고 모임에 참여할 수 있다.

(3) www.mylanguageexchange.com

이 사이트는 전 세계 사람들과 언어를 교환하며 외국어 학습을 할 수 있는 온라인 커뮤니티다. 자신이 배우고 싶은 언어를 선택하고 가르칠 수 있는 언어를 설정하여 언어 교환 파트너를 찾을 수 있다. 이메일, 채팅, 음성 채팅 등 다양한 방법으로 파트너와 소통하며 언어를 연습할 수 있다. 무료로 가입하여 서비스를 이용할 수 있으며 일부 기능은 유료 회원에게만 제공된다.

(4) conversationexchange.com

전 세계 사람들과 언어를 교환하며 외국어 학습을 할 수 있는 온라인 플랫폼이다. 영어 학습을 목표로 하는 사람들이 원어민과 직접 소통하며 실제적인 회화 연습을 할 수 있다. 자신이 배우고 싶은 언어와 가르쳐줄 수 있는 언어를 설정하여 원하는 파트너를 찾을 수 있으며 이메일, 채팅, 음성 채팅 등 다양한 방법으로 파트너와 소통하며 언어를 연습할 수 있다.

AI 튜터가 이끄는 맞춤형 영어 학습 시장의 미래

앞으로의 영어 학습 시장은 에듀테크(Education + Technology)의 발전으로 모바일과 머신러닝을 통해 학생들의 특성을 파악하고 좀 더 체계화된 교육을 제공할 것이다. 4차 산업이 주도할 미래는 AI

튜터가 개인의 학습 능력과 성향을 분석하여 맞춤형으로 학습을 가이드하는 첨단 교육 서비스 환경으로 탈바꿈될지도 모른다.

에듀테크의 눈부신 발전은 영어 학습 시장에 혁신적인 변화를 가져오고 있다. 과거처럼 단편적인 교재 수준이 아니라 학습자가 실제로 몰입할 수 있는 환경을 구축하는 방향으로 발전하고 있다. 예를 들어, 증강현실(AR)과 가상현실(VR) 기술을 활용한 영어 몰입형 수업은 학습자가 해외 현지에서 생활하는 듯한 경험을 제공할 수 있다. 또한 학습 데이터를 기반으로 한 예측 분석은 개인별 학습 역량과 실제 진도 과정을 파악해, 언제 어떻게, 어떤 학습 방법이 가장 효과적인지 제안해 줄 수 있다. 특히, AI 튜터는 단순 보조 역할에서 나아가 감정 인식 기술을 통해 실제 교사와 학생 간의 교육적 상호작용을 극대화하는 수준으로 발전할 전망이다. 이러한 변화는 개인 맞춤형 학습으로 진화 중인 에듀테크 기반의 외국어 교육 시장의 새로운 시대를 예고한다.

(1) AI 튜터가 가져올 변화

AI 튜터는 개인화된 학습을 통해 학생들의 학습 효율성을 극대화하는 데 중요한 역할을 할 수 있다. AI 기반 튜터 시스템은 학생의 학습 데이터를 분석하여 각자의 학습 스타일과 속도에 맞춰 커리큘럼 조정도 가능하다. 이는 교사가 수업 중 개별 학생에게 일일이 맞춤 지도를 제공하는 것이 현실적으로 어려운 상황에서 큰 효과를 발휘할 수 있다. 예를 들어, AI 튜터는 학생이 개념을 이해하지 못한 부분을 반복 학습하도록 권장하고 특정 문제 풀이에 어려움을 겪을 경우 보충 자료를 제시하는 식으로 개별화된 지도를 제공할 수 있다.

더불어 AI 튜터는 학습 데이터를 지속적으로 분석하며 학생의 성취도 평가도 가능하다. 이를 통해 학습자는 스스로 학습 진행 상황을 파악하고 필요한 경우 새로운 학습 전략을 적용할 수 있다. 이러한 AI 튜터의 지원은 자기 주도적 학습을 장려하고 학습에 대한 동기부여를 높이는 데 큰 기여를 할 수 있다.

(2) AI 튜터 활용의 학습 기대 효과

- 개인 맞춤형 학습: 학습자의 수준, 학습 스타일, 목표 등을 종합적으로 고려하여 개인에게 최적화된 학습 콘텐츠와 학습 방법을 제공한다.
- 실시간 피드백: 학습 과정에서 발생하는 오류를 즉각적으로 파악하고 개선 방안을 제시하여 학습 효과를 극대화한다.
- 자기 주도 학습 환경 조성: 학습자는 AI 튜터와의 상호 작용을 통해 스스로 학습 계획을 수립하고 학습 목표를 달성하기 위한 노력을 지속할 수 있다.
- 다양한 학습 콘텐츠: 텍스트, 음성, 영상 등 다양한 형태의 학습 콘텐츠를 제공하여 학습의 흥미를 유발하고, 학습 효과를 높일 수 있다.
- 24시간 학습 지원: 시간과 공간의 제약 없이 언제 어디서든 학습

할 수 있는 환경을 제공한다.

AI 튜터는 영어 학습의 패러다임을 근본적으로 변화시키고 학습자 중심의 맞춤형 학습 시대를 열 것이다. 하지만 AI 튜터가 인간 교사를 완전히 대체할 수는 없으며 인간 교사와 AI 튜터가 상호 보완적으로 작용하는 것이 바람직할 것이다. 앞으로 AI 튜터 기술이 발전함에 따라 영어 학습은 더욱 효과적이고 즐거운 경험이 될 것으로 전망된다.

(3) 사이버 아바타 몰입형 교육의 가능성

사이버 아바타는 학습자를 안내하는 애니메이션 캐릭터, 메타버스 속의 교사 캐릭터, AI 튜터의 시각적 모습으로 이해하면 된다. 사이버 아바타는 에듀테크의 한 축으로 가상 환경에서 학생과 소통하는 캐릭터다. 사이버 아바타는 3D 그래픽을 통해 마치 실제 인물과 대화하는 듯한 경험을 제공하며 가상 현실(VR)이나 증강 현실(AR) 환경에서도 사용할 수 있어 학습 몰입도를 높일 수 있다. 예를 들어 역사 수업에서는 역사적 인물의 아바타와 대화하며 당시의 상황을 배우거나 미술 수업에서는 피카소 아바타와 만나 작품 세계와 창작 과정을 직접 들어보는 등 다양한 분야에서 응용이 가능하다.

이와 같이 아바타는 감정 표현과 제스처를 통해 학생들에게 친근감을 제공하고 학습 과정에서의 긴장감을 완화시키는 효과를 가져올 수 있다. 특히 아바타가 학생의 질문에 실시간으로 답변하며 피드백을 제공할 때 학습자는 더 적극적으로 질문하고 학습에 몰입할 수 있는 환경이 조성될 수 있다. 이러한 사이버 아바타는 교육의 물리적 제약을 없애 학습 경험을 더욱 다채롭고 현실감 있게 만들어 줄 것이다.

(4) 에듀테크의 미래와 교육의 패러다임 변화

AI 튜터와 사이버 아바타는 학생 중심의 맞춤형 학습과 몰입형 학습을 가능하게 하며 이는 실제 교육 시스템의 빅뱅으로 이어질 수 있다. 특히 팬데믹 이후 원격 학습의 중요성이 커지면서 이러한 기술의 필요성은 더욱 증대되었다. 에듀테크를 통한 학습의 개인화는 학생 개개인의 학습 잠재력을 최대한 발휘할 수 있게 하며, 글로벌 교육 격차 해소에도 기여할 것으로 기대된다.

이제 우리는 AI와 같은 첨단 기술이 학습의 동반자로 자리 잡는 시대에 진입하고 있다. 인간 교사와 AI 기반 에듀테크가 상호 보완하여 학습자를 위한 최적의 학습 환경을 제공하는 것이야말로 미래 영어 교육 변화와 발전의 핵심이라고 생각된다. 듀오링고 CEO 루이스 폰 안(Luis von Ahn)은 "머지않아 AI가 1:1 언어 튜터만큼 잘 가르치게 될 것"이라며, AI가 미래 영어 교육의 판도를 바꾸고 있음을 강조한다. AI 튜터와 사이버 아바타는 더 이상 낯선 개념이 아닌 우리 영어 교육 현장에 자리 잡고 있는 현실이다. 이러한 변화에 발맞

취 우리는 AI 기술을 영어 교육에 효과적으로 활용하고 미래 교육을 위한 새로운 패러다임으로 만들어나가야 할 것이다.

ChatGPT로 생성한 아바타 강사 이미지

7. 도서관 신간 코너에 있는 영어 학습서를 활용하자!

나는 도서관을 자주 이용하는 편이다. 주말이면 책을 빌려 보거나 때로는 2~3시간씩 머무르며 독서 삼매경에 빠질 때가 많다. 이곳을 이용하면서 한 주간의 일상도 돌아보고 책을 읽거나 학습 계획도 세우기도 한다. 국민의 세금으로 운영되는 국공립 도서관은 매점이나 식당에서 음식을 사 먹는 것을 제외하고 모두 무료로 이용할 수 있다는 장점이 있다. 도서관 신간 코너에 가면 매주 새로운 책들이 쏟아져 나온다. 그래서 나는 이 천금 같은 기회를 놓치지 않기 위해 꾸준히 도서관을 이용한다. 서울특별시교육청통합도서관(http://lib.sen.go.kr/)에 들어가면 서울시 내 도서관의 위치와 정보가 모두 나와 있다. 각 도서관의 교통, 시설과 서비스, 휴무일 등이 모두 다르기 때문에 방문하기 전에 미리 확인하길 바란다.

나는 주말에 동대문도서관과 정독도서관, 종로도서관을 자주 이용한다. 동대문도서관은 2004년부터 대출을 시작했으니 벌써 이용한 지가 올해로 20년이 넘었다. 이곳 5층 자료학습실에 가면 어학 코너가 따로 있어 매주 새로운 신간 도서를 빌려 볼 수 있다. 다른 도서관들도 모두 어학 코너가 있기 때문에 신간 도서는 그 곳에서 빌려 볼 수 있다. 영어 단어, 문법, 회화, 영어 학습 방법, 어학 잘하는 노하우, 개인 학습 성공담 등 다양한 주제로 신간이 나오기 때문에 일일이 구매를 하지 않아도 무료로 대출을 할 수 있다. 도서관의 어학 신간 코너를 자주 이용하게 되면 영어 학습 콘텐츠의 트렌드와 유형을 알 수 있게 되고 최신 영어 콘텐츠를 접할 수 있어 여러모로 유익하다.

반납일이 지나면 도서 한 권마다 하루에 100원의 연체료가 붙는데 공짜로 책을 빌려 보면서 도서관을 오가는 교통비나 이 정도의 투자는 개인적으로 아깝지 않다고 생각한다. 도서관을 규칙적으로 이용하면 가장 큰 인생의 변화 중 하나가 책 읽기 습관이 몸에 밴다는 점이다. 독서를 하면 남는 시간을 자기 계발에 투자할 수 있어 중년의 자유 시간을 우아하게 보낼 수 있다. 나는 도서관 어학 신간 코너를 이용하면서 영어에 대한 울렁증이 완전히 없어지게 되었다. 제2외국어에 대한 자신감이 생긴 건 덤이라고 해야 할까? 독일어, 스페인어, 이태리어, 프랑스어의 기초적인 어학 지식이 쌓여가면서 게르만어, 로망스어 등 공통된 뿌리를 가진 언어 간의 상관관계와 유사점, 차이점을 알게 되었고 선입관이 있었던 외국 문화에 대해 문화상대주의적 관점[23]에서 바라보고 이해할 수 있게 되었다.

직접 가보지 못한 유럽의 이국적인 풍경들과 생활 모습들을 유튜

---

[23] 옳고 그름의 기준이 문화마다 다를 수 있음을 전제하고 민족중심주의를 경계하며 맥락에 비추어 해석할 것을 요구한다.

브로 검색해서 보면 콘텐츠들이 끝도 없이 많다는 것을 알 수 있다. 여행 풍경 스케치만 있는 영상들도 있고 여행 유튜버가 직접 현지를 방문하여 취재하며 소개하는 영상도 있는데 영어로 서브 자막을 올리는 경우가 많기 때문에 이해하는 데 크게 어려움이 없다. 이렇게 유튜브를 통해 간접 해외여행을 해본 유럽권 국가만 그동안 30개국이 넘는다. 유튜브 영상으로 외국 도시들의 현지 언어를 접하게 되면 제2외국어를 배우고 싶은 마음이 은연중에 용솟음친다. 그래서 나는 독일어나 스페인어를 독학할 때 이 언어권의 주요 도시와 여행지, 음식 문화 등이 소개된 유튜브 영상을 기회가 될 때마다 보곤 했다. 언어와 생활양식이 모두 달라도 같이 공감할 수 있는 낯선 타국의 풍류와 삶의 멋을 보노라면 문득 세상 살아가는 것이 크게 다르지 않다는 사실을 알게 된다. 외국어를 배우고 익히는 것은 결국 다른 문화권의 사람들을 이해하고 소통하는 목적이 크기 때문이다. 영어를 잘하게 되면 다른 언어를 배울 때도 비슷한 방식과 경험으로 학습할 수 있는 효과가 있다. 나는 이런 영어 공부 노하우로 서너 개 유럽어들의 기초를 익힐 수 있었고 현재까지도 제2외국어들을 부담 없이 즐겁게 알아가는 중이다.

외국어를 배울 때 너무 기능적인 측면에서만 접근하다 보면 배우는 과정이 너무 경직되고 재미가 없다. 따라서 학습하는 언어 문화권의 라이프 스타일을 동시에 알게 되면 지루하지 않게 외국어를 배울 수 있다. 또한 외국 문화권의 여행과 유학, 생활상을 다루는 에세이, 어학과 관련된 인문학은 또 다른 지적 즐거움을 선사해주고 미지에 대한 환상과 호기심의 갈증을 해소해준다. 해외여행 갈 기회가 있다면 그 나라의 언어와 문화를 같이 배워보자! 분명 오랫동안 잊지 못할 추억이 되고 새로운 지적 자극이 될 것이다.

공공도서관에서 대여 가능한 외국어 인문학

(1) 영어에 얽힌 흥미진진 인문학(1~2)

셰익스피어 같은 대문호들의 펜 끝에서 탄생한 수많은 어휘와 숙어 그리고 동서양의 다양한 언어를 차용해 더욱 풍성해진 영어 표현들도 배우고 그 안에 녹아 있는 흥미진진한 역사와 문화까지 한눈에 볼 수 있는 책이다.

(2) 재미있는 영어 인문학 이야기(1~4)

영어 어원 사전의 결정판이라고 할 만한 이 책은 세상의 모든 '영어'를 '사전'에 담아냈을 정도로 방대한 분량이다. Toponymy(토포노미, 지명 유래 연구), Onomastics(오노마스틱스, 고유명사 연구), Etymology(에티몰로지, 어원학), Eponym(에포님, 이름의 시조), Neologism(네오로지즘, 신조어)을 연구의 대상으로 삼아 폭넓게 다루고 있다.

(3) 어원은 인문학이다: 흥미진진 영어를 둘러싼 역사와 문화, 지식의 향연

말, 글, 역사와 문화를 조우하는 어원의 인문학이다. 그 '말' 뒤에 숨어 있는 인류 역사 수천 년을 담아낸 영어의 어원을 살피는 데 도움이 된다.

(4) (현대)영어권 문화의 이해

영어권(English-speaking World) 문화의 이해를 높이기 위해 기획된 책으로, 우리와 다른 영미인들의 삶을 이해하는 데 유익하다.

(5) 영국에 영어는 없었다: 영어와 프랑스어의 언어 전쟁

왜 영국 왕들은 300년 이상 프랑스어를 모국어로 사용했을까? 왜 영국의 법원에서는 17세기 중반까지 프랑스어가 통용되었을까? 이 책은 중세 영국과 프랑스를 배경으로 일어났던 역사적 사건들을 언어 전쟁의 관점에서 풀어쓴 인문학 책이다.

⑹ 세계 영어의 다양성: (비)영어권 국가의 역사, 문화 및 언어

　세계 곳곳에서 다양하게 쓰이고 있는 영어의 모습을 해당 국가의 역사와 문화를 통해 조명하면서 그들 나름대로 사용하는 영어의 특징을 여러 가지 측면에서 소개해 세계 언어로 확장해가고 있는 영어의 쓰임새와 다양성을 파악할 수 있다.

⑺ (빌 브라이슨) 발칙한 영어 산책: 엉뚱하고 발랄한 미국의 거의 모든 역사

　베스트셀러 작가 빌 브라이슨이 영어를 둘러싼 미국의 역사를 알차게 소개한다. 미국인조차 잘못 알고 있는 역사 상식, 일반인들이 잘 알지 못하는 영어 표현의 유래, 역사의 뒤안길에 묻힌 보석 같은 이야기들을 통해 영어의 배경지식을 쌓을 수 있다.

⑻ 영어 조선을 깨우다: 영어 조선 상륙기(1~2)

　한반도에 영어가 언제 어떻게 들어왔는지, 한반도에 처음 전해진 영어 문장은 무엇이고, 영어를 처음 배운 사람은 누구이고, 첫 영어 통역사는 누구인지, 영어와 영어 사용자, 영어 사용국과 조선, 한반도, 한국 이야기를 소개한다. 최초의 미국 시민권자 서재필, 최초의 이중국적자 서광범, 최초의 영어 연설자 이승만 등, 격랑의 우리 근대사 속 영어 또는 영어 사용자들을 조명해 상식적 차원에서 그 산

역사를 이해하는 데 도움이 된다.

⑼ (지성인을 위한) 리딩 컬처북 2 인문과학 영문독해

이 책은 TOEFL, SAT, 텝스, 대학 편입 시험, 대학원, 국가고시 등에서 고정적으로 인용되는 명문장과 인문학 텍스트들을 인문, 사회, 자연과학 분야별로 엄선해서 체계적으로 소개한다. 지적 교양의 향상과 독해 실력을 기르는 데 유익하다.

⑽ 인문학과 손잡은 영어 공부: 영어 단어를 통해 정치·사회·문화·역사·상식을 배운다(1~3)

재야 지식인이자 저술가인 강준만 교수의 『인문학과 손잡은 영어 공부』 시리즈는 영어 단어를 통해 정치·사회·문화·역사·상식을 배울 수 있다. 또한 영어 단어와 관련된 어원, 역사적 배경, 인문학적 지식, 현대적 사용법 등 다양한 정보와 지식을 엿볼 수 있다.

⑾ 1일 1페이지 영어 어원 365: 언어학자와 떠나는 매혹적인 어원 인문학 여행

국내 언어학자가 영어 단어의 어원과 그에 얽힌 역사, 문학, 신화,

경제, 과학, 종교, 예술, 음식, 스포츠 등 다양한 히스토리를 1일 1페이지 1단어씩 365일 동안 소개하는 어원 인문학 교양서로, 다양한 분야의 어휘 지식과 함께 풍부한 언어적 배경지식을 얻을 수 있다.

⑿ 영어 잡학 사전: [1] 단어, 어원, 일상, 문화 편, [2] 시사, 정치, 역사, 종교 편

이 책은 직장을 다니다 영어 강사로 활동하고 있는 저자가 매일 화두에 오르는 미국 정치와 세계를 관통하는 미국 문화를 알토란같이 담은, 말 그대로 영어 잡학 사전이다. 단숨에 쉽고 재밌게 읽으면서 영어 어휘와 배경지식을 쌓을 수 있다.

⒀ 교양영어 고급지문(1~2)

정치, 경제, 사회, 문화, 심리, 철학, 예술, 과학, 스포츠 등 인간의 활동 영역 전반에 걸친 영어권 저자들의 다양한 이론과 설명들을 원문과 함께 풍부한 배경지식과 해설을 곁들여 재밌게 읽기 좋다. 영어 지문과 함께 한글 지문의 해석도 있어 독해와 단어를 익히는 데 도움을 받을 수 있다.

⒁ (외우지 않아도 영어와 교양이 쏙 들어오는) 영단어 인문학: 흥미진진한 스토리로 엮어낸 영단어 탄생의 비밀

NHK 영어 교재 편집장으로 활동하며 영어 잡지 및 교재 편집을 총괄하고 있는 고이즈미 마키오가 저술한 책으로, 개념적인 어원만을 다루지 않는다. 단어에 얽힌 역사, 인물, 신화, 문학, 질병, 우주까지 씨줄과 날줄처럼 얽힌 이야기를 간결하고도 흥미롭게 풀어내는 장점이 있다.

한 단어당 한두 페이지 분량으로 구성되어 책장이 술술 넘어가지만, 그 이면에는 원서와 수많은 사료들을 탐독하며 집필한 깊이 있는 연구가 담겨 있다.

⒂ 1일 1페이지 영어 어원 365: 언어학자와 떠나는 매혹적인 어원 인문학 여행

이 책은 프랑스 언어학·문화인류학·신화학·라틴어 등을 강의하고 있는 어원 전문 학자인 김동섭 교수가 1일 1페이지, 1단어씩 365일 동안 영어 단어 하나에 담긴 어원과 역사, 문학, 신화, 경제, 과학, 종교, 예술, 음식, 스포츠까지 아우르며 다채로운 스토리를 인문학적 시각으로 풀어낸 교양서다.

8. 영어로 인문학을 공부하는 법

왜 영어 인문학인가?

영어는 단지 글로벌 시대의 소통 수단이 아니다. 영어는 하나의 언어를 통한 사유 방식이자 다른 문화와 관점을 받아들이는 철학적 통로이다. 우리가 영어로 쓰인 인문학 텍스트를 읽는다는 것은 정보 습득에만 한정 짓는 것이 아니라 전혀 다른 틀로 세계를 다시 구성해보는 지적 통찰에 가깝다.

한 문장을 이해하기 위해 단어 하나하나를 되짚어보고 문맥을 따라가며 머릿속에서 의미를 재구성하는 과정은 타인의 사유에 공감하는 동시에 나 자신을 돌아보고 다시 세상을 인식하게 만드는 놀라운 체험이 된다. 바로 이 지점에서 영어 인문학은 인간으로서의 깊은 성장을 가능케 한다.

우리는 언어를 통해 사고하고 내면과 존재를 구성한다. 따라서 영어로 철학을 탐구하고 문학을 해석하는 것은 번역되지 않는 단어들을 이해하는 것이 아니라 나의 사고 그 자체를 새로운 틀로 전환시키는 과정이다. 이질적인 개념, 익숙하지 않은 문장 구조, 낯선 표현 속에서 우리는 자주 혼란스럽고 무력해지기도 하지만 이 순간에 진짜 배움이 일어난다.

인문학은 인간을 가장 인간답게 만드는 학문이다.
그리고 영어로 인문학을 공부한다는 것은 나와 다른 타인을 이해하고 보편적 진리에 조금 더 가까워져가는 깨달음의 과정이다. 우리는 이런 개인적 노력을 통해 인류가 남긴 사유의 유산을 나만의 언어로 공감하고 자신의 삶 속에서 다시 의미를 되새김질하는 깊은 성찰을 할 수 있다.

특히 영어는 철학, 문학, 사학, 신학, 심리학 등 인문학의 거의 모든 현대적 담론에 영향을 끼치고 넓게 확산되었던 언어 창조와 소통의 무대였다. 우리가 영어 인문학을 접한다는 것은 곧 보편적 시대를 관통한 질문들과 마주한다는 뜻이며 나아가 그 질문에 나만의 방식으로 수용하고 응답할 준비를 한다는 의미이기도 하다. 단지 영어를 공부하는 데서 멈추지 않고 영어로 사유하고 글을 읽으며 인간의 조건과 삶의 의미를 비판적으로 성찰하는 일, 이것이야말로 언어를 통한 철학적 완성의 시작이며 타자의 언어를 통해 스스로의 내면을 확장하는 깊은 지혜의 훈련이다.

언어는 인간 존재를 반추하는 거울이다.
영어를 새롭게 접하면, 여러분은 한국어로만 생각할 때와는 전혀 다른 관점에서 자신과 주변 세계를 바라보고 해석하게 된다. 이 장은 그러한 삶의 전환점을 스스로에게 만들어주고자 하는 사람들을 위한 하나의 지적 가이드라고 할 수 있다.

언어는 사고의 틀이다

하이데거는 언어는 존재의 집(Sprache ist das Haus des Seins, Language is the house of Being)이라고 말했다. 이 말은 단순한 철학적 수사가 아니다. 우리가 사용하는 언어가 우리의 사고방식을 규정하고 세상을 바라보는 렌즈 역할을 한다는 깊은 통찰이다. 우리가 인식하는 영어 단어 하나에는 서구의 사고방식이 고스란히 담겨 있다. 40대에 영어를 다시 시작하는 여러분이 영어로 인문학을 읽어야 하는 이유가 바로 여기에 있다.

예를 들어 'Responsibility(책임)'라는 단어를 살펴보자. 이 단어는 'Response(응답)'와 'Ability(능력)'의 합성어다. 즉, 서구에서 책임이란 응답할 수 있는 능력을 의미한다. 우리가 흔히 생각하는 부담을 감당하는 것이 아니라 상황에 적절히 반응할 수 있는 능동적 역량으로 이해하는 것이다.

이러한 언어적 차이는 사고의 차이로 이어진다. 영어는 본질적으로 분석적이고 추상적인 표현이 발달해 있어 논리적 사고 훈련에 최적화되어 있다. 한국어의 정서적이고 직관적인 표현과는 다른 차원의 사고 도구를 제공한다. 인생의 중반기인 40대에 새로운 언어 사고의 틀을 익히는 일은 의식적 성장까지 이끌 수 있다는 점에서 큰 의미가 있다.

더 이상 침묵은 금이 아니다. 자신의 실존적 아이덴티티를 남들에게 강력하게 어필할 수 있는 능력이야말로 현대사회에서 가장 중요한 경쟁력이다. 그리고 이러한 화술과 소통 능력은 견고한 언어적 토대 위에서만 가능하다. 다양한 분야의 영어 원서를 접하게 되면 문해력이 비약적으로 향상된다. 수사적 표현과 단어의 쓰임새가 더욱 다채로워지고 완성도 높은 커뮤니케이션과 스피치가 가능해진다. 언어를 통해 우리는 자신의 생각, 사고, 경험, 지식, 개성을 명확히 알리고 차별화시킬 수 있다.

구직 인터뷰(Job interview)부터 세일즈 프레젠테이션(Sales presentation)에 이르기까지, 설득력 있는 언어 능력은 40대 인생 경쟁력의 가장 강력한 무기가 된다. 우리 선조들이 '말 한마디로 천 냥 빚을 갚는다'라고 했던 것처럼 언어의 힘은 때로는 물질적 가치를 뛰어넘는다.

특히 영어로 인문학을 공부하면서 얻게 되는 언어적 깊이는 비즈니스 영어나 일상 회화와는 차원이 다르다. 철학, 문학, 역사, 예술 등 다양한 인문학 분야의 텍스트를 통해 접하게 되는 고급 어휘와 수사법은 여러분의 언어적 품격을 한 단계 끌어올릴 수 있다.

예를 들어, 셰익스피어의 작품에서 만나는 은유적 표현이나 플라톤의 대화편에서 배우는 논리적 사고 구조는 사고의 틀 자체를 확장시킨다. 이러한 언어적 소양은 회의실에서 복잡한 아이디어를 명확하게 전달하거나 고객 앞에서 설득력 있는 논증을 펼칠 때 빛을 발할 수 있다. 더 나아가 인문학적 배경지식은 다양한 문화권의 사람들과 소통할 때 공통분모를 제공한다. 서양 고전을 인용하며 자연스럽게 대화를 이끌어가거나 역사적 사례를 들어 현재 상황을 분석하는 능력은 상대방에게 깊은 인상을 남길 수 있다. 결국 영어 인문학 공부는 인생을 바라보는 혜안과 주체적인 가치관을 구축하는 과정이다. 이는 40대가 치열한 경쟁 사회에서 차별화된 경쟁력을 갖추는 가장 확실한 투자라고 할 수 있다.

영어로 인문학을 공부하면서 얻게 되는 언어 사고의 틀은 크게 세 가지 영역에서 위력을 발휘한다. 첫째, 추상적 사고의 구조화 능력이다. 추상적이고 관념적인 현상과 일상을 논리적 표현을 통해 일반화시킬 수 있게 된다. 예를 들어 TED 강연에서 자주 등장하는 Sustainability(지속 가능성), Paradigm shift(패러다임 전환), Emotional intelligence(감정 지능) 같은 개념들을 영어로 이해하게 되면 복잡한 비즈니스 상황이나 사회현상을 체계적으로 분석하고 구조화하는 능력이 향상된다. 또는 스티브 잡스(Steve Jobs)의 스탠포드 졸업식 연설에서 나온 "You can't connect the dots looking forward, you can only connect them looking backwards.(미래를 보며 점들을 연결할 수는 없지만, 지나간 과거를 돌아볼 때 비로소 연결할 수 있다.)"라는 표현을 통해 겉보기에 무관해 보이는 자신의 경험들을 하나의 의미 있는 스토리로 다시 엮어내는 사고 능력을 기를 수 있다.

둘째, 자기 정체성의 언어적 정의 능력이다. 자신의 실존적 아이덴티티를 명확하고 설득력 있는 언어로 정의할 수 있게 된다. 40대라는 인생의 전환점에서 "나는 누구인가?"라는 질문에 대한 답을 풍부한 어휘와 정교한 논리로 표현할 수 있다면 이는 곧 자신감과 직결된다.

예를 들어, "저는 성실한 사람입니다"라고 말하는 대신 "I'm someone who believes in the intrinsic value of persistence and integrity in both personal and professional contexts.(개인적, 직업적 맥락 모두에서 끈기와 성실성의 본질적 가치를 믿는 사람입니다.)"라고 표현할 수 있는 능력 말이다.

또한 자신의 경험을 단순 나열하는 것이 아니라 "My life has been an odyssey of transformation — where every setback became a stepping stone, every failure a catalyst for profound reinvention.(제 인생은 변화의 오디세이였습니다. 모든 좌절이 디딤돌이 되고, 모든 실패가 근본적 재창조의 촉매가 된 도전이었습니다.)"처럼 서사적 깊이가 담긴 언어로 재구성할 수 있게 된다. 이러한 언어적 정의 능력은 면접이나 네트워킹에서 상대방에게 깊은 인상을 남기며 무엇보다 자신에 대한 명확한 이해와 확신을 갖게 해준다.

셋째, 관계성 확장의 소통 능력이다. 타자와의 소통에서 더욱 섬세하고 깊이 있는 대화가 가능해진다. 인문학적 교양과 영어 실력이 결합되면 국내외를 막론하고 지적 수준이 높은 사람들과의 교류에서 큰 장점이 된다. 만약 여러분이 해외 비즈니스 파트너와의 만찬에서 업무 이야기가 아닌 "Just like the phoenix rising from ashes in mythology, companies today must reinvent themselves to survive market disruptions.(신화 속 불사조가 재에서 다시 일어나듯 오늘날 기업들은 시장 변화에서 살아남기 위해 스스로를 재창조해야 한다.)"라고 자연스럽게 문학적 은유를 사용할 수 있다면 여러분은 단순한 거래 상대가 아닌 지적 동반자로 인식될 수 있지 않을까?

국제 콘퍼런스나 학술 토론에서도 "Foucault's notion of power dynamics provides an interesting lens through which to examine organizational hierarchies.(푸코의 권력 역학 개념은 조직 위계를 살펴보는 흥미로운 렌즈를 제공한다.)"와 같은 철학적 관점을 제시할 수 있는 능력은 토론의 차원을 한층 끌어올릴 수 있을 것이다. 이러한 소통 능력은 다양한 교류에서 결정적 차이를 만들 수 있는 개인적 경쟁력이 될 수 있다. 무심코 명함을 주고받는 관계가 아니라 진정한 지적 공감대를 형성해 장기적으로 더 깊고 의미 있는 인맥으로 발전할 가능성이 높기 때문이다.

영어로 인문학을 공부하는 것은 어학 실력과 함께 궁극적으로 사고의 틀 자체를 확장하는 일이다. 가이 도이처(Guy Deutscher)의 『Through the Language Glass』나 존 맥워터(John McWhorter)의

『The Power of Babel』 같은 언어학 저작들을 통해 언어와 사고의 관계를 더 깊이 탐구해보길 권한다. 이러한 책들은 우리의 인식과 세계관을 어떻게 형성하는지 보여주며 다국어 사용자가 갖게 되는 인지적 유연성의 가치를 과학적으로 증명해주는 데 도움이 될 것이다.

언어가 사고의 틀이라면 영어라는 새로운 틀을 통해 여러분은 더 넓고 깊은 세계를 만나게 될 것이다. 물론 이 새로운 언어의 틀을 온전히 익히는 것은 쉽지 않다. 40대에 접어들면서 이미 고정된 사고 패턴과 언어 습관을 바꾸는 것은 마치 자신을 의식적으로 리모델링하는 것과 같기 때문이다. 하지만 바로 이 지점에서 40대만의 고유한 장점이 발휘될 수 있다. 젊은 시절과 달리 이제 여러분은 충분한 인생 경험과 성숙한 판단력을 갖추고 있다. 영어로 된 인문학 텍스트를 읽을 때 언어적 의미만을 파악하는 것이 아니라 자신의 삶과 연결지어 사유할 수 있는 깊이가 있기 때문이다.

여러분이 40대에 세네카의 편지(Letter from a Stoic)를 읽는 것은 20대에 읽는 것과는 완전히 다른 경험이 될 것이다. 세네카가 말했듯, 우리가 살 시간이 짧기 때문이 아니라, 그 시간을 많이 낭비하기 때문이다(It is not that we have a short time to live, but that we waste a lot of it). 이미 인생의 절반을 지나온 독자에게 이런 문장은 철학적 명제가 아니라 생생한 현실 인식으로 다가올 수 있지 않을까?

이런 영어 인문학 학습을 통해 여러분은 진정한 이중언어적 사고(bilingual thinking)의 능력을 기를 수 있다. 한국어로는 표현하기 어러운 미묘한 감정이나 추상적 개념을 영어로 사유하고 반대로 영어로는 담아낼 수 없는 정서적 깊이를 한국어로 표현하는 유연성을 갖게 된다. 이는 마치 피아노와 바이올린을 모두 연주할 수 있는 음악가처럼 상황에 따라 가장 적합한 언어적 도구를 선택할 수 있는 능력이다.

더 나아가 영어 인문학 공부는 여러분의 사회적 정체성도 확장시킨다. 40대라는 나이에 이런 새로운 영역으로의 확장은 삶의 가능성 자체를 재정의하는 일이다. 결국 영어로 인문학을 공부한다는 것은 언어 학습과 사고 확장, 그리고 자아 발견이 동시에 이루어지는 통합적 경험이기 때문이다. 이 과정에서 여러분은 더 풍부한 어휘, 더 정교한 논리, 더 깊은 통찰을 얻게 될 뿐만 아니라 궁극적으로는 더 완성된 자신과 만나게 될 것이다. 40대에 다시 시작하는 영어가 이전과 다른 진정한 도약이 될 수 있는 이유가 바로 여기에 있다.

영어 인문학 공부법 예시

그렇다면 구체적으로 어떻게 영어 인문학 텍스트와 마주해야 할까? 많은 사람들이 범하는 첫 번째 실수는 영어 실력이 완벽해야 인문학을 읽을 수 있다고 생각하는 것이다. 하지만 이는 본말이 전도된 접근법이다. 영어 실력보다 중요한 것은 텍스트와 마주하는 태도다.

모르는 단어가 있어도 당황하지 말자. 대신 '이 문장이 왜 여기에 있을까?'를 생각해보자! 사전에 의존하기보다는 문맥 추론 능력을 키우는 것이 훨씬 중요하다. 완벽히 이해하지 않아도 괜찮다. 반복해서 읽으며 익숙한 낯섦을 만들어가는 것이 영어 인문학 학습의 핵심이다.

다음은 40대 학습자에게 최적화된 3단계 읽기 방법이다.

(1) 전체 맥락 파악 - 1독

사전 없이 한 번 쭉 읽어보자. 이때 목표는 완벽한 이해가 아니라 전체적인 흐름과 저자의 의도를 파악하는 것이다. 마치 처음 만나는 사람과 대화할 때처럼, 세부 사항보다는 전체적인 인상을 받아들이는 단계라고 보면 된다.

(2) 키워드 중심 이해 - 2독

이제 좀 더 꼼꼼히 읽으면서 핵심 키워드에 밑줄을 긋고 문장 구조를 파악해본다. 여전히 사전에 의존하지 말고, 문맥 속에서 단어의 의미를 추론해보자. 자신의 배경지식과 풍부한 경험이 이 과정에서 큰 도움이 될 것이다.

(3) 해석과 내 해설 작성 - 3독

마지막 독서에서는 생소한 단어나 어려운 전문용어, 수사학적 표현과 해석이 안되는 문장들을 사전을 찾거나 ChatGPT에 물어보고 요약, 감상 그리고 단어 정리를 한다.

효과적인 영어 인문학 공부를 위해서는 체계적인 노트 작성이 필수다. 한 챕터를 읽을 때마다 요약, 재진술, 내 의견이 담긴 노트를 꾸준히 작성해보자.

- 요약(Summary)
  저자가 말하고자 하는 핵심 내용을 3~5문장으로 정리한다. 이 때 가능한 한 저자의 원문 표현을 활용하되 너무 복잡한 문장은 단순화하는 것이 좋다.

- 재진술(Restatement)
  같은 내용을 자신의 언어로 다시 표현해본다. 이 과정에서 진정한 이해가 일어난다. 재진술은 영어를 한국어로 번역하는 것이 아니라 개념 자체를 소화하여 나만의 생각으로 재표현하는 것이 핵심이다.

- 내 의견(My Perspective)
  가장 중요한 단계다. 텍스트의 내용에 대한 자신의 견해, 개인적 경험과의 연결점, 동의하거나 반박하고 싶은 부분 등을 자유롭게 서술한다. 40대라는 나이의 장점이 가장 크게 발휘되는 영역이다. 예를 들어 어니스트 헤밍웨이(Ernest Hemingway)의 노인과 바다(The Old Man and the Sea) 중 'A man can be destroyed but not defeated'라는 부분을 읽었다면 다음과 같이 정리해볼 수 있다.

- 요약: 헤밍웨이는 산티아고 노인을 통해 인간이 물리적으로는 패배할 수 있지만 정신적으로는 굴복하지 않을 수 있다는 철학을 표현한다.
- 재진술: 외적인 실패나 좌절이 있어도 내면의 의지와 존재적 가치는 꺾이지 않는다는 의미다.
- 내 의견: 40대에 새로운 도전을 시작하는 것도 비슷하다. 나이나 환경적 제약으로 파괴될 수는 있지만 배움에 대한 열정과 성장 의지만큼은 패배하지 않는다. 영어 공부를 다시 시작하는 것 자체가 이런 불굴의 정신을 보여주는 것 같다.

깊이 있는 읽기를 위한 실전 가이드

영어 인문학 텍스트를 제대로 읽기 위해서는 몇 가지 실전 요령이 필요하다. 가장 중요한 점은 인내심을 갖고 천천히 읽어야 한다는 것을 잊지 말자. 속도보다는 깊이를 추구해야 한다.

첫째, 능동적 읽기를 실천해보자. 텍스트와 대화하듯이 읽어야 한다. '저자가 이렇게 말하는 이유는 무엇일까?', '이 논증에서 빠진 부분은 없을까?', '내 경험과 어떻게 다를까?' 같은 질문을 지속적으로 던지며 읽어야 한다.

둘째, 문화적 맥락을 이해하기 위해 노력해야 한다. 영어 인문학 텍스트는 서구 문화적 배경에서 나온 것들이 많다. 단어 하나하나의 의미뿐만 아니라 그 배경에 있는 역사적, 문화적 맥락을 이해하는 것이 중요하다.

셋째, 연결고리를 찾아야 한다. 읽고 있는 텍스트가 다른 작품이나 사상가들과 어떤 관련이 있는지 탐구해보자. 이런 연결고리를 발견할 때마다 여러분의 지적 체계는 더욱 견고해질 것이다. 모티머 애들러(Mortimer Adler)의 『독서의 기술(How to Read a Book)』과 애덤 그랜트(Adam Grant)의 『다시 생각하라(Think Again)』 같은 도서들은 이런 깊이 있는 읽기 방법에 대한 구체적인 가이드를 제공한다. 특히 40대 학습자에게는 고정관념을 깨고 새로운 사고방식을 받아들이는 애덤 그랜트의 접근법이 큰 도움이 될 것이다.

넷째, 한 문장을 깊이 있게 곱씹는 것이 더 큰 깨달음을 준다. 영어로 생각하는 힘을 기르는 가장 효과적인 방법 중 하나가 바로 이 한 문장 깊이 읽기다. 실존주의(Existentialism) 철학자 장 폴 사르트르(Jean-Paul Sartre)의 『존재와 무(Being and Nothingness)』에 나온 'Man is condemned to be free'라는 문장을 예로 들어보자. 이 문장은 '인간은 스스로 선택하지 않을 수 없는 존재다. 선택하지 않으려 해도 이미 선택하고 있는 셈이며 그 선택의 결과에 대한 책임을 피할 수 없다'라는 뉘앙스가 담겨 있다.

하이데거(Martin Heidegger)의 『존재와 시간』(Being and Time)에 나오는 유명한 문구인, Dasein has been thrown into existence(현존재는 존재 속으로 던져져 있다.)는 인간이 스스로 선택하지 않은 시간, 장소, 조건 속으로 이미 던져진 존재임을 의미한다. 피투성(Geworfenheit, thrownness)으로 알려진 이 개념은 인간은 과거의 사건이나 상황에 의해 수동적으로 규정되면서도, 동시에 그 던져진 상황 속에서 앞으로의 삶을 어떻게 살아갈지 능동적으로 선택하고 기획해야 하는 긴장을 내포한다. 따라서 인간은 단순히 과거에 의해 결정된 존재가 아니라, 주어진 피투성의 조건 위에서 자기 자신을 기획하고 실현해 나가는 실존적 존재임을 암시한다.

이런 문장들을 제대로 이해하려면 다음과 같은 실습법을 권한다. 매일 하나씩 인상 깊은 문장을 선택해 필사해보자. 손으로 쓰는 과정에서 단어 하나하나의 무게감을 느낄 수 있을 것이다. 그다음 그 문장을 자신만의 언어로 3문장 정도로 풀어 써보자. 이 과정에서 진정한 내적 이해와 깨달음이 일어날 수 있다.

마지막으로 그 문장에 대한 자신만의 감상이나 질문을 덧붙여보자. '왜 사르트르는 자유를 저주라고 했을까?', '40대인 나에게 이 자유의 무게는 어떤 의미일까?' 같은 개인적 성찰이 바로 영어로 생각하는 힘의 원천이다. SNS에 이런 해석을 영어와 한국어로 병기하여 공유하는 것도 좋은 방법이다. 다른 사람들과의 소통을 통해 자신의 이해를 점검하고 확장할 수 있다. 40대의 성숙한 관점에서 나오는 해석들은 젊은 세대들에게도 새로운 통찰을 제공할 수 있다.

영어 인문학 공부는 마라톤과 같다. 단거리 달리기의 속도감보다는 장거리의 지구력과 호흡이 중요하기 때문이다. 절대 포기하지 말자! 하루에 몇 페이지씩이라도 꾸준히 그리고 깊이 있게 읽어나가자! 그럼 어느 순간 영어라는 언어가 여러분에게 사고의 새로운 차원을 열어주는 지적 자산(intellectual asset)과 강력한 경쟁력(competitive edge)이 되어 있을 것이다.

나만의 영어 인문학 노트 만들기

영어 인문학 공부의 성과를 체계적으로 정리하고 활용하려면 위에서 언급한 단계적 접근법을 통해 자신만의 노트 시스템을 실질적으로 만들어가는 과정이 필요하다. 40대라는 나이에 걸맞은 효율적이고 지속적인 방법을 다음과 같이 정리했으니 참고해보자.

노트는 크게 세 가지 유형으로 구분하면 좋다. 첫째는 문장을 적는다. 읽다가 마음에 와닿는 문장들이 있다면 주저하지 말고 그때그

때 발췌해서 적어보자. 습관적인 복사, 붙여넣기가 아니라 왜 그 문장이 인상적이었는지 간단한 메모와 함께 기록하는 것이 중요하다.

둘째는 자신이 생각한 사유의 내용을 적는다. 특정 문장을 읽고 떠오른 생각, 연상, 개인적 경험과의 연결고리를 자유롭게 적는다. 이 부분이야말로 40대만의 독특한 해석과 통찰이 빛날 수 있는 부분이다.

셋째는 번역한 내용을 적는다. 직역과 의역을 비교하며 영어 원문의 뉘앙스가 한국어로 어떻게 달라지는지 분석해보자. 이 과정을 통해 언어 간의 차이와 각 언어만의 고유한 표현력을 이해하게 된다.

디지털 도구를 활용하면 더욱 학습에 유용할 수 있다. Obsidian은 인문학적 사고를 구조화하는 데 좋다. 개념들 간의 연결고리를 시각적으로 보여주어 사고의 확장을 도와주기 때문이다. Notion은 책별로 체계적인 요약과 정리를 하기에 적합하다. 데이터베이스 기능을 활용하면 저자별, 주제별, 난이도별로도 분류할 수 있다. 여전히 손글씨를 선호한다면 GoodNotes 같은 필기 앱을 추천한다. 디지털의 편리함과 아날로그의 감성을 모두 누릴 수 있기 때문이다. 번역 시 AI 번역기를 사용할 때는 주의가 필요하다. 번역 결과를 그대로 받아들이지 말고 반드시 원문과 번역문 사이의 의미 차이를 분석해보자. AI가 놓치는 문맥적 뉘앙스나 문화적 배경을 찾아내는 것이 진정한 학습이 될 수 있기 때문이다.

이런 노트들이 쌓여가면서 여러분은 자신만의 지적 자산을 구축할 수 있다. 꾸준히 자신의 생각과 해석을 기록으로 남기는 과정에서 진정한 학습이 일어나기 때문이다. 몇 년 후 그 노트들을 다시 읽어보면 놀라운 발견을 하게 된다. 같은 텍스트에 대한 자신의 해석이 어떻게 달라졌는지, 어떤 질문들이 새롭게 떠올랐는지, 그리고 무엇보다 자신의 사고가 얼마나 깊어지고 정교해졌는지를 명확히 볼 수 있다.

처음 셰익스피어의 『햄릿』을 읽을 때는 일반적인 복수 이야기로 이해했다가 몇 년 후 다시 읽으면서 실존적 고민과 현대적 리더십에 대한 통찰을 발견하는 식이다. 이런 변화의 기록들은 곧 자신의 지적 성장 과정을 보여주는 살아 있는 증거가 된다. 이 지나온 노력의 과정 자체가 40대에 시작한 영어 인문학 공부의 가장 소중한 결실이 될 수 있다. 결국 우리가 얻는 것은 표면적인 영어 실력이 아니라 세상을 보는 새로운 시각과 자신에 대한 깊은 이해와 통찰이기 때문이다.

영어 인문학 공부법, 추천 도서 12선

어떤 책부터 시작해야 할지 고민되는 40대 독자들을 위해 단계별 추천 목록을 준비했다.

영어 인문학을 공부할 때 가장 중요한 것은 자신의 현재 영어 수준과 인문학 배경지식을 솔직하게 점검하는 일이다. 너무 어려운 책으로 시작하면 좌절감만 커질 수 있으므로, 처음에는 조금 쉽다고 느낄 정도의 책부터 차근차근 시작하는 것이 좋다. 무리해서 고전 원서에 바로 도전하기보다는 읽기 쉬운 현대 저작들로 영어 인문학 읽기에 익숙해진 후 점진적으로 난이도를 높여가는 전략을 추천한다.

입문부터 고급까지, 영어 추천 도서를 다음과 같이 소개한다.

(1) 입문

- The Little Prince: 감성과 은유를 배우기 좋은 짧은 이야기
- Tuesdays with Morrie: 문장이 쉬우면서도 철학적인 주제

(2) 초급

- Animal Farm: 정치적 풍자와 간결한 영어 스타일
- The Alchemist: 우화적 서사와 명확한 구조

(3) 중급

- Man's Search for Meaning: 실존주의와 인간의 의미 탐색
- Siddhartha(Hermann Hesse): 동서양 철학이 만나는 이야기
- Meditations(Marcus Aurelius): 스토아 철학의 정수

(4) 고급

- Frankenstein(Mary Shelley): 인간 창조와 윤리에 대한 문제의식
- The Republic(Plato)(영문 번역): 고전 철학의 정수
- Walden(Henry David Thoreau): 자연과 자아의 깊은 사유
- The Prophet(Kahlil Gibran): 시적 명상과 사유 훈련
- Essays(Ralph Waldo Emerson): 에세이로 생각의 깊이 확장

입문 단계에서는 『어린 왕자(The Little Prince)』와 『모리와 함께한 화요일(Tuesdays with Morrie)』을 강력히 추천한다. 『어린 왕자』는 짧은 분량에도 불구하고 감성과 은유를 배우기에 최적의 텍스트다. 'What is essential is invisible to the eye.(정작 중요한 것은 눈에 보이지 않는다.)' 같은 문장들은 단순해 보이지만 깊은 철학적 의미를 담고 있어 영어의 함축적 표현에 익숙해지는 데 도움이 된다.

『모리와 함께한 화요일』은 문장이 쉬우면서도 죽음, 사랑, 의미 같은 철학적 주제를 다룬다. 40대 독자에게는 특히 와닿는 내용들이

많아 언어 학습과 동시에 인생에 대한 성찰도 가능하다. 'Death ends a life, not a relationship.(죽음은 삶을 끝낼 뿐 관계를 끝내지는 못한다.)' 같은 문장들은 영어의 간결함과 깊이를 모두 보여주는 좋은 예시다.

초급 단계로 넘어가면 조지 오웰(George Orwell)의 『동물농장(Animal Farm)』과 파울로 코엘료(Paulo Coelho)의 『연금술사(The Alchemist)』를 추천한다. 『동물농장』은 정치적 풍자를 간결한 영어로 표현한 걸작이다. 'All animals are equal, but some animals are more equal than others.(모든 동물은 평등하다. 하지만 어떤 동물은 다른 동물보다 더 평등하다.)'라는 유명한 문장은 영어의 아이러니와 역설적 표현을 이해하는 데 큰 도움이 된다.

『연금술사』는 우화적 서사구조가 명확해 영어 소설의 전개 방식을 익히기에 좋다. 'When you want something, all the universe conspires in helping you to achieve it.(자네가 무언가를 간절히 원할 때, 온 우주는 자네의 소망이 이루어지도록 도울 거야.)' 같은 문장들은 영어의 추상적 표현에 익숙해지는 동시에 40대의 새로운 도전에 대한 동기부여도 제공한다.

중급 단계부터는 깊이 있는 철학적 성찰이 가능해진다. 빅터 프랭클(Viktor Frankl)의 『의미를 찾아서(Man's Search for Meaning)』는 홀로코스트라는 극한 상황에서 발견한 인간 실존의 의미를 다룬다. 'Everything can be taken from a man but one thing: the last of human freedoms — to choose one's attitude in any given set of circumstances.(인간에게서 모든 것을 빼앗아 갈 수는 있지만, 단 한 가지는 빼앗아 갈 수 없다. 바로 주어진 상황에서 자신의 태도를 선택할 수 있는 마지막 자유다.)' 이 문장은 우리가 어쩌면 겪어야 할 인생의 위기나 변화 앞에서 큰 깨달음을 줄지도 모른다.

헤르만 헤세(Hermann Hesse)의 『싯다르타(Siddhartha)』는 동서양 철학이 만나는 지점을 보여준다. 이 작품을 통해 서구적 사고방식으로 재해석된 동양 철학을 접할 수 있다. 'Wisdom cannot be imparted. Wisdom that a wise man attempts to impart always sounds like foolishness to someone else.(지혜는 전달될 수 없다. 현자가 전달하려는 지혜는 다른 사람에게는 언제나 어리석은 소리로 들리기 때문이다.)' 같은 문장들은 영어의 추상적 개념 표현을 익히는 데 좋다.

개인적으로도 큰 깨달음을 주었던 마르쿠스 아우렐리우스(Marcus Aurelius)의 『명상록(Meditations)』은 스토아 철학(Stoicism)의 정수를 담고 있다. 로마 황제가 자신에게 남긴 철학적 성찰들은 'You have power over your mind — not outside events. Realize this, and you will find strength.(당신은 외부 사건이 아닌 당신의 마음에 대한 힘을 가지고 있다. 이것을 깨달아라, 그러면 당신은 힘을 찾게 될 것이다.)' 같이 간결하면서도 강력한 성찰적 메시지를 전달한다. 이런 문장들을 반복해서 읽다 보면 자연스럽게 특히 일상의 스트레스나 어려움에 직면했을 때 무의식적으로 영어 표현들이 머릿속에서 자연스럽게 떠오르며 실질적인 도움을 주기도 한다.

고급 단계에서는 학습자의 배경지식과 전문성에 따라 지적 도전이 시작될 수 있다. 메리 셸리(Mary Shelley)의 『Frankenstein』은 인간의 과학적 욕망과 취약성을 탐구하는 고전이자, 오늘날 인공지능(AI) 기술이 직면한 윤리적 딜레마를 깨닫게 하는 시대적 알레고리라 할 수 있다. 'I ought to be thy Adam, but I am rather the fallen angel.' (나는 네 아담이 되어야 했지만, 오히려 타락한 천사가 되었다.)라는 구절은 창조자와 피조물의 갈등을 보여준다. 이 대립은 오늘날 인간이 만든 AI가 스스로 존재와 권리를 주장하기 시작할 때 직면하게 될 기술 발전과 인류의 한계 상황을 연계해 생각해 볼 수 있다.

플라톤(Plato)의 『국가(The Republic)』는 서구 철학의 출발점이라 할 수 있는 고전이다. 영문 번역본으로 접하는 플라톤의 사상은 'Until philosophers rule as kings or those who are now called kings and leading men genuinely and adequately philosophize…(철학자들이 왕으로 통치하거나, 지금 왕이나 지배자라 불리는 이들이 진정으로 그리고 충분히 철학하지 않는 한…)' 같은 명언들과 함께 독자에게 깊은 사색을 요구한다. 이 수준에서는 철학적 논증의 구조를 파악하는 능력이 필수적이다.

기타 추천작들도 각각의 독특한 매력을 갖고 있다. 헨리 데이비드 소로(Henry David Thoreau)의 『월든(Walden; or, Life in the Woods)』은 자연과 자아에 대한 깊은 사유를 담아내며 'I went to the woods to live deliberately.(나는 의식적으로 본질에 충실한 삶을 살기 위해 숲으로 갔다.)' 같은 문장을 익히며 영어의 성찰적 표현을 경험할 수 있다.

칼릴 지브란(Kahlil Gibran)의 『예언자(The Prophet)』는 시적 명상의 형태로 인생의 본질적 주제들을 다루며, 랄프 왈도 에머슨(Ralph Waldo Emerson)의 『Essays: First Series』와 『Essays: Second Series』는 「자립(Self-Reliance)」, 「영혼(The Over-Soul)」, 「자연(Nature)」과 같은 글들을 통해 초월주의(Transcendentalism) 철학으로 사고의 깊이를 확장한다.

이 단계에 이르면 영어는 더 이상 학습의 대상이 아니라 사고의 도구가 된다. 복잡한 철학적 개념들을 영어로 사유하고 그 안에서 새로운 통찰을 발견하는 것이 가능해진다. 40대의 인생 경험과 결합된 이런 깊이 있는 읽기는 어학 실력 향상뿐만 아니라 진정한 지적 성숙을 가져다준다.

고급 단계의 영어 인문학 공부에서 핵심은 서두르지 않고 차근차근 자신의 속도에 맞춰 나아가는 것이다. 입문에서 고급까지의 독서 분석 기간은 몇 년에 걸친 장기 프로젝트다. 급하게 서두르지 말고 각 단계에서 충분히 음미하며 읽어나가길 바란다. 이런 과정을 능동적으로 훈련하다 보면 여러분은 영어로 사고하고 영어로 꿈꾸며 영어로 세상을 새롭게 이해하는 확실한 이중 언어 사용자가 될 것이다. 무엇보다 영어 앞에서 당당하고 자유로운 자신을 발견할 것이다.

영어가 선물한 새로운 인생

이 책을 다 읽고 분명히 느낀 바가 있다면, 여러분은 이제 알 것이다. 영어 공부의 진짜 적은 문법도, 단어도, 발음도 아니라는 것을. 진짜 적은 바로 '포기하고 싶은 마음'이었다는 것을 말이다. 수십 년간 우리는 영어를 어렵게 생각해왔다.

복잡한 문법 규칙들을 외우려 애쓰고, 수천 개의 단어를 머릿속에 욱여넣으려 노력했으며, 완벽한 발음을 구사하지 못한다는 이유로 입을 열기조차 꺼렸다. 하지만 정작 우리를 가로막은 것은 이런 기술적인 장벽들이 아니었다. 바로 '나는 안 될 거야', '이제 너무 늦었어', '나이가 들어서 기억력도 안 좋은데'라는 마음속 목소리였다.

40대에 다시 시작한 영어 때문에 지금 내 인생이 서서히 달라지고 있다. 영어 때문에 활력이 생겼고, 영어 때문에 자신감이 생겼다. 그리고 영어 때문에 시도조차 못 했던 글쓰기를 이렇게 하고 있다. 놀랍게도 영어 공부를 통해 얻은 것은 영어 실력만이 아니었다.

매일 아침 영어 팟캐스트를 들으며 출근길에 나서는 발걸음이 가

버워졌고, 영어 원서를 한 페이지씩 읽어나가며 느끼는 성취감이 온종일 나를 미소 짓게 했다. 외국인과의 첫 영어 대화에서 비록 더듬거리며 단어를 말했지만, 상대방이 고개를 끄덕이며 이해했다는 표정을 지었을 때의 그 짜릿함은, 20대에 느꼈던 어떤 성취감보다도 강렬했다.

영어 공부는 새로운 언어를 배우는 과정이 아니었다. 그것은 나 자신과의 약속을 지켜나가는 과정이었고, 매일 조금씩 자신을 발견하는 성장의 길이었으며, 포기하지 않는 힘을 기르는 훈련이었다. 삶을 대하는 태도, 도전하는 용기, 그리고 새로운 가능성을 보는 시각까지 모든 것이 변했고 나는 여전히 부족하지만 노력해가고 있는 중이다.

40대는 끝이 아니라 새로운 시작이다.

여러분도 마찬가지일 것이다. 이 책을 통해 영어 공부를 다시 시작한다면, 단순히 영어 실력만 늘지 않을 것이다. 오히려 영어는 시작일 뿐이고, 진짜 변화는 여러분의 삶 전체에서 일어날 것이다.

영어를 통해 우리는 새로운 세상과 소통할 수 있다. 지구 반대편에서 일어나는 일들을 실시간으로 알 수 있고 다양한 문화와 사고방식을 직접 경험할 수 있다. 영어로 된 책을 읽으며 저자의 생각을 번역의 도움 없이 자연스럽게 이해하고, 영어로 된 영상을 보며 화자의 감정과 뉘앙스를 온전히 느낄 수 있을 것이다. 이런 경험들은 우리의 시야를 넓히고, 사고의 폭을 확장시키며, 더 풍부한 인간으로 성장시킨다.

새로운 도전을 두려워하지 않는 마음, 실패를 딛고 일어서는 회복 탄력성, 그리고 배움에 대한 열정까지 모든 것이 되살아날 것이다. 영어 공부 과정에서 겪게 되는 크고 작은 실패들은 더 이상 좌절의 이유가 아니라 성장의 밑거름이 된다. 오늘 이해하지 못한 문장을 내일 다시 읽어보고, 어제 틀린 발음을 오늘 다시 연습하며, 지난주 어색했던 표현을 이번 주에는 자연스럽게 사용하게 되는 그 과정 자체가 우리에게 인내와 끈기를 가르쳐준다.

앞으로 나의 소망이 있다면 영어 실력을 한층 더 키워 TED 같은 곳에서 영어로 내 경험담을 나누는 것이다. 40대에 다시 시작한 영어 공부가 어떻게 인생을 바꿨는지, 포기하지 않는 것이 얼마나 큰 기적을 만들어내는지를 전 세계 사람들과 공유하고 싶다.

그날이 올 때까지 나의 영어 공부는 계속될 것이다. 그리고 당신의 영어 공부도 마찬가지여야 한다. 나이는 숫자에 불과하다는 말이 이제야 진정한 의미로 다가온다. 40대든, 50대든, 심지어 60대라 할지라도 새로운 것을 배우기에 늦은 때란 없다. 오히려 인생 경험이 쌓인 지금이야말로 영어를 더 깊이 있게, 더 의미 있게 받아들일 수 있는 최적의 시기일지도 모른다. 40대가 되면 암기력은 떨어져도 이해력과 통찰력은 더욱 예리해진다.

기억하자. 40대는 끝이 아니라 새로운 시작이다. 영어는 더 넓은 세상으로 향하는 새로운 도전과 소통의 문이다. 그 문을 열 열쇠는 바로 여러분의 손에 있다. 그 열쇠를 사용할 것인가, 말 것인가는 온전히 여러분의 선택이다.

영어에 로망을 품고 사는 40대여!
이제는 그 꿈을 현실로 만들 시간이다.
망설이고, 미루고, 핑계 대던 시간은 이제 끝내고,
바로 지금부터 시작하자.

여러분의 폭풍 같은 영어 성장이 시작되기를
진심으로 응원하며
현수현

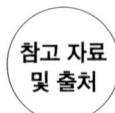

박한상 외 (2019). 「의사소통 능력 향상을 위한 영어 교육 개선방안 모색 - 덴마크와의 비교를 중심으로」. 『수산해양교육연구』, 31(4). (특히 한국 영어 교육의 현황 부분 참고)

신동일, 심우진 (2011). 「한국 영어 교육의 역사적 고찰: 신문기사와 학술자료를 기반으로」. 『Modern English Education』, 12(3). (1980년대 이후 영어 교육 변천 분석)

강내희 (2005). 「식민지시대 영어 교육과 영어의 사회적 위상」. (일제 강점기 영어 교육 정책 연구)

Shaffer, D. (2017). English Education in Korea: From Whence It Came. 『Gwangju News』. (영어 교육 역사에 대한 해외 전문가 분석)

최재봉 (2017). 브런치 스토리 「영어가 안 되는 이유는 당신 탓이 아니라 조상 탓이다.」 (일본식 영어 교육의 영향에 대한 칼럼)

딴지일보 (2021). 「영어 교육 논쟁에 관하여: 지조대로 하면 된다.」 (한국 전통 영어 교육 방식 비판)

한겨레신문 (2023). 「[나는 역사다] 송성문 선생 인터뷰」. (『성문 종합영어』 저자의 증언 및 회고)

기타: 교육부 『영어과 교육과정 문서』 (2015 개정), EF English Proficiency Index (2018) 통계자료.